U0100571

大展好書　好書大展
品嘗好書　冠群可期

大展好書　好書大展

品嘗好書　冠群可期

易學智慧
22

張 今／著

用科學揭開《易經》
的神秘面紗

大展出版社有限公司

編委會名單

總主編　田合祿

總策劃　趙志春

編　委（按姓氏筆畫為序）

田合祿	田　鋒	田　蔚	李　紅
朱衛紅	周真原	武榮仙	郝岳才
郭　華	郭卓澄	徐道一	張　今
商宏寬	商函輪	溫　序	溫清銀
趙志春	蘇　聞		

秘　書　孔靈書　　金　貴　　米　鐸　　劉文琴

總　序

田合祿

　　《易經》是什麼？《說文》引《秘書》說「日月爲易」，說明「易」就是日月，《易經》講的就是日月的運行規律，以及日月的運動變化，及其對自然界生物和人的影響，並闡述人順從自然變化的道理。探討日月的運行規律屬於自然科學，由此產生的天文、曆法、季節、氣候、氣象、物理、數學等都是科學，由此可知《易經》也應該是一本講科學的書，不是講迷信的書，研究《易經》，就是研究科學，因此，我們將這套叢書定名爲《周易與現代科學研究叢書》。

　　《易經》的功能是什麼？《繫辭傳》說「生生之謂易」「天地之大德曰生」，原來《易經》的功能是講生命科學的，講一切事物的誕生、發展、壯大、直到其死亡。乾爲日，還爲天；坤爲月，還爲地。所以《序卦傳》說「有天地然後萬物生焉，盈天地之間者唯萬物」，《象傳》還深入地闡發了乾坤日月合德創生化育萬物的特性，謂「大哉乾元，萬物資始」，「至哉坤元，萬物資生」。人有生命，動物有生命，植物有生命，一個國家、一個機關也有生命，這是客觀存在的事實，所以《易經》可以用到萬事萬物之中，萬變不離其宗。

　　日月運動，有時間，有空間，這一特性《易經》就用

3

卦符來表示，故《易經》的卦都有時、空的特性，時空相結合研究就成了中國文化發展的一大特徵，所以孔子研究《易經》之結晶產物——《易傳》，不但強調「時」，也強調「位」，「時」就是時間，「位」就是空間，「時」「位」結合，就是時空結合，是自然科學的研究，不只是人文科學的研究，要把它從人文圍牆中解放出來，放到自然科學中去考慮，就會知道孔子不只是一位教育家、哲學家，還是一位偉大的古代科學家。

日月運動有規律，有時間，這是一切推前和演後運算必須具備的條件。《易經》之卦是日月運動的代表符號，故用卦也能推知以前和演義以後。

再說孔子儒家，《漢書・藝文志》說「儒家者流，蓋出司徒之官，助人君順陰陽教化者也」。原來儒家主要是講「陰陽教化」學說的，而「陰陽家者流，蓋出於義和之官，敬順昊天，曆象日月星辰，敬授民時」，所以孔子在《繫辭傳》中說「陰陽之義配日月」。義和是個觀天文制定曆法的官員。由此可知，孔子研究《易經》的目地是「治曆明時」，供民政之事用的，所以孔子《易傳》處處都是體現出了科學精神。

《易經》是一部偉大的古代科學著作，在歷代易學研究者的科學闡釋下，今天科學易已經形成，其研究正在逐步深入，我們相信到二十一世紀，科學易的研究將讓《易經》重放科學光輝，古樹將開新花。

自　序

　　本書的目的在於用科學方法揭開《易經》的全部
重大秘密，包括易的起源，《河圖》、《洛書》的秘
密，《易經》卦序之謎等等。讀者只要看一看本書目
錄，就明白了。

　　《易經》是世界文明第一寶典，受到世界各國讀
者的關注。如果我們中國人對《易經》的種種秘密都
提供不了科學的解釋，我們就無法向世界讀者交代，
也對不起我們的祖先。因此，我花費了十八年時間，
運用現代科學方法，對《易經》進行了潛心研究，終
於寫出這部著作。這只是我的易學研究的成果之一。
我的另外兩部與易學有關的著作《東方辯證法》〔修
訂版〕和《文明四論》也將在今後幾年陸續問世。敬
請讀者注意。

　　一書在手，可以瞭解《易經》的全部重大秘密，
何而不讀？

八十老生　張今謹識

於河南大學

5

目　錄

第一章 從中國古代原生態文明 談到「文明四論」

　　《易經》是儒家的「五經」之首，又是道家的「三玄」之一。學術界普遍公認，它是中國文化的活水源頭，對中國文化有著全面、深刻、持久的影響。可以說，《易經》是塑造中國傳統文化的決定性因素。那麼，《易經》起源於何處呢？很明顯，《易經》起源於易卦。易卦又起源於何處呢？我們的研究成果說明，易卦起源於遠古時代的「易道三進制」。在 20 世紀末和 21 世紀初，我們已經在繼承中國古代辯證法遺產的基礎上，創立了現代形態東方辯證法的科學理論體系。因此，我們不妨把中華易學的發展歷程劃分為三個階段：

　　（一）易卦文化階段或稱天文—曆法—占卜階段；

　　（二）易學文化階段或稱哲理階段；

　　（三）新易學階段或稱科學階段。

　　易卦文化階段從伏羲畫卦時（距今約 9000 年）起，到《易經》成書時（距今約 3000 年）止。所謂「易卦文化」在內容上包含三種要素：古天文學，古曆法和占卜文化。在遠古時代，中國易卦文化隨著中華人種的外遷，向西傳播到印度、波斯、兩河流域、埃及和歐洲，向東傳播到南北美洲、澳洲、太平洋各島，促進了古代印度文明、古兩河流域文明、古埃及文明、古歐洲文明和古瑪雅文明的大發展，對世界文明作出了不可磨滅的重大貢獻。

易學文化階段從《易經》成書之日起，到20世紀結束之日止。所謂「易學文化」在內容上主要包含三種要素：辯證法哲理、人文價值觀和占卜文化。這三種要素互相交融在一起，難解難分。

但是，天文學和曆法已經逐漸獨立出去。在這一階段，易學文化最初是向中國周圍一些國家（如日本、韓國、泰國、新加坡、馬來西亞等）傳播。從18世紀開始，易學文化逐漸傳到西方國家，並產生一定影響，如西方大哲學家黑格爾就受到《易經》的啟發，創立了「正、反、合」三段論法等等，但是，總的來說，在這一階段，易學文化並沒有在全世界產生重大的文化影響。原因很簡單；這種易學文化中包含的辯證法和辯證邏輯只是一種模糊的、含混的辯證法和辯證邏輯，仍然和占卜文化交融在一起，難以剝離出來，因而，很難為西方人士所理解。一般來說，就連受過現代科學洗禮的現代中國學者，對這種辯證法和辯證邏輯，也很難認同。

我們不妨舉出一個具體的例子。為了說明問題，我們引用的文字不免要長一些。

1994年，中國現代學者張之滄先生在《光明日報》發表一篇哲學論文，題為：《我們應當如何看待〈易經〉》。張先生在文中指出：

為了對《易經》有一個盡可能客觀的評價和認識，有必要把它放在人類知識的整體框架中予以適當的定位。知識作為人類認識的結果，是一個外延很大的概念。它一般包括四個層次或方面，即常識、經驗概括、科學知識和哲學知識。

……

根據上述對於人類的幾種基本知識形態的分類和分析，我們究竟應當將《易經》歸屬哪一類知識形態呢？基於中西文化和認識上的差異，《易經》無疑既是古時中國人長期的經驗概括和經驗描述的結果，也是古人的善於思辨和推理的大腦的產物。它的六十四卦作為經驗概括，由於具有擬規律性，因此具有一定的實用性特點。但是它不具有理論性、規律性和系統性特徵，也不能為人類提供必然性、真理性的認識。它作為一部哲學經典具有世界觀和方法論上的素樸價值，但是若把六十四卦當作必然真理來應用，非但無益，反而有害。因為《易經》畢竟存在如下缺陷：

1.抽籤、占卦的方法本身就是非科學的，它類似於西方的占星術。占卜者的吉凶、成敗與卦的內容沒有任何因果關係或必然聯繫，這裏存在的只是偶然性和隨機性。而這類聯繫不占卜也是客觀存在的，因為偶然性對於任何人都是均等的。必然性則常常和因果性相聯繫，因此也就常常和人的主觀努力相關。

2.一般占卜者的動機也不是科學的態度。純真的動機和態度應該是積極、主動、自覺和腳踏實地去行為和實踐，而不應該是消極地等待，聽從所謂命運的安排，或者根據占卜的內容，避重就輕，避難從易，甚或是大利大幹、小利小幹、無利不幹。

3.它的許多分析、推理和判斷是牽強附會的，是無根據的。比如在乾卦中，有「見龍在田，利見大人」一爻。這一前提與推論之間至少存在三方面的缺陷：

其一，在生物進化史上根本就不存在中國人所謂的「龍」。它完全是一種神話中的東西，後又長期被封建統治

階級為奴役百姓所利用。

其二，退一步說，假如真正的動物「龍」是存在的，它與是否有利於見到達官顯貴也是無關的，不存在任何內在聯繫。

其三，真龍與天子、聖明、賢德之偉人之間沒有任何必然聯繫或因果、等同關係。動物就是動物，人就是人。不是動物決定人的命運，而通常是人支配和統治著動物。迄今為止，至少在地球上，還沒有發現比人類更高級的動物。

基於上述分析，若需在人類的知識中給《易經》一書定位的話，我們就不難發現它一不是實證科學，二不是近代以來認識論或方法論意義上的哲學，三不是純粹的常識與經驗概括，而是兼具常識、經驗、推測與思辨等特徵的、屬於古代未分化的自然哲學、人生哲學和社會哲學方面的一部類似於西方占星術一類的著作。而占星術在西方早已被科學否定，原因就在於它不具備現在一般人所公認的有關科學的幾個基本特徵，即：

第一，理論應當精確。就是說，在這一理論的範圍內從理論導出的結論應表明同現有觀察實驗的結果相符。

第二，理論應當一致，不僅內部自相一致，無邏輯矛盾，而且與現有適合自然界一定方面的公認理論相一致。

第三，應有廣闊視野，特別是一種理論的結論應遠遠超出於它最初所要解釋的特殊觀察、定律或分支理論。

第四，與此密切聯繫，理論應當簡單，給現象以秩序，否則現象就成了各自孤立、一團混亂的。

第五，理論應當產生大量新的研究成果。就是說，應揭示新的現象或已知現象之間的前所未知的關係。

第六，理論還應當有可操作性和實踐性。它應能指導人們的實驗或實踐取得成功，又能在人的實驗或實踐中證明自己的真理性。

既然《易經》不是一部科學著作，對它的社會價值與認識價值的估價，宣傳以及為此投入的人力和物力就不能太過頭，否則只能適得其反，有百害而無一利，甚至會把中國的「傳統文化熱」引到一個與發展科學技術和進行現代化建設背道而馳的方向上去。❶

應該說，在當時（1994年），張之滄先生的觀點具有典型性，可以代表絕大多數受過科學洗禮的中國現代知識份子的看法。這種看法是十分自然的，也是可以理解的。因為，截至1994年為止，還沒有哪一位易學專家出來打破《易經》的占卜文化外殼，指示出其中暗藏的內容豐富的辯證法和辯證邏輯。

今天，情況就大不一樣了。我們已經把《易經》中暗藏的辯證法和辯證邏輯內容從它們的占卜文化外殼中剝離出來了，並且用演繹邏輯（即公理化方法）對它們加以嚴密的刻畫和科學的界定，使之成為一門真正的實證科學。這就標誌著中華易學已經進入一個新的發展階段——新易學階段（科學階段）。

今天，我們正站在新千年的門檻上。人民正在奮發圖強，努力全面建設小康社會，構建和諧社會，以期創建新型文明。在文化領域，我們面臨著雙重任務：一方面，我們需要努力吸納西方的科學文化及其中蘊含的科學精神，另一方面，我們又需要努力挖掘中國優秀傳統文化的精髓，以期把西方文化的精華和中國傳統文化的精華加以整

合，為一爐，創建新型的中國文化。

但是，對於第二項任務的重要性，國人至今仍然沒有清醒明確的共識。換句話說，國人對中國優秀傳統文化的價值，至今並不是全都有清醒的認識。誰宣導「國學」，就有人以封建餘孽視之；誰宣導易學，就有人以封建迷信沉渣泛起視之。對本民族的文化精神遺產何以竟棄之如敝屣，以致於此？探究起來，不外乎兩方面的原因：歷史原因和現實原因。

我們先從歷史原因說起。大家知道，五四新文化運動高舉起科學與民主兩面大旗，對封建制度和封建文化的各種弊端，發起了猛烈攻擊，的確是中國文化史上一場偉大的文化革命。這究竟是什麼原因造成的呢？人們始終弄不明白。直到西方出現了後現代主義思潮，人們才終於找到過激主義的源頭──西方文化。

後現代主義，反認識論，反本體論，反邏各斯中心主義，反基礎論，反方法論，反二元論，反體系論，把攻擊的矛頭指向了整個西方傳統文化。正如中國地震學家徐道一教授指出的，「後現代主義對西方數千年文明的全面否定類似於五四時期『精英』對中國傳統文化的全面否定。再一次證明了中國的文化過激主義的思想根源來自西方體系」。❷徐教授還指出：「『過激』、『極端』思想在特殊條件下是可允許的。在戰爭和鬥爭劇烈尖銳時，有時需要採取嚴厲手段。如對殺人犯、販毒犯等要加以嚴厲打擊和鎮壓。但在多數情況下，尤其是在對待文化上，『過激』、『極端』不是一種正確的思想方法和手段」。❸可以說，從五四新文化運動以來，直到今天，在文化領域

中，過激主義的思潮從來沒有中斷過。它的最後一次高潮是「文革」期間的「破四舊」運動。這就是國人何以棄自家的文化精神遺產如敝屣的歷史原因。

　　現實原因是，世界已經進入經濟全球化的時代，中國國內也在同一時期及時實行社會主義市場經濟。隨著西方科學技的輸入，特別是西方技術產品的輸入，西方的文化思想觀念和西方的生活方式也大量輸入進來。盲目崇洋的思想到處氾濫，文化產品變成了媚俗的大眾消費品。除了少數專家學者以外，國人大多忙於賺錢。現在已經沒有多少人關心民族文化，更少有人關心怎樣弘揚民族文化。許多有識之士針對這種情況，敲起了警鐘。例如，許嘉璐先生就說：「科技、經濟落後，就要亡國；而沒有了民族文化，就要亡種。」❹葉雋先生也說：「一個民族，一個國家，只有（具備）超前的思維方式和能力，才能在未竟的現代性大賽中自保乃至發展」。❺費孝通先生更是大聲疾呼地呼籲國人提高「文化自覺」。❻

　　中華易學是中華民族傳統文化的核心和基礎。在目前階段，我們的確有必要對中華易學的科學價值和文化價值，重新加以考察，重新加以評價。

　　經過研究，我們認為，中華易學起碼有下列十個方面的科學價值和文化價值。

　　第一，中華易學的科學價值和文化價值首先在於：中華文明是世界上唯一年代最早並延續至今的原生形態文明。埃及文明、巴比倫文明，印度文明和瑪雅文明等古文明都受到過中華文明的深刻影響，因而都不再是原生形態文明。研究中華原生形態文明的發展史，可以獲得啟示、

乃至獲得有實證價值的寶貴資料。

這些寶貴資料可以幫助我們更深刻地瞭解人類文化創造的規律和人類文化發展的規律。根據我們的研究，我們至少可以初步得出如下5條結論。

1. 您看！伏羲氏在模擬天地之道時，不自覺地引入數學思想，創立了「易道三進制」，並且從易道三進制數表中抽出了伏羲八卦，作為天文觀察的理論根據，這才發展起豐富多彩的古天文學和古曆法。古天文學和古曆法發展起來以後，又成為占卜文化的理論根據。占卜文化發展起來以後，再經過《易經》走向哲學。如果我們把這種智力生成和文化創造過程加以概括的話，我們就可以得出智力生成的基本規律和文化創造的基本規律，如圖1–1，圖1–2所示：

圖1–1可知，智力的源頭在於大自然；智力起源於對大自然的模擬（實踐）。由圖1–2可知，數學是科學的先導；科學又是哲學的先導；哲學反對來又是數學的先導。另一方面，哲學又是數學和科學的基礎。沒有哲學的指導，數學和科學都不可能繼續向前發展。這是因為數學和

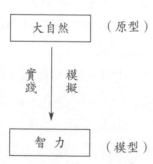

圖1-1　智力生成的基本規律

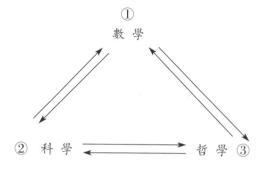

圖1-2　文化創造的基本規律

科學的發展都需要借助於人的智慧。而只有哲學才能啟迪人們的智慧。

　　2. 文化交流是文化繁榮和發展的基本規律，文化交流分為內部文化交流和外部文化交流兩類。內部文化交流是文化繁榮的基本規律；對外文化交流是文化發展的基本規律。你看，戰國時代，百家爭鳴，文化繁榮到何等地步。唐代實行文化開放政策，輸入印度佛教文化，促成了中國的第二次文化大發展的局面。明清兩代統治者對內實行文化專制政策，對外實行文化鎖國政策，終於成文化萎縮的局面。任何文化，如果與外界文化隔絕起來，就必然停頓不前，甚至走入牛角尖，而歸於滅亡。所以，我們只有實行文化開放政策，才能給民族文化注入強大的生命力。我們可以把文化繁榮和文化發展的基本規律圖示如下：

　　文化→對內文化交流→繁榮

　　文化→對外文化交流→發展

　　「繁榮」和「發展」是兩個不同的概念。繁榮是指一種文化內容的興盛；「發展」是指一種文化的提升。只有

透過對外文化交流才能促成一種文化的提升。中國傳統文化只有透過吸納西方的科學文化及其蘊含的科學精神，才能把自身提高到更高水準。

3. 中國現代學者楊宏聲先生提出一個問題，我稱之為「楊宏聲難題」。楊先生的原話如下：「在人類早期文化的演進過程和某些相似的精神體驗和（實踐）經驗條件下，為什麼（易卦和）《易經》單單產生於中國，而不是在西亞的巴比倫或南歐的希臘？」（圓括弧內的字樣是引者所加──引者）❼

現在，我們就嘗試來回答這個問題。

易卦所以單單產生在中國，乃是多種必要條件和充分條件偶然湊集的結果。當時，我們的先民已經開始對天文現象進行觀察，尤其是對太陽視運動進行觀察，但苦於沒有一定的理論作為觀察的根據。與此同時，各種模擬巫術盛行。這時，恰好有一位絕頂聰明的伏羲氏，突發奇想，要按照類比巫術的原則模擬天地之道，從而不自覺地引入數學思維，創立了易道三進制。然後，他從易道三進制三位數表中撤除了帶「0」的數碼，創立了伏羲八卦。在上述多種必要條件和充分條件中，伏羲氏的高度智慧起了決定性作用。

從這個意義上來說，伏羲八卦在中國的誕生，是十分偶然的，簡直可以說是「歪打正著」的結果。

《易經》所以單單產生在中國，也是多種條件偶然湊集在一起的結果。當時，中國已經有了伏羲八卦和伏羲六十四卦，還有連山八卦和連山六十四卦，歸藏八卦和歸藏六十四卦，河圖和洛書，六十甲子系統以及設計精巧的大

衍筮法。人們的數學思維已經高度發達。文王姬昌，作為
周族國王和巫術大師，被殷紂王囚禁在羑里達七年之久。
在囚禁期間，他潛心研究易學，頗有心得，對家國命運憂
心忡忡，感慨萬端。於是，在出獄返鄉之後，他就決心主
持編寫《易經》，以便總結殷王朝覆滅、周王朝興起的歷
史經驗，教育後人。在上述多種條件中，文王姬昌的智慧
和憂患意識起了決定性作用。從這個意義上來講，《易
經》在中國誕生，也是十分偶然的。

但是，在人類社會中，或早或遲總會產生辯證思維，
即令不產生在中國，也會產生在其他地方。從這個意義上
來說，《易經》所代表的辯證思維的產生是必然的。在歷
史的長河中，偶然性的後面總是隱藏著必然性。關於易卦
和《易經》為什麼單單產生於中國，我們只能作這樣的解
釋。

4. 從中國古代原生態文明發展和傳播的過程中，我們
還可引出另外一條重要原理：文化史上任何重大創造，都
會按照「中心起源、邊緣發展」的原則向外擴展。制度文
明和精神方面的重大創造尤其是這樣。這就是說，歷史上
任何足以改變人類命運的重大發明和制度，都是由於多種
條件偶然湊合在一起，首先產生於某一地區，然後再移植
到其他地區的。當然，在移植的過程中，還需要按照所在
地區的情況加以適當調整。因為各地區情況不同，照抄照
搬是行不通的。移植之後，這種重大發明和制度往往還會
得到進一步改進，或者向新的方向發展。

5. 伏羲八卦和伏羲六十四卦並不是靠總結實踐經驗
（這裏指的天文觀察）創造出來的，而是依靠人的智慧，

由創立易道三進制而創造出來的。由此可知，科學研究需要兩條腿走路。一條腿是透過實踐積累豐富的經驗，另一條腿是運用人的智慧，透過創造和發明，建構模型或理論框架，以便對經驗觀察給予科學的詮釋和論證。

實踐經驗並不能直接上升為理論，必須放在一定的模型或論理框架中才能上升為理論。愛因斯坦說過：「知識不能單從經驗中得出，而只能從理智的發明同觀察到的事實兩者的比較中得出」。❽我想，他的意思應該就是這樣。我們這樣說並不是要否定「實踐出真知」的命題，因為從總體上來說，從根本上來說，一切知識（包括經驗和科學理論）都來源於實踐。

第二，中華易學的科學價值和文化價值還在於，從辯證法角度來說，它是一種在中國文化背景下產生的內容豐富的辯證法學說，有別於在西方文化背景下產生的西方辯證法學說。但是兩者遲早總會融合為統一的辯證法學說。歸根結底，西方辯證法也來源於中國。中國是辯證法的真正故鄉。

第三，中華易學的科學價值和文化價值還在於：從邏輯學角度來說，中華易學是一種在中國文化背景下產生的辯證數理邏輯，有別於在西方文化背景下產生的形式邏輯。但是，兩者遲早總會融合為統一的邏輯。

第四，中華易學的科學價值和文化價值還在於：從現象學角度來看，中華易學是一種宇宙現象學。其中包含著一系列宇宙最高原理，如對稱原理、陰陽平衡原理、陰陽互補原理、有無相生原理、生成原理、循環原理、感應原理、自相似原理等等。這些原理都可以為現代科學提供許

多新的思路。而這些新思路，一旦同現代知識體系結合起來，就會產生極大威力。

第五，中華易學的科學價值和文化價值還在於：從思維角度來看，它涵蓋了許許多多思維模式，如類比思維、靈感思維、形象思維、抽象思維、整體思維、系統思維、數理思維、哲理思維、形式邏輯思維、辯證邏輯思維、關係思維、過程思維、量子思維、連續性思維、因果性思維、網路思維、符號思維、模型思維、實體思維、資訊思維等等。其中，靈感思維模式（共軛相生原理）為研究智慧的生成奠定了理論基礎，為知識創新開闢了光明大道。

第六，中華易學的科學價值和文化價值還在於，中華易學為科學預測學開闢了一條新的途徑。

形式邏輯有四項預測原理：（1）相關性原理（如雞叫——天亮）；（2）概率性原理（統計預測法）；（3）連續性原理（從一貫趨勢外推）；（4）因果性原理。但是，這四項預測原理都有一定的局限性和不足之處。

辯證數理邏輯有直接預測和間接預測兩種功能。在宇宙的基本問題上，辯證數理邏輯的符號模型具有直接預測功能。例如，我們根據四象模型和部分實證資料預測宇宙由四個世界組成，即正明物質世界，反明物質世界，正暗物質世界，反暗物質世界。又如，我們根據物質世界的共軛相生原理預測，共軛相生機制也必然是靈感產生的機制。種種事實證明，靈感也確是按照這種機制產生的。在宇宙的非基本問題上，辯證數理邏輯的符號系統只有間接預測功能。

辯證數理邏輯的符號系統並不排斥系統內外的隨機性

所帶來的內外環境條件。這就是說，我們可以在辯證數理邏輯的符號模型和文字原理的啟迪下，利用現代數學和現代系統科學的原理，建立同原型相似的系統模型，在電腦的虛擬世界中，透過輸入必要的初始條件和必要的控制參量，模擬由內外隨機性所帶來的內外環境條件，來進行預測實驗，從而求得比較準確的預測。

已故的工程院院士翁文波先生就是這樣做的。他把事件集劃分為兩類：常態子集（應理解為理想態子集——引者）和異態子集（應理解為現實態子集——引者）。常態子集中的事件是根據概率論和數理統計學所推導出的事件。它們的主要要素是統計量，如數學期望、方差、平均值等。應用這些原理和方法進行預測的一般稱為統計預測。異態子集中的事件是現實世界中實際發生的事件。它們的主要要素是根據資訊理論原理所取得的資訊。應用這些原理和方法進行預測的是資訊預測。

翁文波先生常說：「從常態要素可作統計預測，以知其大概；從異態要素可作資訊預測，以知其特性。」❾翁先生提出的這一原理不但適用於預測學，而且適用於工程學。他所常用的資訊預測方法有可公度性方法，浮動頻率法，天干地支預測法等。其中可公度法和天干地支預測法都來源於中華易學。此外，中國分形學家李後強先生還提出了「灰色分維」的概念，作為表述易學預測的數學工具。以上講的是自然科學方面的新預測方法。❿在社會科學方面，也應該有新的預測方法。不過，到現在為止，還沒有人進行這方面的探索。

20世紀80年代初，美國學者哈樂德‧拉斯威爾等人提

出了「世界模型論」，用於評價種種處理「世界性問題」（即政治——經濟——生態問題）的政策選擇。如果把這種理論和中華易學的符號模型結合起來，那就不僅能大大提高這種理論的政治實效，而且可以使世界模型論更加成熟，從而證明中華易學不僅是我們瞭解世界未來的手段，而且是我們把握人類自身未來命運的工具。

第七，中華易學的科學價值和文化價值還在於：它那「推天道以明人道」的思路是十分正確的。這就為從「自然邏輯」走向「人文邏輯」，開闢了一條嶄新的道路。

第八，中華易學的科學價值和文化價值還在於：它的發展歷程可以幫助我們認識人類精神演化的程式。

圖1-3 人數精神演化的程序

不論是在整個的人類發展中，還是在較小階段的人類發展歷程中，人類的精神演化都是按照這個程式進行的。現在人類正處在知識經濟時代。這是一個人類智慧大發展的階段。在知識經濟時代以前，人們只認識到物的經濟價值，而認識不到智慧的經濟價值。從這個意義上講，前知識經濟時代是一個蒙昧階段。在知識經濟時代以後，可以預計，還會有一個精神發展階段。在那個階段，人們頭腦

中的一切精神垃圾，包括巫術觀念殘餘，宗教觀念殘餘、文化偏見、階級偏見，種族偏見和其他類型的主觀主義偏見以及各種不正確的思維方式都將被消除得乾乾淨淨。這個精神發展階段將在共產主義社會實現以後到來。

第九，中華易學的科學價值還在於：在自然科學領域，種種現實事實證明，伏羲兩儀卦和邵雍64卦的確反映了事物內部矛盾的運動規律，伏羲四象卦的確反映了事物外部矛盾運動規律，伏羲反演卦的確反映了生命過程中的反演現象的運動規律。我們深信，這些符號系統還會給自然科學提供許多啟示。

第十，中華易學的科學價值和文化價值還在於：中華易學中包含的周易宇宙代數學可以為曙光初現的新型數學——非線性數學（即辯證數學）——的發展，奠定堅實基礎。這種新型數學很可能以生物數學的面貌出現在我們面前，為解決非線性問題開闢新的途徑。

我們對中華易學的科學價值和文化價值的論述，就到此為。雖然我們沒有明說，敏銳的讀者可能會覺察到，在本文的論述後面暗藏著四個論點：（1）中國古代文明一源多支論；（2）世界古代文明一源多支論；（3）1.3萬年以來世界古代人種和語言一源多支論。就第一論來說，源頭在湖南省；就第二、第三論來說，源頭就在中國。（4）西方現代科學文明急需轉型論。

首先，我們不同意費孝通先生提出的「中國文化多源一體論」。我們認為，費先生的論點是用發達的農業社會的眼光來看待遠古時代漁獵——農業社會的結果。用發達的農業社會的眼光來看待遠古時代的漁獵——農業社會，

必然會覺得中原地區有中原地區的文化；長江上游地區有長江上游地區的文化；長江下游地區有長江下游地區的文化；蘇北山東地區有蘇北山東地區的文化；遼西內蒙東部有遼西內蒙東部的文化……費先生由此得出結論說，中國文化是多源一體的。但是，這種看法並不符歷史事實。用歷史學家的術語來說，它是一種輝格解釋（Whig interpretation）。換句話說，就是用今天的有色眼鏡去看待歷史，把歷史事件之間的聯繫過分簡單化，置歷史的全部豐富性、複雜性與曲折性於不顧。

我們知道，從文化學角度來看，人類區別於動植物的本質特徵在於，動植物主要是靠遺傳基因的變異形成不同的物種或亞種來適應環境的。愈是低級的生物，其基因變異的速度就愈快。不這樣，它們就不足以應付不斷變化的環境。各種流感病毒就是這樣。人類則不然。人類主要是靠創造文化來適應環境的。因此，整個人類只是一個物種，並沒有多種多樣的亞種。

按照眼睛顏色、毛髮形狀、鼻形、眼形、頭形指數等特徵劃分的「人種」，從人種學上來說，的確有一定區分意義，但從文化學上來說，卻沒有什麼實質意義。所謂「高加索人種」、「蒙古利亞利人種」、「尼格羅人種」、「俾格米人種」都同屬於一個物種，在文化學上並沒有實質區別。這並不是說，遺傳基因對民族的形成就不起任何作用。遺傳基因對民族的形成也起了一定的作用。但是，從文化學上來說，對民族的形成起決定作用的則是具有哲學根底的文化基因。一個民族的文化只有具有哲學根底，才能成為文化認同的基礎。

文化分為三個層次，即物質文化，制度文化和精神文化。人類創造物質文化和萌芽精神文化的過程始於舊石器時代。在中華大地上，學會用火、又生活在有利地區的人群，熬過了舊石器時代的幾個冰期，存活下來了。沒有學會用火或者雖然學會用火但生活在不利地區的人群，難以熬過冰期的劫難，消亡了。人類創造制度文化和精神文化的過程，始於新石器時代，貫穿於整個漁獵時代和初期農業時代，直到現代社會。

凡是創造了重大制度文化和精神文化的民族，或者善於向其他民族學習其制度文化和精神文化的優長、從而不斷更新本民族文化的民族，都茁壯地成長起來了。凡是拒絕吸收其他民族制度文化和精神文化的優長的民族，都註定要趨於滅亡。在人類早期創造文化的歷史過程中，有三個因素是我們不能不加以考慮的。

第一個因素是漁獵——農業社會人群的天然流動性。在遠古漁獵——農業社會，一定地域有一定面積，其中的動植物資源是非常有限的，這種動植物資源可以養活的人口也是非常有限的。在一定地域的人口超過一定限度以後，新成長起來的一代就被迫離開他們祖輩所在的區域，而向遠處開拓。隨著一代又一代的對外開拓，遠古人群可以遷徙到中華大地的每個角落，甚至遷徙到地球的很多角落。無論是高山還是大海，都攔不住他們。而且，隨著遠古人群的遷徙，他們還會把祖輩文化帶到他們所到的地域去。隨著一代又一代的遷徙，他們所攜帶的文化也一次又一次地發生分岔，逐漸向新的方向發展。

有時，遷徙到異地的頭一、兩代人還會回到祖籍地看

看，同祖籍地保持一定的文化聯繫。時間長了，距離遠了，他們就不再返回祖籍地。他們的文化和祖籍地文化之間的差異也就愈來愈大，甚至可以朝完全不同的方向發展。

第二個因素是漁獵社會和早期農業社會的戰爭和災變。在遠古時代，各部族或各部落聯盟之間經常發生大規模戰爭；有時也會發生自然災變。這些戰爭和災變往往使文化格局重新洗牌，以至於從表面上看來，各大地域的文化彷彿都是獨立產生出來的。人們如果不進一步追根溯源的話，就很容易產生「中國古代文明多源一體」的錯覺。舉例來說，黃帝和蚩尤之戰後，蚩尤部落被迫轉向中國西南山區以至印度、西亞地區。黃帝和炎帝之戰後，炎帝部落逃到遼西和內蒙古東部，創造了「紅山文化」。

其實，「紅山文化」只不過是被轉移到遼西和內蒙東部的炎帝文化而已。雲貴高原的彝族文化也只不過被轉移到雲貴高原的三苗文化而已。

連佛教傳入中國以前的西藏文化也屬於蚩尤文化和誇父文化。最近還發現，水族的「水書」文化只不過是被轉移到西南山區的夏代文化而已。

第三個因素是文化創造的艱巨性。文化的創造是十分艱巨的，制度文化和精神文化方面的創造尤為艱巨。並不是任何地域的任何人群在任何時候都能輕而易舉地創造出制度文化和精神文化方面的事物。世界文化史證明，制度文化和精神文化方面任何對人類有重大意義的創造，都是靠了多種必要條件和充分條件的偶然湊集而首先產生於某一地區，然後再傳播到其他地區去的。

在中華大地上，文明的第一線曙光首先升起在兩湖（湖南和湖北）地區和中原地區。中國文明的這第一線曙光也是世界文明的第一線曙光。這第一線曙光就是農耕文化、薩滿文化和「易道三進制」，尤其是後者。所謂「伏羲畫卦」也就是伏羲氏把易道三進制三位數表中不帶「零」的數碼，抽了出來，然後創造了我們所謂的「易卦文化」，其內容包括數學，天文，曆法，雛形文字符號，占卜技術等。

隨著遠古時代人群的流動，稻作文化、薩滿文化和易卦文化逐漸都逐漸擴散到中華大地的每個角落，後來，還逐漸擴散到世界的各個角落——南北美洲，南亞，西亞，非洲，歐洲。但是，這種稻作文化、薩滿文化和易卦文化都沒有哲學根底，很容易流散，失去，產生分岔，走入牛角尖，或走向新的方向。因此，這種「稻作文化」、「薩滿文化」和「易卦文化」並不能成為文化認同的基礎。不過，它可以起誘導和啟發作用。即誘導和啟發當地人群起來創造文化。

在這裏，還有一個問題，需要我們加以解釋。稻作文化和薩滿文化不具有哲學根底，這很容易理解。難道易卦文化也不具有哲學根底嗎？我們的回答是：在遠古時代，易卦文化的確不具有哲學根底。

為什麼呢？原來，我們的遠古祖先雖然創造了易卦文化，但是，他們只是把易卦當作創立曆法的理論根據。他們並不懂得伏羲八卦和伏羲64卦就是辯證法和辯證邏輯。我們簡直可以這樣說：在我們的遠古祖先眼中，伏羲八卦和伏羲64卦本身就是曆法。舉例來說，在我們的遠古祖看

來，「太極」就是一年，「兩儀」就是一年當中的雨季和旱季，「四象」就是春夏秋冬，「八卦」就是由八個特徵點（二至、二分、四立）標誌的八個時段。八風曆就是伏羲八卦，伏羲八卦就是八風曆。這也就是我們把中華易學發展歷程劃分三個階段——易卦文化階段，易學文化階段和科學階段的原因。

到了西元前3000年左右，在中華大地上出現了世界文化史上第一部世界文明寶典——《易經》。中華易學由易卦文化階段轉入易學文化階段。從此，中華易學開始具有自己的哲學根底——「陰陽之道」和儒墨價值觀。《易經》一經問世，便產生了巨大威力。它提倡的陰陽之道開始滲入各種不同的學科：政治學，哲學，數學，農學，醫學，軍事學，語言學，乃至文學，藝術領域。經過歷代哲人的闡釋，陰陽之道成為統治集團的思維方式，再經過統治集團的宣傳和提倡，就變成了全體人民的共同的文化心理結構，即辯證邏輯心理結構。這種共同的文化心理結構就是文化認同的基礎。

什麼叫中華民族？凡是生活在這個星球上、又認同以「陰陽之道」和儒墨價值觀為核心的中國文化的人群，都屬於中華民族，不管他們原來屬於什麼種族。什麼叫華人（中國人）？凡是認同以「陰陽之道」和儒墨價值觀為核心的中國文化的人群就叫華人，不管他們屬於什麼國籍。如果他們不再認同這種中國文化，他們就不再是華人，而只是具有中國血統的外國人。

根據以上所述，我們認為，中國文化是——源多支的，而不是多源一體的。

根據同樣的道理，我們認為，世界古代文明和1.3萬年以來世界古代人種和語言也是一源多支的。不過，世界古代文明——源多支所形成的文化格局卻同中國文化——源多支所形成的文化格局，大不一樣。您看，在新石器時代，中華大地把農耕文化、薩滿文化（及其語言黔台語）和易卦文化的種子撒向世界各地，其結果就形成了遠古世界的六大古文明——中國文明，印度文明、波斯文明、巴比倫文明、埃及文明和瑪雅文明。這六大古文明，雖然在文明基因上有關聯性，但都是獨立發展的。後來，其中有三個文明中斷了，衰落了。那就是巴比倫文明、埃及文明和瑪雅文化。

古代世界為什麼會有這樣的文化格局呢？我們前面說過，在遠古時代，中華大地像一棵蒲公英一樣，不斷地向世界各個角落撒布文明種子。但是，這些文明種子都屬於農耕文化，薩滿文化和易卦文化，沒有哲學根底，很容易失散，失落，產生分岔，向新的方向發展。巴比倫文明、埃及文明和瑪雅文明都是這樣的文明。

當時，中國古文明在全球的傳播路線有四條。一條是中國→東北亞→北美洲→南美洲→復活島→波利尼西亞群島→新西蘭。另一條路線是：中國→印度→波斯→兩河流域→埃及→歐洲。第三條是中國→東南亞→澳洲。第四條是中國→西伯利亞→北歐。

舉例來說，在中國夏王朝覆滅後，有一支夏王朝遺民由南方陸上文明傳播之路到達兩河流域。這就是古希伯來人。古希伯來人中有一支流散到古埃及，同古埃及人通婚，後來就形成阿拉伯民族。還有一支注意保持人種的純

潔性，後來就形成以色列人。以色列人有一位天才的領袖摩西。為了加強民族的凝聚力，他借助於易道三進制，創立了猶太教。

大家知道，在遠古時代，原始宗教盛行，最初只有凱西爾在《語言與神話》中所說的「瞬息神」，和「職能神」，即雷神，雨神，風神、火神，樹神，花神，太陽神，月亮神等等。⓫統領宇宙的大神——上帝——的觀念很難形成。這也就是說，沒有易道三進制中「零」的觀念，就根本不可能形成「上帝」的觀念。所以，我們說，凡是宗教都同數學有密切關係。

猶太教創立起來以後，又由其中分化出基督教，基督教以後又分裂為兩派：天主教和基督教，再往後又分化更多派別。阿拉伯民族也效法猶太教，創立了伊斯蘭教。在印度次大陸，遷居印度的中華人種則創立印度教，佛教和嗜那教。由此可知，宗教也是文明的一種哲學根底。縱觀世界文明史可知，文明可以分為四大類型：

（1）不具有哲學根底的文明；（2）具有邏輯性哲學根底的文明；（3）具有宗教性哲學根底的文明；（4）兼具邏輯性哲學根底和宗教性哲學根底的文明。這四大類型文明有一個共同特點，那就是它們都有一部或幾部「經典」。中國文明是一種具有雙重性哲學根底的文明。西方文明也是一種具有雙重性哲學根底的文明。因為它是基督教文明和希臘文明融合的產物。西方文明後來發展成一種強勢文明，絕不是偶然的。

凡是具有兩重哲學根底的文明，都具有強大的生命力，可以在惡劣的自然環境和惡劣的社會環境中頑強地生

存下去，而且還有能力吸納外來文化的優長，不斷地更新自己文化。上述四種類型的文明發展下來，就形成當今世界的文明格局。

此外，我們還認為，古代文明可以分為兩個類型：（1）原發性文明；（2）繼發性文明。原發性文明及其文字總是要經過幾千年的發展，才能發育成熟起來。而繼發性文明及其文字則是一下子就發育成熟起來，彷彿是從天上掉下來似的。這是因為繼發性文明及其文字借鑒了原發性文明及其文字的緣故。

按照這個標準判斷，中國遠古文明是唯一的原生態文明，古歐洲文明，古埃及文明，古巴比倫文明（包括原來的古希伯來文明），古波斯文明，古印度文明，古瑪雅文明都是繼發性文明。

根據以上所述，我們認為，世界古代文明也是一源多支的，而絕不是多元多支的；1.3萬年以來世界古代人種和語言也是一源多支的，而不是多源多支的。而且，世界古代文明的源頭和世界古代人種和語言的源頭都在中國。

我也知道，如果有哪位學者把考古學證據和文獻證據搜集起來，對「中國古代文明一源多支論」加以論證的話，也許還會有人覺得它是合情合理的。至於「從1.3萬年以來世界古代文明一源多支論」和「世界古代人種和語言一源多支論」，不論考古學證據，還是文獻證據，都比較少。人們會覺得，這樣的故事簡直是天方夜譚。但是，我堅信，歷史必將證明，這三論都是同樣正確的。

我同意中國著名民俗學學者林河先生的意見：世界文化史今天已經到了非改寫不可的時候了。我相信，這三論

必將成為改寫世界古代文化史的基礎，也必將成為具有中國特色的新型文化理論的基礎。我本人雖然已經進入耄耋之年，仍然下定決心，要在有生之年，寫出一部《文明四論》來，為「文明四論」中的前三論提供初步的實證證據，以便引起世界學術界的注意。

讀者還有可能提出這樣的問題：西方學術主流一直在鼓吹黑格爾提出的「西方文明中（軸）心論」，你該不是在鼓吹「中國文明中心論」吧？我們的回答是：非也。西方學術界主流的確一貫在鼓吹「西方文明中心論」。近年來，這種西方文明中心論在美國達到了頂峰。有些美國人總認為西方文明是最優秀的文明；他們力圖乘「反恐」之機用武力把西方文明推廣到全世界去。中國文明則至今仍是一種弱勢文明。

中國正在努力把西方文明的精華和中國文明的精華融合起來，創造一種新型文明。因此，我們提出的「世界古代文明一源多支論」和「1.3萬年以來世界古代人種和語言一源多支論」其實只是一種「歷史問題」，一種「學術研究問題」，並不是一種「現實問題」，更不是一種「政治實踐問題」。

我們決不能把「世界古代文明一源多支論」和「1.3萬年以來世界古代人種和語言一源多支論」同「中國文明中心論」等同起來。即使中國的新型文明將來變成強勢文明，我們也決不會強行把自己的文明推廣到其他國家去。因為中國文化一向主張「和實生物，同則不繼」。用現代的語言來說，中國文化一向主張「保護文化的多樣性」，因為只有保護好文化的多樣性，才有利於世界文化的發

展。如果世界各民族的文化千篇一律，千人一面，世界文化就失去了生命力，從而也就停止發展了。

我們雖然主張「世界古代文明一源多支論」和「1.3萬年以來，世界古代人種和語言一源多支論」，但是，我們並不反對德國哲學家卡爾·雅斯貝爾斯提出的「軸心時代學說」。相反的，我們贊成這個學說。下面，我們引證幾個中國學者對「軸心時代學說」的介紹和評論。

趙敦華先生對這一學說作了全面而客觀的介紹。他說：「雅斯貝爾斯在晚年提出了關於世界哲學的構想。他把人類的生存意識看成是一個同步產生和發展的整體，因此，可以把生存哲學推廣到世界歷史的範圍。在《歷史的起源和目標》一書中，他提出了『軸心時代』的著名論斷。『軸心時代』指的是西元前800年到西元前200年這六百年的時間。這是人類思想史上最為激動人心的時代：中國出現了孔子和老子這樣的偉大思想家，印度出現了《奧義書》和佛教的始祖釋迦牟尼，伊朗出現了查拉圖斯特拉創立的瑣羅亞斯德教，希臘出現了荷馬史詩以及一批偉大的悲劇作家和哲學家，近東出現了猶太教的先知。雅斯貝爾斯說，在軸心時代，整個人類實現了精神突破，是人類的全面精神化和人性的全盤改造的過程。在此之前，人類囿於單純的物質生產活動，以謀生為生活目標。只是到了軸心時代，人類才開始了自由的、超越的活動，上升到精神生活的階段，直至現在，人類精神生活的主要形式和內容仍然來自軸心時代的遺產。

雅斯貝爾斯指出：

「人類一直在靠軸心時代所創造的一切而生存。每一次

飛躍都要回顧這一時期，並被它重燃火焰。軸心時代的潛力的蘇醒和對軸心時代的潛力的回憶或復興，提供了無窮的動力。**⓬**

「軸心時代之後，人類進入了雅斯貝爾斯所說的新普羅米修士時代，即科技時代。這一時代的最高成果是現代科技。它極大地改善了人類的物資生活條件，但是人類的生存境況因技術的無限制度發展、群體意識的興起和宗教的沒落而惡化，科學主義的思維方式淹沒了哲學，使人們忘記了對存在和生存的意義的尋求。雅斯貝爾斯預言，我們正面臨著第二個軸心時代。世界各地的人將在世界範圍內思考全體人類的生存境況問題。可以說，第二個軸心時代的主題就是世界哲學。」**⓭**

姜廣輝先生指出：「『軸心時代』並不是人類文明的開端。它是人類文明有了相當的積累之後的一次大的飛躍與昇華，由此奠定了以後人類的精神基礎和價值準則。雅斯貝爾斯『軸心時代』概念的提出，是對黑格爾的片面的歷史觀的批判與矯正。黑格爾首先提出了『軸心』」的觀念。他以基督教為軸心。基督教一出現，好像人類文明的軸心就出現了。這就有了西方文明中心論。雅斯貝爾斯認為，黑格爾的概括只局限於西方，而且只限於基督教。他從世界歷史的視野來審視人類文明，承認不同地域不同文明應有的價值。他的概括比較符合世界歷史的事實。這是他的『軸心時代』理論被接受的原因。

「『軸心時代』概念的提出，引出許多值得進一步探討的理論問題。為什麼各個不同文明的所謂『軸心時代』差不多是同時的？『軸心時代』產生前的文明發展程度和

思想資源是怎樣的？『軸心時代』產生於什麼樣的生存背景？為什麼不同的文明出現以後，它們的發展路程是不一樣的？它們分別具有什麼特點？如此等等。對於這一類問題，我們僅僅透過『軸心時代』這個概念本身去找根兒，是不能找到答案的。要解決這些問題，我們必須向前追溯。這就自然引出一個『前軸心時代』的問題。」⓮

余敦康先生指出：「現在大家都很關注文明的起源、關注中國歷史發生的『前軸心時代』的問題。現在我們研究這個問題是一個時代的需要。中國文化的起源、特性和它在世界文化中的作用與適應21世紀的和平格局問題，有著深厚的歷史文化的依據。如果有人說中國文化是熱愛和平的，沒有歷史文化做根據，別人是不太信的。同時，我們研究中華文明在世界文明史上的合理定位，這也是個文化認同、民族認同的問題。

……

「中國文化早在軸心期以前就有了非常深厚的文化積澱。這是其他的文明所沒有的。而且很重要的一點是，中國古代的歷史觀，不是西方基督教那樣『上帝創世說』。中國古人一直認為人類世界是一步步進化來的，不是由神創造的。」

「『軸心時代論』的著眼點是人類精神的自覺。雅斯貝爾斯作為人類學家預言在未來……人類必然會產生第二次軸心期。這將是人類完完全全的統一。人類現在正在現實的基礎上，即在資訊、科技、交通、交往方面實現新的統一，而各種不同的文明在今後的接觸與交往中如何採取互相尊重和寬容的態度，相容並包，取長補短，將是對人

類文明未來發展的一個新的挑戰」。**⓯**

邢文先生指出：「中國文明很重要的一個特色就是我們有自己的經典。其實許多文明都有自己的經典。基督教有《聖經》，伊斯蘭教有《古蘭經》。那為什麼會形成經典？為什麼會有經學？姜廣輝先生有一種提法我覺得很有意義，就是『經典現象』。在不同的人類文明中，人們都有一種尊敬經典、信奉經典的思想。所以，如果我們從經典的角度談『軸心時代』或『前軸心時代』的人類文明的一些現象，還有這種早期的精神文明現象對於後來整個人類文明發展的影響，是非常重要的。對於『前軸心時代』的討論，可以真正的幫助我們認識世界的文明和我們自己的文明」。**⓰**

王博先生指出：「對『前軸心時代』與『軸心時代』的核心價值的討論，其實是關於民族精神的討論。這裏，我想談談『連續性』與『突破』的關係。我們要考慮的問題是，『前軸心時代』是僅僅作為『軸心時代』的預備期，還是它本身有它的獨立的價值？『前軸心時代』對整個中華民族傳統精神、傳統氣質到底提出了什麼？作為『前軸心時代』的夏、商、周三代而言，其文化發展是有連續性的，以至於引起軸心期哲學家對它的關注。但軸心期哲學家的產生，在保持『前軸心時代』文化的連續性的同時，是否也有改變和斷裂？從這一思路思考，我們就會發現『軸心時代』與『前軸心時代』的不同。」**⓱**

參照上述幾位時賢的論述，我們可以作出下述幾項論斷：

第一，「世界古代文明一源多支論」和「1.3萬年以來

世界古代人種和語言一源多支論」同「軸心時代理論」具有互補性，互相並不矛盾。

第二，前軸心期文明和軸心期文明的本質差別在於，前者沒有充實的哲學根底，不能構成文化認同的基礎；後者具有充實的哲學根底，因而可以構成大化認同的基礎。分期的標誌是經典的出現。但是，兩者在文化發展上又具有連續性。因此，這種分期只具有相對意義，並不具有絕對意義。

第三，凡是為本身奠定堅實哲學根底的古文明都生存下來了，如中國文明，印度文明，西方文明，伊斯蘭文明，猶太文明；即令由於戰爭原因一度中斷，它也會在後續文明中復活，如希臘文明和羅馬文明。凡是沒有為自身奠定堅實哲學根底的古文明都消亡了，如瑪雅文明，埃及文明，巴比倫文明。

第四，所謂「充實的哲學根底」包括兩個方面，即邏輯學根底和價值觀根底。凡是哲學根底不夠全面或有嚴重缺陷的古文明，也都消亡了，但是，它們也可以在後繼文明中得到復活，如印度古代的佛教文明。

第五，在人類文明發展史上，為什麼會產生「軸心時代」呢？我們認為，這是由於人類文明的發展必須服從文化創造的「數學→科學→哲學」循環原理的緣故。這條文化創造的循環原理是我們根據人類幾大古文明當中唯一的原生態古文明——中國古文明——的經驗歸納出來的，也是遠古人類文明不能不遵守的具有必然性的規律。

在遠古時代，人類為了擺脫蒙昧狀態，首先必須瞭解大自然的規律。只有瞭解並遵從大自然的規律，人類才能

實現人類和大自然的和諧相處，更好地生存下去。科學也好，巫術也好，都產生於這一需要。因此，在遠古時代，科學和巫術是揉合在一起的，難以截然分開。這就是「前軸心時代」人類的主要追求。

等到人類對大自然的規律有了相當瞭解，人類的目光自然要轉向人與人的關係。這就是說，人類開始希望瞭解人和人和諧相處的規律。只有瞭解並遵從人和人和諧相處的規律，人類才能實現社會和諧，更好地生存下去。這就是「軸心時代」人類的主要追求。

由此可知，由「前軸心時代」到「軸心時代」的發展，具有歷史的必然性。「數學→科學→哲學」循環原理，也可以稱為「數學發展→智慧發展→精神發展」循環原理。現在看來，人類文明的發展還需要經過多輪循環才能進入「同傳統觀念實行最徹底的決裂」的時代。那個時代至今離我們還相當遙遠。

第六，目前世界上現存的幾大文明都是在兩千年前「第一個軸心時代」為自身奠定邏輯學基礎和價值觀基礎的。這幾種大文明都有其自身的優長和弱點。因此，它們都需要採取互相尊重和互相寬容的態度，在日益頻繁的文化交流中，互相借鑒，取長補短，各自把自身提高到更高水準。那種打著「民主、平等、自由」的旗號，不惜利用政治的、經濟的、文化的、甚至軍事的手段，把自己的價值觀和生活方式強加給其他民族和國家的企圖，是非常錯誤的，也是註定要失敗的。

下面，我們談談第四論：西方現代科學文明亟須轉型論。

西方科學文明目前還在不斷地向前發展，但是，各種跡象說明，它正在向牛角尖走去。舉例來說，西方科學家已經發現，形式邏輯的認知邏輯對於他們在電腦上進行類比實驗，已經沒有多大作用。他們不在乎有沒有公理系統，他們需要的是切合實用的認知邏輯。這種認知邏輯只能是辯證認知邏輯。但是，他們卻沒有這種東西。

中國工程院院士李鴻志先生說：「一個有趣的現象是，越是站在科學發展前沿的人，越是強調中國傳統的思想綱領的優越性。愛因斯坦、波爾、維納、普里高律、李政道，都有類似言論。這種言論的合理性在於，科學越是超出機械的、無機的、線性的認識模式，就越能體會到中國古代思想綱領的現代意義。英國《自然》雜誌主編菲力浦・坎貝爾博士在接受新華社記者採訪時曾說：『目前對生命科學的研究局限在局部細節上，尚沒有從整個生命系統角度去研究。未來對生命科學的研究方法應當上升到一個整個的、系統的高度，因為生命是一個整體。』他認為，未來對生命科學的研究方法應當是西方科學方法和中國古代科學方法的結合。中國的科學觀，乃至哲學觀的價值，不在於局部和細節上的深入研究，而在於能幫助科學對已經獲得的局部精細研究進行系統和整體的把握。要讓其價值得以實現，也必須在充分運用現代科學體系的基礎上，進行自身的整體性的轉化。」⓲

由此可知，目前，西方現代科學文化的最大任務就是要現實傳統科學模式的轉型。

具體來說，也就是把西方的科學思想綱領和東方的科學思想綱領結合起來。這當然是一項非常艱巨的任務。但

是，這卻是一條「必由之路」。

以上就是「西方現代科學文化急需轉型論」的主要內容。

最後，我們來談談我為什麼要提出「文明四論」。

世界科學史證明，各國科學技術的蓬勃發展都需要本國的哲學家調動起本國人民的文化主體性，來為之鋪平道路。英國科學技術的發展由英國哲學家培根的經驗論和休謨的懷疑論為之鋪平道路；德國科學技術的發展由德國哲學家康德、黑格爾的古典哲學鋪平道路；法國科學技術的發展由法國唯物主義學派為之鋪平道路；美國科學技術的發展由杜威、詹姆斯的實用主義哲學為之鋪平道路，如此等等。

由於以上原因，雖然我不是哲學家，但我仍然覺得我有責任以哲學家的身份，提出「文明四論」，來激發全體中國人民的文化主體性，並破除「西方文明中心論」對中國科學技術和中國人文科學的毒害，從而掃除科技創新的文化障礙，為中國科學技術蓬勃的發展奠定基礎，圓滿完成「建立創新型國家」的任務。這就是我所以要提出「文明四論」的原因和目的。

當然，我也是本著求真務實的科學精神提出「文明四論」的。作為一個學者，我不能不按照自己的學術良心辦事。我只服從真理，不服從任何權威，不管是多大的權威。也許有很多人覺得我的「文明四論」純粹是天方夜譚，但是，我堅信，歷史必然會證明，「文明四論」是符合歷史事實的。

【註釋】

❶ 張之滄：《我們應當如何看待〈易經〉》，載《光明日報》，1994年8月31日。

❷ 徐道一：《〈周易〉與二十一世紀》，廣東教育出版社，2000年。

❸ 同上。

❹ 這是許先生在2003年1月「高等教育發展與改革（天津）研討會」上發言時講的話，轉引自《光明日報》的通訊「發展高等教育第一要務」，載2003年1月16日的《光明日報》。

❺ 葉雋：「國學位置：在『世界文明』與『現代學術』之間」，載2005年1月11日的《光明日報》。

❻ 費孝通：「經濟全球化和中國『三級兩跳』中的文化思考」，載《光明日報》，2000年11月7日。

❼ 楊宏聲：「處於當代學術前沿的《易經》」，載《第八屆周易與現代國際學術論文匯編》，1996年。

❽ 許良英等編譯：《愛因斯坦文集》，第1卷，第278頁，商務印書館1997年。

❾ 翁文波、呂牛頓、張清：《預測學》，上海大百科全書出版社，1991年。

❿ 李后強和李后卿：「周易與廣義分形理論」，載《周易與現代自然科學》，中國社會科學出版社，1990年。

⓫ 恩斯特·卡西爾：《語言和神話》，三聯書店，1988年。

⓬ 雅斯貝爾斯：《歷史的起源與目標》，魏楚雄等

譯，華夏出版社，1989年，14頁。

⓭ 趙敦華：《現代西方哲學新編》，北京大學出版社，2001年。

⓮ 「中華文明的『前軸心時代』」，載《光明日報》，2005年9月8日。

⓯ 「中華文明的『前軸心時代』」，載《光明日報》，2005年9月8日。

⓰ 「中華文明的『前軸心時代』」，載《光明日報》，2005年9月8日。

⓱ 「中華文明的『前軸心時代』」，載《光明日報》，2005年9月8日。

⓲ 李鴻志：「克服創新的文化障礙」載《光明日報》，2002年，9月20日。

第二章　有關易卦起源的種種假説

　　我們首先談談本書的宗旨。本書的宗旨就是要回顧、探索、追尋和再現中華易學的起源。由於中華易學是整個中國傳統文化的核心和基礎，這也就是要回顧、探索、追尋和再現整個中國文化的起源。

　　探索和追尋中國文化的源頭，並不是一件十分輕鬆的任務。易卦起源於1萬年以前，《易經》成書於3千多年以前。由於年代久遠，易卦和《易經》的許多細節都籠罩在歷史的迷霧之中，探究起來，困難重重。可以說，自從《易經》問世以來，中國易學文化就一直是一團亂麻，剪不斷，理還亂。大小問題成堆，誰也說不清楚，誰也道不明白。小問題不說，單單重大問題就有10個。

　　1. 易卦起源問題；

　　2. 伏羲八卦誕生的年代問題；

　　3. 伏羲六十四卦誕生的年代問題；

　　4. 連山卦和歸藏卦問題；

　　5.《易經》六十四卦卦序之謎的問題；

　　6.《易經》吉凶判斷的標準問題和靈不靈的問題；

　　7.《易經》卦爻辭與卦畫之間的關係問題，即卦爻辭的正確詮釋問題；歷代解易假說雖多，但互相矛盾，而且沒有一種解易假說能夠一以貫之地解釋全部卦爻辭。這就是一個很大的問題。

8.《繫辭傳》和《說卦傳》關鍵段落的原創作者問題；

9. 大衍筮法的設計原理問題；

10. 河圖洛書和易卦的關係問題。

這些問題可以說是中華易學的十大歷史問題。這十大歷史問題目前急需解決。原因是，只有徹底解決了這十大問題，才能引導廣大易學研究者把目光轉向中華易學的科學化和現代化問題，從而把易學研究提高到符合時代要求的更高水準。

在本章中我們所要討論的問題是，有關易卦起源的種種假說。

首先，我們需要看看古代典籍中有關易卦和易卦起源的記載和古代文物上載有的易卦圖形。

先秦典籍《繫辭傳》對易卦的起源有如下說明：「古者包犧氏（即伏羲氏──引者注）之王天下也，仰則觀象於天，俯則觀法於地，觀鳥獸之文與地之宜，近取諸身，遠取諸物，於是始作八卦，以通神明之德，以類萬物之情。」

【白話譯文】往古之時，包犧氏在統治天下的時候，舉頭仰望天空，觀察天象，俯首眺望大地，觀察地上日影變化的規律，觀察天上鳥獸斑紋一樣的日月星辰和大地上太陽出入的位置，近處觀察陽光下自身影子的變動，遠處觀察高大喬木陰影的變動，發明立杆測影之法，於是，開始創制八卦，以彰顯神明的德行，以模擬萬物的情狀。

至於伏羲氏畫出的八卦是什麼樣子，文中沒有說明。

先秦典籍《說卦傳》中載有三種八卦。

其一是：「雷以動之，風以散之，雨以潤之，日以煊

之，艮以止之，兌以說之，乾以君之，坤以藏之。」

【白話譯文】雷的功能是催促萬物萌生。風的功能是播散萬物的種子。雨的功能是滋潤萬物。太陽的功能是照曬萬物。艮卦象徵萬物發育成熟。兌卦象徵萬物欣欣向榮。乾卦象徵上天君臨萬物。坤卦象徵大地包藏萬物。

為了便於比較不同形式的八卦，我們必須比照伏羲八卦的排列方式，制訂標準排列格式。所謂標準排列格式，就是：乾卦為首卦，以坤卦為末卦，其他6卦依次按照反身反對稱的原則排列。只有後滅八卦有錯位現象，無法按照標準格式排列，但我們也儘量把乾卦排在首位。

按照標準格式排列，上述引文中包含的八卦是「乾艮坎震巽離兌坤」。我們認為，這就是歸藏八卦。根據是，上述引文中有「坤以藏之」一語。

其二是：「乾健也，坤順也，震動也，巽入也，坎陷也，離麗也，艮止也，兌說也」。

【白話譯文】乾卦，其性質為健。坤卦，其性質為順。震卦，其性質為動。巽卦，其性質為入。坎卦，其性質為陷。離卦，其性質為麗。艮卦，其性質為止。兌卦，其性質為悅。

按照標準格式排列，其中包含的八卦是「乾震坎艮兌離巽坤」。我們認為，這就是連山八卦。

其三是：「帝出乎震，齊乎巽，相見乎離，致役乎坤，說言乎兌，戰乎乾，勞乎坎，成言乎艮。」

【白話譯文】天帝敕令：震卦當值，萬物生機萌動；巽卦當值，萬物初露崢嶸；離卦當值，陽光普照，萬物興旺；坤卦當值，大地滋養，萬物勁長；兌卦當值，發育成

熟，萬物歡暢，乾卦當值，陰陽相戰，寒來暑往，坎卦當值，萬物疲憊，休息歸藏；艮卦當值，循環終結，重歸初態。

　　其中包含的八卦是「乾坎艮震巽離坤兌」。這就是後天八卦，又叫文王八卦。根據田合祿先生的研究，後天八卦反映的是遠古時代的火曆。❶

　　古代文物上載有的八卦圖形最早見於唐代的「五神十二肖二十八宿八卦銘文鏡」。其圖形如下：

圖2-1　五神十二生肖二十八宿八卦銘文鏡

中央五神：東蒼龍，西白虎，南朱雀，北玄武，中央可能是熊，代表北斗七星，即西方天文學所說的「小熊星座」（西方小熊星座的名稱殆源於此？）。十二生肖從下方中央的子時算起：子鼠，丑牛，寅虎，卯兔，辰龍，巳蛇，午馬，未羊，申猴，酉雞，戌狗，亥豬。其中的八卦為後天八卦。

此外，《周禮‧春官宗伯》中還說：太卜「掌三易之法：一曰《連山》，二曰《歸藏》，三曰《周易》。其經卦皆八，其別皆六十有四」。至於連山六十四卦卦序和歸藏六十四卦卦序，文中都沒有說明。先秦時代文獻記載的完整的六十四卦卦序只有《易經》六十四卦卦序和《雜卦傳》中的六十四卦卦序。

到了宋代，邵雍和朱熹突然推出了伏羲八卦次序圖和方點陣圖、伏羲六十四卦次序圖和方點陣圖。他們把伏羲八卦和伏羲六十四卦稱為先天卦，把文王8卦稱之為後天卦，由此引起了軒然大波，愛到保守派學者的批判達六百年之久。邵雍和朱熹推出的伏羲八卦和伏羲六十四卦卦圖如下：

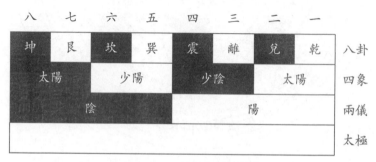

圖2-2　伏羲八卦次序圖

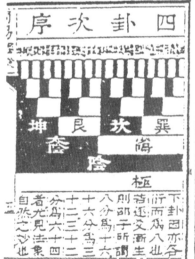

圖2-3　伏羲八卦方位圖

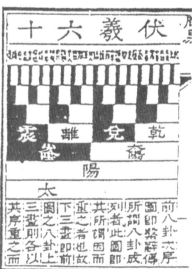

圖2-4　伏羲六十四卦次序圖

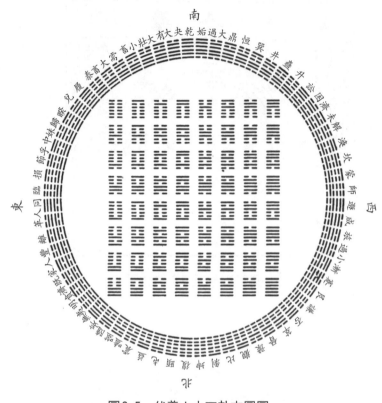

圖2-5　伏羲六十四卦方圓圖

　　直到清代康熙年間，英國數學家萊布尼茨指出伏羲六十四卦符合二進位數字學原理，學術界才逐漸普遍接受了伏羲八卦和伏羲六十四卦。但是，由於伏羲八卦和伏羲六十四卦缺乏先秦古籍的證明，有些受過現代科學洗禮的中國學者至今仍然認為，伏羲八卦和伏羲六十四卦是邵雍創造的。他們不承認兩者是伏羲創造的。這就引出了一系列問題：

　　第一、歷史上有沒有伏羲其人？對此，大多數學者仍

抱懷疑態度，他們至今仍然認為伏羲只是一個傳說人物。

第二、如果歷史上真有伏羲其人的話，那麼，他最先創造的八卦，是伏羲八卦？還是連山八卦，歸藏八卦，後天八卦？

第三、如果伏羲最先創造的八卦的確是伏羲八卦的話，那麼，他是在什麼時候，用什麼方法創造出伏羲八卦的？

第四、伏羲六十四卦是在什麼時候誕生的？

第五、伏羲八卦同連山八卦，歸藏八卦，後天八卦有什麼關係？

如果我們能證明伏羲八卦和伏羲六十四卦是按照一定規則創造的，而且年代很早，那麼，再配合文獻資料，考古資料，古代氣候資料和器物紋飾學資料，我們就能證明：伏羲畫卦，實有其事，畫卦伏羲，實有其人。

為了探索易卦起源，我們首先需要看看古今中外有哪些易卦起源假說。可以說，自從《易經》問世以來，中國歷代學者就沒有停止過探索易卦起源的努力。近代以來，有些外國學者也參加到這個行列中來。各種有關易卦起源的假說都可以為我們徹底解決易卦起源問題鋪平道路。有些假說本身就包含著合理因素，還有一些假說，雖然不包含合理因素，也可以為我們總結經驗教訓，提供參考。

我們所搜索到的種種易卦起源假說，當然還不夠完備，但可以說，具有典型意義的假說都包括進來了。

現將各種易卦起源假說分類整理並說明如下，在必要時再附上我們的評論。

1. 楔形文字說

「法國學者拉克伯里認為，八卦是古巴比倫楔形文字的變形，《周易》也傳自古代迦勒底國。」❷

2. 巴比倫東傳說

西方傳教士安之華說，伏羲就是巴比倫人。其論證是：「伏羲八卦以乾為天，以坤為地，至今巴比倫人猶稱天為乾，地為坤，此一證也。又巴比倫亦有十二屬象，與中國之十二生辰大略相同，其證二也。……且巴比倫古代之王，有號福巨者，與伏羲二字，音也相近，當即為始畫八卦之人。」❸

評論：如果我們採用逆向思維方式的話，倒不如說古巴比倫人是移居西亞的中華伏羲部族的支裔。伏羲氏本為部族名稱，其支裔仍用伏羲名號，也是理所當然。後文，我們還要說明此說已由考古學資料證明屬實。

3. 奇偶數字說

汪寧生認為，八卦中的陰陽爻只是古代巫師舉行筮法時用來表示奇數和偶數的符號，八卦則是三個奇偶符號的排列和組合。確切點說，八卦的圖形是由數符組成的。❹

評論：這一假說一針見血，頗具遠見。但這一假說不能解釋伏羲八卦符號系統作為一個整體是怎樣產生的。中國古籍中從來沒有關於二進位的記載，說明古人不懂二進位。所以，決不能用二進位來解釋伏羲八卦作為一個整體的誕生。由於中國古籍中只有關於三進制的記載，從宏觀角度來看，只有從三進制入手來研究易卦起源，才是正確道路。

4. 算籌說

日本學者三上義夫在《中國算學之特色》一書中首先提出這一假說❺。唐蘭也認為,「八卦的起源是用算籌來布成爻。」❻

評論:這一假說極具遠見卓識。

5. 古天文說

趙定理認為,「易八卦和六爻卦的模式出自天文曆律規律」。❼

評論:本假說鞭闢入裏,極為深刻。

6. 數字卦說

這一假說認為,爻畫卦是由數字卦演變而來的。自從張政烺先生1978年發現數字卦以來,很多學者都贊成這一假說。例如,詹鄞鑫說:「八卦符號的形式,一開始是用數字來表示的,後來為了簡化,才逐漸變成《周易》八卦的樣子。」❽王振復說:「考慮到這種『數位卦』比《周易》卦符繁複這一現象以及它與《周易》卦符的對應關係,可以說明『數字卦』是《周易》八卦和六十四卦的原型。」❾宋會群和苗雪蘭兩位學者說得更具體:「由奇偶數到畫出陰陽爻,是一個質的飛躍。因為它把奇偶筮數抽象為陰陽爻象,使具體的數值有了能包容一切事物的陰陽兩象。」「爻和卦的形成只能是在陰陽對立觀念日臻成熟的一段時間內。」「上限應為周幽王二年(西元前770年)。」因為《國語》上明確記載:「幽王二年,西周山川皆震。伯陽父曰『陽伏而不能出,陰迫而不能蒸,於是有地震。』」其下限最晚應是春秋中期以前。因為《左傳》莊公二十二年(西元前672年)記載:「周史有以

《周易》見陳侯者，陳侯使筮之。」❿

評論：支援數字卦說的學者們忽視了一個事實：現在發現的數字卦大多數是六位的或三位的，少數是四位的。數字卦採取六位、三位、或四位形式必有其理論根據。因此，應該是先有六位、三位、四位爻畫卦，然後才會有六位、三位、或四位數字卦，而不是相反。數位卦決不會無緣無故地採用三位、六位、或四位形式。其理至明，毋庸多言。

7. 姤牌說

蔣伯潛認為，八卦來源於姤牌。姤牌用兩塊毛竹製成，一面略凸，一面略凹。把姤乍投擲於地，可定陰陽。投擲三次，可得一卦。⓫

評論：應該說，不是八卦來源於姤牌之占，而是姤牌之占來源於八卦。姤牌之占是八卦在民間的遺跡。

8. 八索說

于省吾認為，八卦來源於八索之占。八索之占，採用牛毛繩八條，擲諸地上，以占吉凶。八索是八卦的前身，八卦是八索之占的繼續和發展。⓬

評論：應該說，八索之占是八卦在民間遺緒。

9. 原始文字說

《易緯・乾鑿度》認為，八卦起源於古文字。「☰，古天字；☷，古地字；☲，古火字；☵，古水字，☴，古風字，☳，古雷字；☶，古山字，☱，古澤字」。郭沫若也認為「八卦是既成文字的誘導物。」⓭楊萬里和范文瀾也有類似的看法。

評論：歷史證明，先有八卦，後有文字，而不是先有

文字後有八卦。

10. 土圭測影說

劉鈺認為「八卦是土圭之法中記錄出來的日影」。**⑭**

11. 圖書說

朱熹《易學啟蒙》引孔安國的話說：「河圖者，伏羲氏王天下，龍馬出河，遂則其文，以畫八卦。」

朱熹《易學啟蒙》引劉歆的話說：「伏羲氏繼天而王，受河圖而畫之，八卦是也。」

評論：這是漢代人和宋代人提出的易卦起源假說。其結果是比附，其探索精神值得學習。現代學者仍有人持這一假說，如田合祿先生。其實，漢代人和宋代人的這一易卦起源假說是根本不能成立的。大家知道，河圖和洛書只有幾個數字。如果事先沒有八卦符號系統和四象符號系統，你如何從這幾個數位中推出符號系統呢？恐怕有天大的本事也做不到這一步。事實應該是：先有八卦符號系統和四象符號系統，然後才能把這些符號系統同河圖洛書的數位相匹配。你想想是不是這個道理？

12. 龜卜說

屈萬里認為，八卦是由龜甲在占卜時所產生的裂紋演變而來的。**⑮**余永梁、馮友蘭亦持此說。馮友蘭認為八卦和六十四卦都是標準化的「兆」（龜甲裂紋）。**⑯**

13. 男女生殖器說

郭沫若說：「八卦的根柢……是古代生殖器崇拜的孑遺。畫一以像男根，分而為二以像女陰。」**⑰**章太炎和錢玄同亦持此說。

14. 結繩說

陳道生認為「八卦係根據結繩二進位記數而來。」⓲王緇塵、劉司斌、李鏡池和范文瀾也有類似看法。

15. 月象擬形說

《虞氏納甲圖》認為，八卦本來是八種月象的擬形。（參看惠棟《易漢學》）蔡介民也有類似說法。

16. 竹棍說

高亨認為，八卦起源於竹棍。一節的竹棍代表陽爻，兩節的竹棍代表陰爻。三根竹棍擺成一經卦（單卦），六根竹棍擺成一別卦（重卦）。⓳

17. 蓍草說

李鏡池認為，八卦起源於占筮用的蓍草。三根長草構成乾卦，六段短草構成坤卦。⓴

18. 八圭璪形說

華學涑認為，八卦本來是伏羲治天下所用圭的八種璪形，即雕刻花紋。㉑高亨也同意此說，認為八卦是伏羲時代八個官的標誌。㉒不過，後來因查無實證，高亨先生又放棄了這一假說。

19. 十月太陽曆說

陳久金認為，八卦起源於十月太陽曆。他說，八卦卦畫整齊地顯示出具有相生系統的十月太陽曆月序的排列。㉓黎子耀也提出類似的看法，認為八卦本於天干，代表陽、陰、水、火、金、木、土、谷。㉔

評論：此說很有價值。如果我們採用逆向思維方式，說十月太陽曆的誕生與八卦有關，那就對了。

20. 日月星象說

烏恩溥認為，「易卦淵源於日、月、五星的星象。」[25]

21. 半坡魚紋說

趙國華認為，八卦起源於半坡魚紋。[26]

評論：不是八卦符號源於半坡魚紋，而是半坡魚紋受到八卦符號的影響。

22. 胡懷琛認為，八卦為古數字：☰為1，☱為2，☲為3，☳為4，☴為5，☵為6，☶為7，☷為8。[27]

評論：撇開具體的八卦數位方案不談，本假說具有合理因素。

23. 原始壁畫說

鄧球柏提出此說。他認為，「爻」、「一」可以代表陰陽爻，組成八卦。[28]

24. 天外來客說

陳傳康出於旅遊開發的考慮，提出一種猜想，「認為《易經》可能是部記錄外星人來過地球所遺留下的科學內容的形式推理書。」[29]

評論：這一猜想，雖然異想天開，卻富於浪漫主義氣息，屬於科學幻想，對旅遊開發頗具價值，不可以科學假說視之。

25. 黃河奇石說

這是最新的易卦起源假說。近年來，在黃河小浪底水庫建設過程中，曾有陰陽魚太極石出現。在黃河的新安——孟津河段，歷來就有黃河奇石，即太陽石。因此，楊作龍認為，「由太陽石圓點圖像組合而成為圖像方陣，由伏羲推演為河圖，並由此發明了八卦。」[30]

　　評論：我們在評論漢代人的「圖書說」時，已經論證過，由河圖數位圖中推不出八卦符號系統。至於太陽石圓點圖像組合而成河圖一說，那也未免太離奇了。小浪底工程工地出現陰陽魚太極石，那是完全可能的。但是，如果事先沒有「兩儀」和「四象」的觀念，要從陰陽太極石的圖像中推出「兩儀」與「四象」的觀念，那是不可能的。

　　以上是我們搜集到的古今中外學者關於易卦起源的二十五種假說。不管對與不對，它們都為徹底解決易卦起源問題作出自己的貢獻。

　　重要說明：在本文完成以後，2006年10月，我又從互聯網上得知，王先勝先生已經從乾隆年間的《西清古鑒》一書所載的漢代銅洗圖上發現了先天伏羲八卦圖。這證明，在漢代的器物上已經有了先天伏羲八卦圖；先天伏羲八卦並不是到宋代方出現的。

【註釋】

❶田合祿、田峰：《周易真源》，山西科學技術出版社，2004年。

❷葉舒憲和田大憲：《中國古代神秘數字》，社會科學文獻出版社，1988年。

❸杭辛齋：《學易筆談》，天津古籍出版社，1988年。

❹汪寧生：「八卦起源」一文，載《考古》雜誌，1976年第4期。

❺三上義夫：《中國算學之特色》，《國學小叢書》之一種。上海商務書館出版，1933年。

❻唐蘭：《中國文字學》，上海古籍出版社，1981年。

❼趙定理：「易卦的天文曆律模式」，載段長山主編《現代易學優秀論文集》，中州古籍出版社，1998年。

❽詹鄞鑫：《八卦與占筮破解》，中州古籍出版社，1991年。

❾王振復：《周易的美學智慧》，湖南出版社，1991年。

❿宋會群和苗雪蘭：《中華第一經——〈周易〉與中國文化》，河南大學出版社，1995年。

⓫蔣伯潛：《十三經概論》，上海古籍出版社，1983年。

⓬于省吾：《周易尚氏學·序言》，中華書局，1980年。

⓭郭沫若：「周易之製作時代」一文，載《郭沫若全集，歷史編》，第1卷，人民出版社，1982年。

⓮劉鈺：「關於易經卦畫起源之研究」，載《周易研究論文集》，第一輯，北京師範大學出版社，1997年。

⓯屈萬里：「易卦源於龜卜考」，載《周易研究論文集》，第一輯，北京師範大學出版社，1987年。

⓰馮友蘭：《中國哲學史新編》，第1冊，人民出版社，1982年。

⓱郭沫若：《中國古代社會研究》，人民出版社，1964年。

⓲陳道生：《重論八卦的起源》一文，載《周易研究論文集》，第一輯，北京師範大學出版，1987年。

⑲高亨：《周易雜論》，齊魯出版社，1981年。

⑳李鏡池：《周易探源》，中華書局，1978年。

㉑轉引自鄞球柏：《周易的智慧》，河北人民出版社，1990年。

㉒高亨：《周易古經今注》，中華書局，1985年。

㉓陳久金：「陰陽五行八卦起源新說」一文，載《自然科學史》雜誌，1986年第2期。

㉔黎子耀：「陰陽五行思想與〈周易〉」一文，載《杭州大學學報》，1979年第1-2期。

㉕烏恩溥：《周易——古代中國的世界圖式》，吉林文史出版社，1988年。

㉖趙國華：《生殖崇拜文化論》，中國社會科學出版社，1990年。

㉗胡懷琛：「八卦爲上古數字說」一文，載《周易研究論文集》，第一輯，北京師範大學出版社，1987年。

㉘鄞球柏：「讀易捃屑」，載《湘潭大學學報》社科版，1984年，第2期。

㉙陳傳康：《易經與全息信息學》一文，載段長山主編《現代易學優秀論文集》，中州古籍出版社，1994年。

㉚楊作龍：「探索河洛文化的物象之源」一文，載《光明日報》，2005年1月13日。

第三章　易卦起源於易道三進制

　　我們的易卦起源新說認為，易卦起源於易道三進制。具體來說，就是：伏羲八卦是從易道三進制三位數表中抽出來的；伏羲六十四卦是從易道三進制六位數表中抽出來的。這裏，我們要聲明一下：首先指出易卦起源於易道三進制的是河南大學數學系的傅熙如教授。傅先生功不可沒。我不過是在傅先生的啟發和指導下作了一些具體研究工作而已。

　　所謂易道三進制，並不是一種嚴格的數學意義上的三進制，而是一種受到巫術禁錮的三進制，所以，我們稱之為「易道三進制」。它既是巫術思維的產物，也是一種不自覺的數學思維的產物。其所以如此，是「因為在人類文明剛剛開始出現時，數學思想絕不可能以其真正的邏輯形態出現。它彷彿被籠罩在神話思維的氣氛之中。一個科學的數學的最初發現不可能掙脫這種帳幔。」❶

　　著名的人類學家弗雷澤（Sir Jame George Frazer，1859－1941）把交感巫術分為兩大類。一類是類比巫術，一類是接觸巫術。今天看來，模擬巫術還可以分為兩種：一種是實踐模擬，如狩獵前在祭祀中模仿狩獵活動，以期能捕獲大批獵物等；還有一種是理論模擬。易道三進制就是一種理論模擬。它用「（空擋），∧，一」三個符號代表「神明，太陽，大地」以模擬天地之道，從而建立起易道三進

61

制。從本質上來講，空擋也未始不是一種符號。象徵太陽光芒的符號「∧」用橫截面為三角形的算策來代表，象徵大地的符號「－」用橫截面為正方形的算策來代表。後來，這三個符號又演變為「空擋（〇），一，」。下面是頭27個易道三進制數碼表。表中的「〇」表示空擋。

無極	兩儀			四象								
元	陽	陰		太陽	少陰		少陽	太陰				
〇	∧	－	〇	∧	－	〇	∧	－	〇	∧	－	〇
空位			∧	∧	∧	－	－	－	〇	〇	〇	∧
									∧	∧	∧	∧
0	1	2	3	4	5	6	7	8	9	10	11	12

八卦													
乾	兌		離	震					巽	坎		艮	坤
∧	－	〇	∧	－	〇	∧	－	〇	∧	－	〇	∧	－
∧	∧	－	－	－	〇	〇	〇	∧	∧	∧	－	－	－
∧	∧	∧	∧	∧	－	－	－	－	－	－	－	－	－
13	14	15	16	17	18	19	20	21	22	23	24	25	26

此表中第四個數碼「人」代表「王」，也就是「人」。「王」和「太陽神」用同一個符號代表，只是地位有高下之分。這就意味著符號「∧」代表天上的太陽神，符號「人」代表人間的太陽神（王）。這也是「天人合一」命題的思想淵源。《繫辭傳》中說：「易有太極，是生兩儀，兩儀生四象，四象生八卦。」——這一命題也

淵源於上表。

把易三進制三位數表中所有帶「0」的數碼刪除，我們就可以得到伏羲八卦；把易道三進制六位數表中所有帶「0」的數碼刪除，我們就可以得到伏羲六十四卦。所以，我們說，易卦起源於易道三進制。

讀者可能會說：「易道三進制三位數表中的確包含伏羲八卦，易道三進制六位數表中也的確包含了伏羲六十四卦。但是，中國遠古時代存在過易道三進制嗎？你怎麼證明古代存在過易道三進制呢？證據何在呢？」

我們的回答是：我們手邊有十項證據，合在一起可以構成確鑿有力的證據。這十項證據是：

1.《漢書‧律曆志》和《隋書‧律曆志》中對三進制有明確記載。

2. 在河南靈寶張灣出土的「陶質三進制六位數定位器」和半坡彩陶上的「貞」字可以有力地證明古代存在過易道三進制。

3. 瑪雅武士服飾圖對三進制基本模式也有明確記載。

4. 墨西哥出土的「曆法石」證明，瑪雅曆法石是一幅活脫脫的中國原始八卦，其中，八個既代表太陽光芒、又代表八卦的符號「∧」和中國古代易道三進制中代表太陽神的符號「∧」完全一樣。

5. 瑪雅文化中的「0」概念和「0」符號（用蚌殼表示）也是中國古代易道三進制的有力佐證。

6.《道德經》有兩段文字可以證明，老子的豐富辯證思想主要來源於易道三進制，因此，這兩段文字可以證明中國古代存在過易道三進制。

7.《莊子》中有一段文字可以證明中國古代存在過易道三進制。

8.《管子》中也有一段文字，可以證明中國古代存在過易道三進制。

9.《繫辭傳》和《說卦傳》中同樣也有兩段文字可以證明中國古代存在過易道三進制。

10. 易卦起源於易道三進制的邏輯證明。

現在對這十項證據分別說明於後。

我們的第一項證據是《漢書·律曆志》和《隋書·律曆志》關於古代三進制的明確記載。

先看《漢書·律曆志》的有關記載。

1.「自伏羲畫八卦，由數起，至黃帝、堯、舜而大備。三代稽古，法度章焉。」

這段文字的意思是說：中國的數位觀念和「數位表示系統」是從伏羲畫八卦的時代開始的，到黃帝時代和堯舜時代就相當完備；三代遵循古制，數位表示系統就更加完備。但是，後文介紹的卻是「一」、「十」、「百」、「千」、「萬」等五數是怎樣從三進制中湧現出來的。這就證明，中國的數位觀念和數位表示系統以及八卦和六十四卦都是從三進制中產生出來的。

2.「數者，一、十、百、千、萬也，所以算數事物，順性命之理也。書曰：先其算命。本起於黃鐘之數，始於一，而三之，三三積之。歷十二辰之數，十有七萬七千一百四十七，而五數備矣。其演算法用竹，徑一分，長六寸。二百七十一根（216＋49＋6＝271——引者注）而成六觚，為一握，徑象乾律黃鐘之一，而長象坤呂林鐘之

長。其數以大衍之數為五十、其用四十九，成陽六爻，得周流六虛之象也。夫推曆、生律、制器、規圓、矩方、權重、衡平、嘉量、探賾索隱、鉤深致遠，莫不用焉。」

這段文字著重介紹一、十、百、千、萬五數怎樣從三進制產生出來。文中還介紹了算具，即算策和定位器。定位器分為十二檔，按十二辰編碼。十二辰又與十二律呂（黃鍾、大呂、太簇、夾鍾、姑洗、仲呂、蕤賓、林鍾、夷則、南呂、無射、應鍾）同構。因此所謂「本起於黃鍾之數」是指黃鍾相當於十二辰中的「子時」，乾策放在「子檔」代表30，即「1」。

	子檔
	丑檔
	寅檔
	卯檔
	辰檔
	巳檔
	午檔
	未檔
	申檔
	酉檔
	戌檔
	亥檔

3.「太極元氣，函三為一。極，中也。元，始也。行於十二辰。始動於子。參之於丑，得三。又參之於寅，得九。又參之於卯，得二十七。又參之於辰，得八十一。又參之於巳，得二百四十三。又參之於午，得七百二十九。又參之於未，得二千一百八十七。又參之於申，得六千五百六

十一。又參之於酉，得萬九千六百八十三。又參之於戌，得五萬九千四十九。又參之於亥，得十七萬一千一百四十七。」

這段文字談的是，乾策放在各個檔次所代表的數值。可列表如下：

檔次	三進制符號	十進制數值
子	3^0	1
丑	3^1	3
寅	3^2	9
卯	3^3	27
辰	3^4	81
巳	3^5	243
午	3^6	729
未	3^7	2187
申	3^8	6561
酉	3^9	19683
戌	3^{10}	59049
亥	3^{11}	177147

下面，再看看《隋書・律曆志》關於三進制的記載。

「五數者，一、十、百、千、萬也。傳曰：物生而後有象，滋而後有數。是以言律者云：數起於建子黃鍾之律。始一，而每辰三之。歷九辰至酉，得一萬九千六百八十三，而五數備成。以為律法，又參之終亥，凡歷十二辰，得十有七萬七千一百四十七，而辰數該矣。以為律積，以成法除該積，得九寸，即黃鍾宮律之長也。此則數因律起，律以數成。故可曆管萬事，綜該氣象。其算用竹，廣二分，長三寸。正策三廉，積二百一十六枚，成六觚，乾之策也。負策四廉，積一百四十四枚，成方，坤之

策也。瓠方皆經十二。天地之大數也。是故探賾索隱，鈎深致遠，莫不用焉。一、十、百、千、萬所同由也。」

同《漢書‧律曆志》的記載相比，《隋書‧律曆志》的記載大同小異。但是，後者比前者更加準確，更加完備而已。根據現代數學知識，三進制有兩個系統。《漢書‧律曆志》只提到乾策在各個檔次所代表的數值，未提到坤策在各個檔次所代表的數值。《隋書‧律曆志》雖然也沒有提到坤策在各個檔次代表的數值，但是，它畢竟既提到了乾策策數，也提到了坤策策數，還算比較全面。

我們認為，《漢書‧律曆志》的記載是一項確鑿的證據，足可以證明中國古代世界存在過三進制（受巫術禁錮的易道三進制）。

我們的第二項確鑿證據是在河南靈寶張灣出土的東漢「陶質三進制六位數定位器」和半坡彩陶上的「貞」字。

圖3-1　陶質三進制六位數定位器

（本圖選自《中國大百科全書‧數學卷》）

圖3-2　半坡陶盆上的「貞」字

　　此陶盆左側的圖形就是「貞」字。在甲骨文中，「貞」字也是這樣寫法。「貞」字中包含的「三檔」圖形就是易道三進制三位數定位器。

　　我們的第三項確鑿證據是瑪雅武士服飾圖及瑪雅文化三進制運算圖和瑪雅文化三進制六位數和三位數定位器圖。瑪雅武士服飾圖如下：

CUAUHTEMOTZIN

圖3-3　瑪雅武士服飾圖

此圖見於王大有和宋寶忠兩先生合著的《圖說美洲圖騰》❷兩位作者在解釋此圖時說：「這位瑪雅武士……口中講的話由『□－0』組成。『□』可能是『∧』（六），可能是商周時期的數字卦。」他們的觀察，細緻入微，十分深刻，只是把數碼順序弄顛倒了。正確順序應是「0－□0－□0－□0－□」。這正是易道三進制數碼「012012012012」。我們這樣說的根據是：

（1）瑪雅武士的談話內容是講解圭表的。易道三進制符號串左側的刻度就代表圭表刻度，共八個刻度，代表八卦。圭表刻度是自下向上刻的（代表天梯），因此，旁邊的符號串的順序也應該是自下而上。

（2）伏羲時代易道三進制的符號模式為「0∧－」。當時，正是母系氏族社會。到了黃帝時期，母系氏族社會逐漸演變為父系氏族社會，三進制符號模式也慢慢轉變為「0－∧」。出土秦簡《歸藏》仍以「∧」為陰爻，就是明證。

到了西周時期。八卦和六十四卦中的陰爻已經由「∧」演變為「－－」。符號「∧」原來象徵太陽光芒，到了天的概念出現時，又象徵「天」。在中國易學文化中，除了符號「∩」象徵「天」以外，還有兩個符號「∩」和「□」也象徵「天」。因此，我們的結論是：瑪雅武士服飾圖中的「0－」模式就是中國易道三進制中的「0－∧」模式，「0，1，2」模式。

瑪雅文化三進制定位器圖和三進制運算圖如下：

本圖是在瓜地馬拉奇肖伊河谷(Rio Chixoy, Guatemala)的陶器上繪製的瑪雅文化三進制運算圖。在左側，有兩位

圖3-4　瑪雅文化三進制三位數和六位數定位器及運算圖
（陶器繪畫）

瑪雅人，中間有一小桌，桌上放著一具三進制六位數定位器。主人和客人正在掐指推算。在主人背後，還有一位僕人，正在用三進制三位數定位器進行運算。定位器側面的「＞」紋代表太陽的光芒。

　　我們的第四項確鑿證據是1790年在墨西哥憲法廣場出土的阿斯特克人的曆法石。我們知道，阿斯特克人完全繼承了瑪雅文化，包括瑪雅曆法在內。從阿斯特克人的曆法石中可以看出，瑪雅曆法是一幅活脫脫的中國原始八卦。曆法石中心圓圈內畫著羽蛇托納蒂烏太陽神頭像，代表金日。太陽神頭像上方的「∧」符號指向「13──蘆葦」。而在我們所說的易道三進制中，13代表乾卦。印第安人代代相傳，羽蛇，又名凱察爾科特爾，是從美洲的西方乘舟渡海而來的老人，頭戴鳥羽高冠，是青蛇的化身，死後化作鳳鳥，又是風神，還是啟明星，即金星。對照中國漢代古籍來看，這就是少昊，因為少昊又名金天氏。此外，《山海經·大荒東經》中早就說過，在海外有日昜（Yang）谷扶桑，大壑咸池，是少昊羲和國所在地。

　　下面是墨西哥出土的曆法石描摹本。

圖3-5　阿斯特克人曆法石描摹圖

　　從上面的曆法石描摹本中可看出，八個既代表太陽光芒、又代表八卦的符號「∧」和中國古代易道三進制中代表太陽神的符號「∧」完全一樣。

　　因此，我們認為，墨西哥憲法廣場出土的曆法石是一項確鑿的證據，可以證明古代中國出現過易道三進制。

　　也許會有一些讀者對此提出質疑，可是，已經有愈來愈多的證據，證明美洲印第安人與中國古代的居民不僅有血緣上的親屬關係，而且有共同的文化基因。我們在這裏不準備詳細討論這個問題，只想舉出幾個最新的例證。

1991年10月，美國《國家地理》雜誌第180卷第4號上刊登了在美洲易洛魁印第安人部落裏發現的兩張鹿皮畫：《軒轅酋長禮天祈年圖》和《蚩尤風後歸虛扶桑值夜圖》。《祈年圖》的上方畫的是位於二十八宿星空中央的填星（土星），又叫軒轅星。這個軒轅星是軒轅氏的族徽——天黿龜，即帝龜黃龍。《值夜圖》上畫的是以蛇為圖騰的蚩尤主持夜間的更辰時間。蚩尤雙臂呈太極S曲線，由右向左旋，為先天太極圖，與無黿圖亦為先天八卦方位相一致。紐約《世界日報》1996年11月1日報導說：北京商代學術專家陳漢平，在9月華府舉辦的一次美洲奧爾梅克文明展覽中，發現墨西哥1955年出土的拉文塔第4號文物的玉圭上，刻有4個符號，是3000多年以前中國商代的甲骨文。陳漢平讀出了這4個豎型排列的符號的大意：「統治者和首領們建立了王國的基礎」。新華社1995年12月29日文傳報導：美國奧克拉荷馬州中央州立大學的華人教授許輝也認為，美洲奧爾梅克文明和中國商代文化有著密不可分的關聯。許輝尋覓到200多個玉圭、玉雕上的甲骨文字樣，並帶著其中146個字模，兩次回中國，請數位中國古文字權威專家觀看，得到了「這些字屬於先秦文字字體」的鑒定。這些例證都說明美洲印第安人的文化和中國文化有著共同的淵源。

我們的第五項證據是瑪雅人的「0」概念和「0」符號。瑪雅人表示數位的符號有三個：一個黑點表示1，一橫表示5，一個貝殼表示0。世人只知道「0」概念和「0」符號是瑪雅人最早創立的，卻不知道「0」概念和「0」符號是少昊部族從中國內地帶到美洲去的。

圖3-6　軒轅酋長禮天祈年圖

　　本圖是北美洲易魁聯盟莫哈克部奧次頓哥村人世傳軒
轅黃帝酋長禮天祈禱豐年圖（加工繪製本），載1991年10
月《國家地理》第180卷第4號。莫哈克人是易洛魁聯盟
的軸心，以龜為主圖騰。圖中最重要的是位於十三重天上
的二十八宿填星軒轅雷精雷雨神黃帝族族徽。

74

圖3-7　蚩尤風後歸虛扶桑值夜圖

　　北美洲易洛魁聯盟莫哈克部奧次部奧次頓哥村人世傳蚩尤神風後歸墟值夜扶桑圖（加工繪製本），載1991年10月《國家地理》第180卷第4號。蚩尤蛇發「山」形冠及其長顱，身材高大，明於天象，主司日、月、星辰運行，都可與中國河南濮陽西水坡M45，T176，T215蚌塑所直錄

的史實，相吻合。篚形冠是黃帝天黿黃萱日曆輪。蚩尤作
屮形左旋（逆時針）奔跑，太陽鳥墜落禺谷，八棵宇宙樹
（扶桑樹）淹沒在夜霧中，可見是值夜，司職歸墟。篚形
冠冠頂右側的風後也是伏羲後人，為黃帝著名的「四相」
之一。

　　我們的第六項證據是《道德經》中的兩段文字。

　　1.「有物混成，先天地生，寂兮寥兮，獨立不改，周
行不殆，可以為天下母。吾不知其名，字之曰道，強為之
名曰大。大曰逝，逝曰遠，遠曰反。故道大，天大，地
大，王亦大。域中有四大，而王居其一焉。」

　　2.「道生一，一生二，二生三，三生萬物。」對照易
道三進制數表，就可以知道，老子所說的「道」指數表中
的「0」（空擋），老子所說的「天」，指數表中的
「∧」，老子所說的「地」，指數表中的「一」，老子所
說的「王」，指數表中的「0∧」。至此，我們終於找到老
子豐富的辯證思想的主要淵源。那就是易道三進制。

　　我們的第七項證據是《莊子·大宗師》中的一段文
字。

　　「夫道，有情有信，無為無形；可傳而不可受，可得
而不可見；自本自根，未有天地，自古以固存；神鬼神
帝，生天生地；在太極之先而不為高，在六極之下而不為
深。先天地生而不為久，長於上古而不為老。狶韋氏得
之，以挈天地；伏羲氏得之，以襲氣母；維斗得之，終古
不忒；日月得之，終古不息；堪壞得之，以襲崑崙；馮夷
得之，以遊大川；肩吾得之，以處大山；黃帝得之，以登
雲天；顓頊得之，以處玄宮；禹強得之，立乎北極；西王

母得之，坐乎少廣，莫知其始，莫知其終；彭祖得之，上及有虞，下及五伯；傅說得之，以相武丁，奄有天下，乘東維，騎箕尾而比於列星。」

可以看出，莊子以文學家脇觸所描寫的「道」，就是老子所說的「道」，也就是三進制易道。這段文字說明，莊子懂得易道三進制，也說明易道三進制在遠古時代就產生了，而且在上古歷代帝王巫師圈子中代代相傳。

我們的第八項證據是《管子‧地員篇》中的一段文字。

「凡首，先主一而三之。四開以合九九，以是生黃鍾，小素之首以成宮。三分而益之一，為百有八，為徵。有三分而去其乘，適足，以是生商。有三分而復於其所，以是成羽。有三分而去其乘，適足，以是生角。」

這段話的意思是說，在易道三進制中，3^0是「1」，3^1是「3」（一開），3^2是「9」（二開），3^3是「27」（三開），3^4是「81」（四開）。所以，黃鍾律長是81。從黃鍾起，十二律呂用三分損益法輾轉相生，相旋為宮，可得十二宮，每宮都有宮徵商羽角五音，共六十音。十二律呂產生的年代也很早。河南省舞陽賈湖遺址就出土了七孔骨笛。其年代在距今9000年到8000年之間。這足以證明賈湖人對十二律呂已經有所認識。

《管子》中的這段文字和前面引證過的《漢書‧律曆志》中有關易道三進制和十二律呂的記載，可以互相印證。

我們的第九項證據就是《繫辭傳》中的一段文字及《說卦傳》中的一段文字。

《繫辭傳》中說：「大衍之數五十，其用四十有九，分而為二以象兩，掛一以象三，揲之以四以象四時，歸奇於扐以象閏，五歲再閏，故再扐而後掛。乾之策二百一十有六，坤之策百四十有四，當期之日。二篇之策萬有一千五百二十，當萬物之數也。是故四營而成《易》，十有八變而成卦。八卦而小成。引而伸之，觸類而長之，天下之能事畢矣。」

這段文字討論的是「大衍筮法」。大衍筮法有三條設計原則（詳見第十一章《大衍筮法》）。其中最重要的一條設計原則就是對易道三進制進行模擬。因此，這段文字中不能不透露出易道三進制的消息。換句話說，這段文字中下劃曲線的那句話（「是故四營而成易，十有八變而成卦」）既是講「大衍筮法」的，也是講「易道三進制」的，因而具有雙重涵義。

第一層涵義是說，「大衍筮法」要經過「四營」（分二，掛一，揲四，歸奇）和十八變。第二層涵義是說：易道三進制從「0」開始運算到第四個數碼，就確立了易道三進制的基本模式，頭28個數碼共有18「0」（0代表變），已經把全部伏羲八卦包含在內。

在這句話後面，還有兩句話：「八卦而小成。引而伸之，觸類而長之，天下之能事畢矣。」這兩句話則是專門講易道三進制的，意思是說：伏羲八卦只是小成之卦；只要按照易道三進制的運算規則運算下去，還可以求得四爻卦，五爻卦，六爻卦，九爻卦，以至十二爻卦等等。

此外，《說卦傳》還說：「昔者聖人之作《易》也，幽贊於神明而生蓍，參天兩地而倚數。」這裏的《易》應

理解為「易筮」。這裏說得很清楚：大衍筮法是建立在「參天兩地」的基礎之上的。什麼叫「參天兩地」？請看下列三進制陰陽策數表：

陽策	陰策	
1	2	子檔（第一檔）
3	6	丑檔（第二檔）
9	18	寅檔（第三檔）

此表說明，陽策放在第三檔代表「9」，陰策放在第二檔代表「6」。所謂「參天兩地」實際上就是指「9」和「6」這兩個數字。這也就是說，在大衍筮法中，陽爻策數為「九」，陰爻策數為「六」。《易經》爻題中的「九」和「六」就來源於此。總之，《說卦傳》關於「參天兩地」的提法，雖然只有四個漢字，也可以說明，易卦和易筮都同易道三進制有著密不可分的關係。

我們的第十項證據是易卦起源於易道三進制的邏輯證明。

我們採用的證明方法叫「溯因推理」（abduction）。其模式如下：

（1）觀察到新現象P

（2）若H為真，則可解釋P

（3）因此，有理由認為H為真

《哲學大辭典·邏輯學卷》指出，溯因推理是或然性推理，而不是必然性推理，且H又可細分為H_1，H_2，H_3，H_4……。如果能證明某一單獨原因（如H_2）或某一組複合原因（如$H_1 \vee H_2 \vee H_3$）以外的其他原因不能成立，那

麼，這種溯因推理就由或然性推理變成演繹推理（即必然性推理）。現在，我們就用這種溯因推理方法來證明我們的論點。

①大前提：《漢書・律曆志》中說：「自伏羲畫八卦由數起。」漢人看到的遠古文獻比我們看到的多得多。因此，我們斷定，漢人的記載是真實可靠的。其中所說的「數」可以理解為「計算方法」。談到計算方法，我們首先必須確定是什麼進位制的計算方法：是二進位的計算方法？是三進制的計算方法？是四進制的計算方法？如此等等。

就我們的論題而論，我們可以設定：

P＝我們今天所看到的伏羲八卦（陽卦）

H_1＝二進位計算方法

H_2＝三進制計算方法

H_3＝四進制計算方法

H_4＝五進制計算方法

$\vdots$

$\vdots$

現在，我們可以把H_1排除在外，因為我們在古代文獻中沒有一處提到二進位，足以說明我們的先人不懂得二進帛。相反的，《漢書・律曆志》和《隋書・律曆志》都詳細介紹了三進制。這證明，我們的先人懂得三進制。除此以外，我們還可以用數學方法證明只有三進制中包含二進位，也只有二進位中包含三進制。不過，這些數學證明都比較繁複，這裏從略。

②小前提：我們已經證明，8000年前的我們的先人只

懂得三進制，而從（易道）三進制中是可以求得伏羲八卦陽卦的。

③結論：易卦起源於（易道）三進制。

讀者可能指出：「你的大前提有問題！」有什麼問題呢？有兩個問題：

第一個問題：「《漢書·律曆志》所說的『數』具有不確定性」。『數』，一般理解為數字，數量關係、自然數。理解為『計算方法』，當然也是可以的。但是，把「計算方法」作為唯一的理解，進而作為推論前提，則是不確定的，當然也是不可靠的。」

第二個問題：「因為古代文獻中沒有提到二進位就認為古人沒有和不懂二進位，這又是一個不確定的前提。古代的各種文化沒有進入文獻的多的是。可以據文獻之有說有，而不能據文獻之無說無。」

現在，我們就針對以上兩項質疑給予解答。

關於第一項質疑，我們認為我們參照易卦發展史把《漢書·律曆志》關於「自伏羲畫八卦由數起」的記載中的「數」理解為「計算方法」，是完全正確的。這種理解是唯一正確的理解，因而也沒有絲毫的不確定性。為什麼呢？大家都知道，大約8000年以前，我們的先人在人類的十個手指的啟發下創製了十月太陽曆。十月太陽曆的創製又導致了十進位的確立。可是在十月太陽曆創製以前，伏羲八卦就已經存在了。

人們自然會提出一個問題：「在十月太陽曆創製以前，也就是伏羲八卦時期，古人如果要計數的話，採用什麼進制？」我們正是根據這種歷史背景把「自伏羲畫八卦

由數起」中的「數」理解為「計算方法」的。

　　關於第二項質疑，我們認為，古代文獻沒有提到二進位的事實的確不能證明古代沒有二進位，也不能證明古人不懂二進位。因此，我們還需要補充進一步的證據，而我們恰好又有這樣的證據。這種證據就是8000年前伏羲八卦和連山八卦的編碼方法。我們已經用考古學證據證明河圖和洛書是8000年前共工一後土族在甘肅省天水地區創製的（詳見第四章）。而在立體洛書中，伏羲八卦的編碼方法是：乾9，兌4，離3，震8，巽2，坎7，艮6，坤1；連山八卦的編碼方法是：乾9，震8，坎7，艮6，兌4，離3，巽2，坤1，（詳見第6章）。我們今天所看到的年代最早的伏羲八卦次序圖和伏羲六十卦次序圖都是邵雍推導出來的，後來又由朱熹在《周易本義》一書中加以公開發表。其中，伏羲八卦次序圖有編碼，其編碼為：乾1，兌2，離3，震4，巽5，坎6，艮7，坤8；伏羲六十四卦次序圖沒有編碼。

　　我們在考古學資料中沒有發現8000年前的伏羲八卦次序圖和伏羲六十四卦次序圖。不過，《繫辭法》中說伏羲六十四卦是用「因而重之」的方法由伏羲八卦推導出來的，而三國時代魏人劉徽又在《九章算術注》一書中用「九九重卦法」（詳見第六章）從伏羲八卦推導出伏羲六十四卦。這就證明8000年前的古人也是用「1－8」和「1－64」的數字來給伏羲八卦和伏羲六十四卦編碼的。

　　古人的這種編碼方法證明了什麼呢？我們認為，古人的這種編碼方法可以證明古人不懂二進位。只是到德國數學家萊布尼茲指出伏羲六十四卦符合二進位以後，才有一

些現代學者開始用二進位方法給伏羲八卦和伏羲六十四卦編碼。總之，劉徽「九九重卦法」可以證明古人不懂二進位。

以上十項證據，單獨來看，也許算不上是確鑿證據，但合起來看，則構成無比有力的證據鏈，足以證明中國古代的易卦的確來源於易道三進制。

除了以上十項證據以外，《繫辭傳》和《說卦傳》中還有七段文字，如果不用「易卦起源於易道三進制」的新說去加以解釋，就很難解釋得通。即令勉強加以解釋，也十分牽強，或者解釋得不明不白。這七段文字，縱然不能算作證據，也應該算做旁證。現在，把我們的新譯文和傳統譯文加以比較，看看我們的新詮釋和傳統的詮釋何者更合乎情理。❸

1.【原文】乾坤，其《易》之縕邪？乾坤成列，而易立乎其中矣。乾坤毀，則無以見易。易不可見，則乾坤或幾乎息矣。（《繫辭傳》上）

【新詮釋】《乾坤》六十四卦莫非是易道三進制的真正精華嗎？《乾坤》六十四卦排列整齊，易道三進制也就有存在的餘地。如果把《乾坤》六十四卦撤除，易道三進制也就不復存在了。如果易道三進制不復存在。《乾坤》六十四卦也就幾乎沒有存身之處了。（這段話也證明我們的先人不懂得二進位）。

【傳統詮釋】乾坤兩卦創設形成，分列上下，《周易》的道理也就確立其中。乾坤如果毀滅，則無法見到陽陰矛盾對立的易道了。易道不能出現，則乾坤化育的道理也幾乎要熄滅了。

評論：這一傳統詮釋顯得十分牽強。

2.【原文】易之為書也不可遠，為道也屢遷。變動不居，周流六虛，上下無常，剛柔相易，不可為典要，唯變所適。（《繫辭傳》下）

【新詮釋】不可認為《易經》一書距離我們的社會生活很遙遠。它的法則就是不斷變化。爻碼中的三進制數符始終變動不已，數符的上下對應關係也不斷變化，陰陽爻不斷互相轉換，不能固定不變，變到哪裏算哪裏。

【傳統詮釋】《周易》這部書，人生不可須臾遠離。它所體現的道理在於常常變遷。這種變動運行從不居留停止，在卦的六個爻位之間周遍活動，或上或下，沒有常規，陽剛陰柔相互更易，不能執求拘泥常典法則，只有因應變化，才能適當應用。

3.【原文】原始返終，故知生死之說。精氣為物，遊魂為變，是故知鬼神之情狀。（《繫辭傳》）

【新詮釋】爻碼中的「0，—，--」模式反覆循環，可以追溯萬物的初始，推究萬物的終結，所以知道死生的根由；「—」和「--」象徵萬物，「0」象徵遊魂，所以知道鬼神的情狀。

【傳統詮釋】追溯萬物的初始，反求萬物的終結，就可以瞭解死生的規律；考察精氣凝聚成有形物，氣魄遊散產生變化，由此可以知曉鬼神的情狀。

4.【原文】故神無方而易無體。（《繫辭傳》上）

【新詮釋】所以說，象徵神的「0」是沒有方的（0n恒等0），代表變化的「0」是沒有形體的（在易道三進制中，「0」用空擋表示——譯者注）

【傳統詮釋】所以說神奇奧妙之道無所不在，而《周易》的變化也沒有一定的形式。

5.【原文】**方以類聚，物以群分，吉凶生矣。**（《繫辭傳》上）

【新詮釋】在易道三進制數碼表上，縱向來看，自下而上，六個陽爻的數值分別為：3^0，3^1，3^2，3^3，3^4，3^5，六個陰爻的數值分各為：2×3^0，2×3^1，2×3^2，2×3^3，2×3^4，2×3^5。只包含陰陽爻的六十四卦（或八卦）聚在一起，這就叫「方以類聚」。橫向來看，代表萬物的三進制數碼總是按照「0，—，--」模式一組一組地聚在一起，這就叫「物以群分」。吉凶就從其中產生。

【傳統詮釋】世界各種觀念以門類相聚合，各種生物以群體相區分，彼此間利害的調和衝突而產生了吉凶。

6.【原文】**六爻之動，三極之道也。**（《繫辭傳》上）

【新詮釋】六爻爻碼變動起來，就是三進制之道。

【傳統詮釋】六爻的變動，包涵了天地人變化的道理。

7.【原文】**觀變於陰陽而立卦，發揮於剛柔而生爻。**（《說卦傳》）

【新詮釋】透過觀察陰陽變化來建立六十四卦卦碼系統，把陰陽爻加以擴充，在卦碼的基礎上確立三進制爻碼。

【傳統詮釋】觀察陰陽的變化而設立了卦形，發揮陽剛陰柔的作用而產生設置了爻。

【註釋】

❶卡西爾：《人論》，上海譯文出版社，1985年。

❷王大有和宋寶忠：《圖說美洲圖騰》，人民美術出版社，1988年。

❸傳統的詮釋，五花八門，其說甚多，我們只能選擇一種譯文，作爲傳統詮釋的代表。我們選的是秦穎先生的白話譯文（見《周易》，湖湖南出版社，1993年），因爲此書爲英漢對照本，在海內外影響較大。我是翻譯出身。我對譯者的心理十分理解。按照傳統詮釋方式，譯者秦穎先生對上述7段古文文字的涵義，並不是了然於胸，而是似懂非懂。因此，他只能對照原文，比葫蘆畫瓢，湊合著翻譯。他的譯文難免牽強，甚至有錯誤。這不能怪他。責任在於傳統詮釋方法。

第四章 伏羲八卦和伏羲六十四卦
誕生於伏羲時期

　　我們認為，第一代伏羲未獲得全國共主稱號時，在湖南創製了伏羲八卦，第 x 代伏羲（史稱太昊）獲得全國共主稱號後，在河南舞賈湖創製了伏羲六十四卦。我們所以說伏羲八卦誕生於伏羲時期，主要是根據中國古籍上的記載。這類記載很多，這裏只能列舉數條，以示一斑。

　　1.《周易・繫辭傳》：「古者庖犧氏之王天下也，仰則觀象於天，俯則觀法於地，觀鳥獸之文與地之宜，近取諸身，遠取諸物，於是始作八卦，以通神明之德，以類萬物之情。」

　　2.《漢書・律曆志》：「自伏羲畫八卦，由數起。」

　　3.《史記・日者列傳》：「自伏羲氏作易八卦，周文王演三百八十四爻，而天下治。」

　　4.《史記・太史公自序》：「余聞之先人曰：伏羲至純厚，作易八卦。」

　　5.《書序》：「古者，伏羲氏之王天下也，始畫八卦，造書契，以代結繩之政，由是文籍生焉。」

　　6.《古今事物考》：「伏羲始畫八卦，以通神明之德，以類萬物之情。」

　　這就引出一個問題：古籍上的這些記載是否可靠？近年來，考古資料證明，伏羲時期大致在距今 8000～9000 年

之間。年代這樣久遠，當時又沒有完備的文字，要想找到「伏羲畫卦」的直接證據，真比登天還難。因此，我們只能尋找一些間接證據來加以證明。我們有哪一些間接證據呢？

第一項間接證據就是古籍記載本身的一致性。在中國古籍記載中，從來都只有「伏羲畫卦」一種說法，再沒有第二種說法。這本身就足以證明這些記載具有相當的可靠性。

第二項間接證據就是，我們已經查明了伏羲在「易道三進制」基礎上創造八卦的方法，而且有確鑿證據，可以證明伏羲八卦確實是用這種方法創造出來的。這就證明「伏羲畫卦」確有其事。

第三項間接證據是，我們雖然沒有在遠古出土文物上發現伏羲八卦卦畫符號系統，卻在許多出土文物上發現了八卦太陽曆圖形，即伏羲八卦在曆法上的表現形式。有些考古工作者所以未能認識到這些圖形是八卦太陽曆，是因為他們只考慮圖形的物理意義（大小，尺寸，幾何圖案等），而忽視了其中的文化內涵。總之，我們認為，這些圖形足以證明在遠古文化中確有伏羲八卦存在。

那麼，到底有哪些文化符號代表八卦太陽曆（八風曆）呢？我們認為，這樣的文化符號可以分為兩大為類。

第一類：八元素類。其中有：＊，＋，×，☼，✡，◇及其他類似文化符號（如✲，◎等）。

這裏需要說明的一點是，我們的先人認為，整個符號的一半也是一個全息單元，因而可以代表整個符號。所以，十（二至二分符號），（四立符號）也可以代表八卦太陽曆（八風曆）。

第二類：六元素類：其中有✳，✶，✴，✺等。我們的

先人認為。六元素文化符號，雖然省去了兩個元素，仍然代表八卦太陽曆。這種六元素文化符號起源於三陰三陽的大山紀曆。

那麼有沒有什麼文化符號代表伏羲六十四卦（方圖）呢？有！主要有三個文化符號，現在分別介紹如下：

☼此文化符號最早見於舞陽賈湖陶罐之上。這是賈湖時期已經出現伏羲64卦的鐵證。它符合反映外部矛盾運動規律的伏羲64卦（方圖）的生成機制：「兩物相遇，是謂對極，對極生四象，四象生十六卦，十六卦生六十四卦。」計算公式如下：$16 \times 4 = 64$（每一劃接4數計）。

⧖此文飾可命名為黑白三角星紋。它實際上有四個三角（黑色三角兩個，白色三角兩個）。三角形是正方形的一半，因此可以按照四個筆劃計數。$4 \times 4 = 16$，$16 \times 4 = 64$。

以下五幅圖中的主要紋飾可命名為「八角星紋」。八角星紋由四個「M」紋組成。每個「M」紋由四個直線線段組成。$4 \times 4 = 16$，$16 \times 4 = 64$。故八角星紋代表伏羲六十四卦。八角星紋最早出現於湯家崗文化時期，其年代約

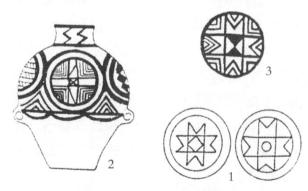

圖4-1　崧澤文化人角星紋圖

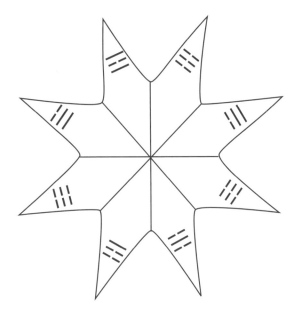

圖4-2 天方分度八角星紋圖

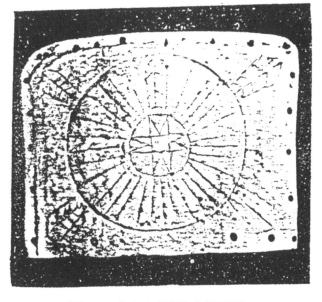

圖4-3 含山凌家灘八角星紋圖

圖4-4　湯家崗文化八角星紋圖

圖4-5　大汶口文化八角星紋圖

在距今7000年前左右。其後繼文化為大溪文化和三星堆文化。這三種文化都是神農族（勾龍一後土族）所創造。

圖4-1是距今約5000年前的安徽含山縣長崗鄉凌家灘八角星紋圖。圖4-4是距今約7000年前的湖南安鄉縣湯家崗文化八角星紋圖，圖4-5是6500年前的江蘇邳縣大墩子大汶口文化八角星紋圖。

我們的第四項間接證據是古代文獻中關於「八風曆」的記載。這類記載很多。現舉出兩條：

1.《淮南子·天文訓》中說：「何謂八風？距日冬至四十五日，條風至。條風至四十五日，明庶風至。明庶風至四十五日，清明風至。清明風至四十五日，景風至。景風至四十五日，涼風至。涼風至四十五日，閶闔風至。閶闔風至四十五日，不周風至。不周風至四十五日，廣莫風至。」

一歲正好八個「風季」，每季45天。

$$45 \times 8 = 360 天。$$

這是一種太陽曆。

2.《太平御覽》引王子年《拾遺記》說：「伏羲坐於方壇之上，聽八風之氣，乃畫八卦。」（第78卷）這說明，伏羲畫八卦的目的是為了制訂曆法。

我們第五項間接證據是《河圖》和《洛書》。我們已經查明了《河圖》和《洛書》的內涵。《河圖》的內涵證明遠古存在伏羲64卦（方圖）；《洛書》的內涵證明遠古時代存在伏羲八卦（請參看第六章）。

我們的第六項間接證據是漢代銅洗上有伏羲八卦圖形。漢代去古不遠。這種伏羲八卦圖形應該是從遠古時代流傳

下來的。

綜合上述六項間接證據，我們可以得出這樣的判斷：伏羲氏從易道三進制中抽出伏羲八卦，是為了把伏羲八卦當作創製八風曆的理論根據。那麼，從八風曆能夠推出伏羲八卦的卦畫系統嗎？不可能！為什麼呢？因為這是一個不可逆的過程！歷史已經對此做了結論。

現在的彝族中不是有一個「連山八卦」嗎？但它只是一個用八個「音」（音節）表達的「連山八卦」，而不是一個卦畫系統。彝族的祖先是蚩尤族和中國古代的其他氏族；他們肯定知道伏羲八卦和伏羲64卦（方圖）。但是，一旦這些卦畫系統失傳，他們的後人就不可能再加以恢復。共工族，蚩尤族，夏代遺民不是把易卦文化帶到印度、波斯、西亞、非洲和歐洲去了嗎？後來易卦文化失傳了。他們的後人把易卦文化恢復了嗎？沒有。只留下了一種陰陽對立的觀念和一種變化觀念。

讀者可能會說，宋代的邵雍不是把原來失傳的伏羲八卦和伏羲64卦（方圖）恢復了嗎？你本人不是在《東方辯證法》（第一版）中也把已經失傳的「伏羲四象卦」恢復了嗎？是的，我們都做了這一步。但是，我們都是在《繫辭傳》和《說卦傳》的啟發下才做到這一步。沒有《繫辭傳》和《說卦傳》中記載的遠古易卦資料，我們再有天大的本事，也做不到這一步。

近年來，有一些嚴肅的學者認為，易卦起源於曆法。其中有趙定理先生、陳久金先生，王先勝先生等等。他們都是我所敬佩的學者。但是，我又認為，他們的想法太天真。現在，世界上懂得古代曆法或現代曆法的民族多得不

可勝數。又有哪個民族創造出伏羲八卦、伏羲64卦和伏羲四象卦等卦畫系統來？一個也沒有。可以說，就連具有複雜的抽象思維的現代西方科學家，如果事先沒有八卦和64卦觀念的話，他們誰也創造不出我們這些卦畫系統來。

我們認為，以上六項間接證據已經可以證明中國古籍中關於「伏羲畫八卦」的記載是可信的。伏羲畫卦實有其事；畫卦伏羲，實有其人。

下面，我們準備再解答一下讀者對「易道三進制」和「伏羲畫卦」可能懷有的一些疑問。

第一個問題是：為什麼伏羲氏最先創立的是易道三進制，而不是易道二進位或易道四進制等等？

我們認為，這與我們的先民的王權神授思想有關。在易道三進制創立之前，我們的先民們已經有了王權神授思想：太陽神是天上的統治者，王是人間的統治者，因此，王就是太陽神在人間的代表，即人間的太陽神。由於這個緣故，我們的先民在模擬天地之道的時候，就需要用同一種算策（同一種符號）來代表天上的太陽神和人間的王，只不過這種算策放在第一檔時象徵天上的太陽神，放在第二檔時象徵人間的王。這就決定了我們的先民對天地之道的模擬只能是易道三進制，而不可能是易道二進位，或易道四進制等等。這裏所說的「王」最初只是指部落酋長，到國家形成以後才演變成「君王」。

第二個問題是：伏羲為什麼要把三進制三位數碼表中所有帶「0」的數碼刪除，只留下八卦？他有什麼理由這樣做？

在易道三進制中，「0」代表「神」。我們先看看

《繫辭傳》對於「神」是怎麼說的。《繫辭傳》中說：「於是始作八卦，以通神明之德，以類萬物之情。」這裏所說的「神明之德」究竟是指什麼呢？我們在《繫辭傳》的另一句話中找到了答案。原來，《繫辭傳》中還說：「子曰，知變化之道者，其知神之所為乎！」由此可知，所謂「神明之德」是指神明促成萬物變化的作用。

《繫辭傳》中還有一句名言：「神無方而易無體」。這裏的「神」就是易道三進制數表中的「０」。「０」是無方的，因為「０」的n次方恒等於「０」。這裏的「易」應指變化。變化是沒有形跡可言的，故而用「空擋」來代表。

因此，在易道三進制的創立者看來，既然「神無方而易無體」，人們當然一方面可以建立易道三進制，把這種「神明之德」表現出來，另一方面也可以根據需要，透過刪除帶「０」的三進制數碼，把這種「神明之德」隱去，而絲毫不影響萬物變化的結果。由此可知，在古人看來，三進制易道和二進位易卦事實上完全是一回事，只不過前者把「神明之德」表現出來，而後者沒有把「神明之德」表現出來而已。

第三個問題是：伏羲從易道三進制三位數表中抽出伏羲八卦是為了什麼目的？

這個問題，我們在前面已經談到了。這裏再簡要地說一下。伏羲從易道三進制三位數表中抽出伏羲八卦，是為了制定曆法——即八風曆。換句話說，在伏羲眼中，伏羲八卦就是八風曆，八風曆就是伏羲八卦。伏羲八卦是建立八風曆的理論根據。

八風曆是一種太陽曆，但是這樣的曆法和回歸年實際的長度（365.2422天）相差太遠，因此，實行不了多少年，就會發生曆法危機。伏羲時期女媧氏就遇上曆法危機，並且巧妙地予以解決。

伏羲八卦只是測定八節的理論根據。要實際測定八節，還必須有實測方法和實測工具。最基本的實測方法和實測工具就是土圭，即晷儀。利用土圭，就可以測定八節。「易」，甲骨文寫作「<」。這個圖形所描繪的就是用土圭測定八節的方法。如果我們把這個圖形畫得更細緻一些，就可以更清楚地看清事情的原委。

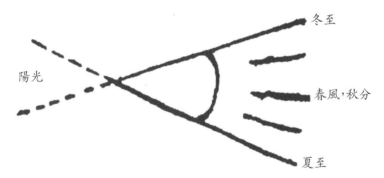

圖4-6　甲骨文「易」字本義示意圖

這就是「易」。這在《易經》卦爻卦辭中也留下痕跡。根據田合祿先生的研究，「觀」卦所講的就是用土圭測日影的情景。❶

第四個問題是：古代既有易道三進制，後來為什麼失傳？

我們想，易道三進制所以失傳，有兩方面的原因。

第一，在古代，特別是在顓頊「絕地天通」以後，易

學知識和曆法知識局限在最高統治者和巫師群體內部口耳相傳，對外界嚴格保密，為的是保持最高統治者和巫師群體的權威。年代久遠了，這種機密很容易失傳。

第二，文王姬昌是一位精通易學的大巫師，又是一位偉大的思想家和哲學家。他已經認識到這種秘密知識有失傳的危險。因此，他記錄下其中部分知識，便於傳給後人。這些知識都保存在《繫辭傳》和《說卦傳》中。但是，在核心機密問題上，他又有很多顧慮，只怕「洩露天機，遭到天譴」。因此，他在核心機密問題上採取了慎重態度。《繫辭傳》對這個問題講得很清楚。

《繫辭傳》中說：「是故蓍之德圓而神，卦之德方以知，六爻之義易以貢。聖人以此洗心，退藏於密，吉凶與民同患。」

被文王「退藏於密」的核心機密包括易道三進制，伏羲八卦，伏羲六十四卦，伏羲四象卦，河圖洛書的內涵以及《易經》六十四卦卦序的秘密等。但是，文王又留下種種線索，期望後世有一位聖人能參透他的玄機。所以，他在《繫辭傳》中又說：「初率其辭而揆其方。既有典常，苟非其人，道不虛行。」如果文王不留下種種線索，宋朝的邵雍不可能重新發現伏羲八卦和伏羲六十四卦，我們也不可能重新發現易道三進制和伏羲四象卦以及河圖洛書的內涵。

【註釋】

❶見田合祿、田峰著《周易與日月崇拜》，光月日報出版社，2004年。

第五章　伏羲六十四卦和
　　　　邵雍六十四卦

　　在第四章中，我們已經證明在太昊（伏羲）時期，已經出現了伏羲六十四卦。這就引出了一系列問題。

　　第一個問題：我們的先人為什麼要引出伏羲六十四卦？其目的何在？

　　第二個問題：伏羲六十四卦是用什麼方法求出的？

　　第三個問題：伏羲六十四卦的性質和功能何在？

　　第四個問題：為什麼在伏羲六十四卦之外，還有一個邵雍六十四卦？兩者的性質和功能有什麼區別？

　　第五個問題：為什麼漢代以前各種古籍都不刊載伏羲八卦圖形和伏羲六十四卦圖形，而只是籠籠統統地提一下八卦和六十四卦？

　　第六個問題：我們怎樣去辨認考古學出土文物上的易卦跡跡和曆法蹤跡？

　　下面，我們就逐項解答一下上述六個問題。

　　我們首先回答第一問題：我們的先人為什麼要引出伏羲六十四卦？我們認為，我們的先人所以要引出伏羲六十四卦是出於一種需要：曆法的需要。

　　我們在前面說過，我們先人最初從易道三進制中抽出伏羲八卦是出於制訂曆法的需要。在抽出伏羲八卦以後，效果非常顯著。我們先人根據伏羲八卦制訂了「八風

97

曆」。後來，我們的先人又發現伏羲八卦中包含的理想世界四象格局同天象不合，這才廢棄「八風曆」，並在人的十個手指的啟示下，創製了十月太陽曆。這就引起一系列的「連鎖反應」：十進位的創立，伏羲64卦（方圖）的創製，火曆的實施，二十八宿的劃定，北斗七星的崇拜，河圖洛書的創製，連山八卦和歸藏八卦的產生，「天元太初曆」和「天寅甲子曆」的創立，……

我同意王先勝先生的意見：賈湖龜甲是北極天蓋的象徵，與龜卜無關。我們認為，卜筮的流行應發生在神農創製連山筮法和黃帝創製歸藏筮法之後。由此可知，我們的先人創製伏羲八卦和伏羲64卦完全是為了創製曆法，根本不是為了滿足卜筮的需要。

此外，從伏羲八卦到八千年以前求得伏羲六十四卦，中間經歷了一千年時間。這說明，我們先人是經過長期實踐才逐漸認識到引入伏羲六十四卦的必要性。

在任何時代，人類認識的新的飛躍，都需要經過長時間的實踐，才能實現。只不過，這種實踐的時間長度，從遠古到現代，是逐漸縮短的。這種認識上的飛躍在遠古時代可能需要一千年，在近代可能需要兩百年，在現代則可能只需要幾十年。或者說，至少也需要幾十年。這是指原發性認識過程而言。至於借鑒過程（即繼發性認識過程），所需要的時間要少得多。因此，我們要把原發性認識過程和借鑒過程嚴格區別開來。我們還要把社會的借鑒過程和個人的借鑒過程區別開來。

舉例來說，西方科學文化，從文藝復興時代到現代，花了四百年時間才臻於成熟；中國現代社會借鑒西方科學

的過程，從鴉片戰爭到現代，只花了一百年時間（日本現代社會借鑒西方科學的過程更短）。我們個人學習西方某一門科學，大概只需要5、6年時間就可以基本學會。我們的這種認識過程理論是從整個人類文明發展史中概括出來的，恐怕沒有人能加以否定。因此，根據上述關於原發性認識過程和繼發性認識過程的理論，我們完全有理由說，在遠古時代，如果有哪一個地區或國家，突然在短短幾年中或幾十年中就一下出現了高度文明，那必然是向別的民族學來的。就拿象形文字來說，中國文字從賈湖的刻畫符號到殷商的甲骨文，是經過五千年的積累，才變成成熟文字的。埃及成熟的形象文字在距今5150年前，突然無源無流地一下子冒出來，那顯然是向別的民族學來的，向遷到西亞的中國蚩尤族學來的。

現在我們來解答第二個問題：伏羲六十四卦是用什麼方法求出的？

我們認為，伏羲六十四卦是從易道三進制六位數表中抽出來的。可是《繫辭傳》中明明說：「八卦成列，象在其中矣。因而重之，爻在其中矣。」那麼，伏羲六十四卦究竟是從易道三進制六位數表中抽出來的呢，還是用「因而重之」的辦法得出來的呢？

我們先來看看劉徽在《九章算術注》中是怎樣從伏羲八卦推出伏羲六十四卦的。這種推導方法在易學界通稱為「九九重卦法」。他的辦法是：設乾為1，兌為2，離為3，震為4，巽為5，坎為6，艮為7，坤為8。然後，再將伏羲八卦各卦數字依次從左到右排列起來，再依次從上到下排列起來，形成一個八卦方陣，如下表所示。在表中並列的兩個

數位中，左邊的數位是上卦數位，右邊的數位是下卦數位。
例如，1‧3代表離下乾上，應是同人卦，如此等等。

1‧1	2‧1	3‧1	4‧1	5‧1	6‧1	7‧1	8‧1
乾	夬	大有	大壯	小畜	需	大畜	泰
1‧2	2‧2	3‧2	4‧2	5‧2	6‧2	7‧2	8‧2
履	兌	睽	歸妹	中孚	節	損	臨
1‧3	2‧3	3‧3	4‧3	5‧3	6‧3	7‧3	8‧3
同人	革	離	豐	家人	既濟	賁	明夷
1‧4	2‧4	3‧4	4‧4	5‧4	6‧4	7‧4	8‧4
無妄	隨	噬嗑	震	益	屯	頤	復
1‧5	2‧5	3‧5	4‧5	5‧5	6‧5	7‧5	8‧5
姤	大過	鼎	恒	巽	井	蠱	升
1‧6	2‧6	3‧6	4‧6	5‧6	6‧6	7‧6	8‧6
訟	困	未濟	解	渙	坎	蒙	師
1‧7	2‧7	3‧7	4‧7	5‧7	6‧7	7‧7	8‧7
遯	咸	旅	小過	漸	蹇	艮	謙
1‧8	2‧8	3‧8	4‧8	5‧8	6‧8	7‧8	8‧8
否	萃	晉	豫	觀	比	剝	坤

大數學家劉徽就這樣透過「九九演算法」由伏羲八卦
推導出伏羲六十四卦。這實質上只是一種演算法，並不是
伏羲六十四卦的生成機制。在遠古時代，從易道三進制六
位數表中抽出伏羲六十四卦，需要進行大量繁複的運算。
因此，在長輩人向後輩學生傳授伏羲六十四卦時，很難一
下子把易道三進制的運算過程講解清楚。時間長了，就有
人想出用九九乘法表來講解伏羲六十四卦的簡便方法。所
以，《繫辭傳》中記載了這種簡便方法。

現在來解答第三個問題：伏羲六十四卦的性質和功能何在？

我們認為，伏羲八卦反映的是內部矛盾運動規律，伏羲六十四卦（方圖）反映的是外部矛盾運動規律。在這一方面，我們的遠古先民的認識和我們現在的認識略有不同。他們最關心的是「天道」，即日、月、星辰的相對運動規律。他們認為伏羲八卦和伏羲六十四卦反映的都是「天道」。

今天看來，他們對伏羲八卦性質的認識，大錯特錯了，但是，他們對伏羲六十四卦性質的認識卻是完全正確的。因為伏羲六十四卦反映的正是日、月、星辰相對運動的規律性，特別是地球和月球相對運動的規律性。

至於伏羲六十四卦的功能，我們的遠古先人主要用它來預測日蝕和月蝕。伏羲64卦屬於理想世界，但是，基本原理又總是在暗藏在理想世界之中。所以，伏羲64卦可以用來預測日用蝕，是不足為奇的。

早在20世紀90年代，中國學者楊得宇先生就斷定，利用伏羲六十四卦方圖最外圈的二十八個卦，可以準確地預測日食和月食。現將楊得宇先生的研究成果介紹於下。❶

首先，我們按照二進位數字學給伏羲八卦編號：

☷（坤）為0，☶（艮）為1，☵（坎）為2，

☴（巽）為3，☳（震）為4，☲（離）為5，

☱（兌）為6，☰（乾）為7。

再設定重卦由上下兩卦組成，進而為伏羲六十四卦最外圈的二十八卦編碼。編碼情況如下圖所示。

然後，我們再根據循環原理設計日月食預測表如下：

圖5-1　外方矩28卦編碼圖

日月食預測表

	卦屬初年		28年				歸位
	0000	0010	0020	0030	0040	…	0000
	1010	1020	1030	1040	1050	…	1010
	2020	2030	2040	2050	2060	…	2020
	3030	3040	3050	3060	3070	…	3030
28個週期	4040	4050	4060	4070	4071	…	4040
	5050	5060	5070	5071	5072	…	5050
	6060	6070	6071	6072	6073	…	6060
	7070	7071	7072	7073	7074	…	7070
	7071	7171	7173	7174	7175	…	7171
	…	…	…	…	…	…	…
歸位	0000	0010	0020	0030	0040	…	0000

在上表中，每一格都有一個4位數字。前兩個數字是年份編碼，後兩位數位是卦位編碼。例如，第一列的第一項的數字是「0000」。其中頭兩位數字「00」代表「00」那年：後兩位數字「00」代表坤卦，即冬至點。第二列第一項數字是「1010」。其中頭兩位數字「10」代表年份，即「10」那年，後兩位數字「10」代表謙卦。

預測日月食的方法有兩種。

第一種預測方法：楊先生首先設定364天為一個天象年。天象年是用來研究日月食的專用年。如果1.5卦代表一個天象年的話，則28卦正好代表18.67個天象年（28÷1.5＝18.67）。18.67個天象年正好等於23個朔望月，即6796天。6796天正好合18.61回歸年差一天（上古也許不差）。後者正好是黃白道交點沿黃道逆行一周的日月食重現週期。因此，如果月食（或日蝕）在某年坤卦卦位（即冬至）上發生的話，那麼，經過28個卦位（即18.67個天象年，6796天）重新回到坤卦卦位時，就會再一次發生日食（或月食）。人們只要有18.67個天象年的日月食記錄，就可以準確預報以後的日月食。這種預測方法比較精確，但計算起來太複雜，不夠簡便。因此，人們可以採用比較簡便的第二種預測方法。

第二種預測方法：這種預測方法十分簡便：人們只要有29個天象年的日月食記錄，即可查表預測。如果在第一列「00」年坤卦卦位發生一次日食（或月食），那麼，在第二列的「10」年的「10」卦位（謙卦）就會再發生一次日食（或月食）。坤卦卦位代表冬至，謙卦卦位代表冬至後第13天。為什麼是第13天呢？原來，364÷28＝13。所

以一個卦位代表13天。「10」年是哪一年呢？「10」年是「00」年以後第30個年頭。

這種預報方法的原理是，29個天象年正好合358個朔望月差3天。

$$29 \times 364 + 13 = 10569（日）= 358（朔望月）- 3（日）$$

用現代天文學的術語來說，這就是紐康週期（紐康週期是358個朔望月差20天）。以上日月食預測方法是楊得宇先生根據現代天文學知識得出的研究成果。英格蘭的巨石陣告訴我們，我們的先人確實已經掌握了楊先生所說的預測方法。

在距英國首都倫敦130公里的索爾茲伯里，有一座神秘的建築奇蹟。幾十塊巨石形成一個大圓圈，高達6公尺，每塊巨石重數十噸至數百噸。巨石陣在這一馬平川的平原上矗立了幾千年之久。英國考古學家至今仍無法查明當初建造此巨石陣的確切目的，而只能推測這是英國早期某宗教部落舉行儀式的地點，或觀察天象的地方。

不過，英國考古學家查明，巨石陣的建築期延續了數百年之久，可以分為三個階段。第一個階段可以追溯到2950－2900BCE的新石器時代晚期。當時尚無巨石，只是建築了一個圓形土堤，並在土堤附近的溝裏挖了56個坑，形成一個圓圈。由於發現坑的考古學家名叫奧布里，故把這些坑叫做奧布里坑。

在第二階段，人們首先在圓圈的「洞口」上安放了一塊約5噸重的沙石（又稱種石）。200年之後，又從威爾士運來若干石柱，豎立中央，形成一大一小兩個圓圈。年代為C2900－2400BCE。

在第三個階段，人們把「種石」移走，又運來180塊大砂岩，與原來的青石柱重新排列成圓形和馬蹄形結構。每到夏至那天，巨石就和太陽升起的位置排列成一條直線。這個階段年代為C.2550－1600BCE。❷

20世紀80年代，巨石陣被重新修整，從此，就成為英國最熱門的旅遊景點之一。每年有100萬人前來遊覽，有不少旅遊公司專門在夏至那天到這裏舉辦「夏至」節。

在我們中國人看來，英格蘭的巨石陣顯然是一座觀察天象的天文臺，又是一座推算日月食日期的巨石計算器。20世紀前半葉英國天文學家洛基爾也同樣發現：如果從索茲伯里巨石陣的中心望去，今編號為93的石頭指向5月6日（立夏）和8月8日（立秋）日落的位置，而另一塊今編號為91的石頭則指向2月5日（立春）和11月8日（立冬）日出的位置。由此，馮時先生認為，在巨石陣建造時代，已經形成了一年分為8個季節的曆法。❸

20世紀60年代，英國天文考古學家紐漢聲稱，他找到了指示春分日和秋分日的標誌，並提出編號為91、92、93、94的四塊石頭構成一個矩形。矩形長邊指向月亮的最南邊的升起點和最北邊的下落方位。

1965年，天文學家霍金斯（Gerald S. Hawkins）使用電子電腦對巨石陣大量石頭構成的各種指向線進行了分析計算，又指出一些指示日、月出沒方位的新的指向線。考慮到巨石陣是古人分三次，前後經歷幾個世紀建成的，霍金斯認為，巨石陣是古人建造的觀測太陽、月亮的天象台。他甚至認為，巨石陣中圍成圓圈的56個奧布坑能預報月食。後來，天文學家洛基爾（S. Norman Lockyer）認為，巨

石陣還能預報日食。有人不相信。他們說，四千年以前的古人在天文知識和計算方法上能比牛頓還高明嗎？不可能！我們則認為，這是完全可能的。因為現代人有現代人的辦法。古代人有古代人的辦法。我們切不可對古人的智慧估計過低。

事實上，巨石陣已經證明，4000年前的古人已經掌握了楊得宇先生設計的利用伏羲64卦預測日、月食的方法。前提條件是，必須事先擁有29個天象年的日月食記錄（1天象年＝364天）。有了這樣的日、月食記錄，按照楊先生提出的第二種預測方法，預測日、月蝕就變得十分簡便。這種預測方法是我們的先人經過幾千年的探索才總結出來的規律。

現代中國學者劉博先生近年來對英國倫敦索爾茲伯里巨石陣進行了仔細的研究，發現巨石陣完全符合「大衍筮法」的數字。❹他指出，在巨石陣石柱圓形內側有30根稍小的石柱——藍石，拱形五門內圈有19根稍小的石柱。30＋19＝49。再加上中央的條石，49＋1＝50。這正是《周易・繫辭傳》中所說的「大衍之數50，其用49」。與此同時，我們在第十一章（《大衍筮法》）中說，良渚文化匯觀山遺址出土了玉鉞1件，石鉞48件，正好符合大衍筮法的數字，說明在良渚文化時代，中國已經有了大衍筮法。良渚遺址的年代是3300－2600BC。

我們只要把有關的年代比較一下，就可以看出端倪。

1. 中國蚩尤族向西亞和歐洲遷徙的年代：C. 3200BCE；

2. 英格蘭巨石陣第一階段：C. 2950－2900BCE；

3. 中國良渚文化年代：C. 3300－2000BCE；

4. 英格點巨石陣第三階段年代：C. 2500－1600BCE。

這一系列年代環環相扣地證明：英格蘭巨石陣是中國蚩尤族後裔創造的。

現在來回答第四個問題：為什麼在伏羲六十四卦之外，還有一個邵雍六十四卦？兩者的性質和功能有什麼區別？

我們認為，宋代邵雍對中華易學至少有三大貢獻。

第一，他找回了不見於中國古籍的伏羲八卦次序圖和圓圖，並找回了伏羲六十四卦方圖。

第二，他創立了古代沒有的邵雍六十四卦（即伏羲六十四卦圓圖）。這是邵雍的新創造。

第三，他找回了河圖洛書的圖形。

伏羲六十四卦和邵雍六十四卦在性質上和功能上的區別在於：伏羲六十四卦反映的是外部矛盾運動的規律；邵雍六十四卦圓圖的排列方式和伏羲八卦圓圖的排列方式一致，因此，邵雍六十四卦也像伏羲八卦一樣反映內部矛盾運動規律。

伏羲八卦和邵雍六十四卦雖然在性質上一樣，但在功能上卻有一定區別。那就是，伏羲八卦只適用於宏觀世界，邵雍六十四卦卻適用於包括宏觀和微觀的一個擴大了的世界，也適用於包括宇觀和宏觀的另一個擴大了的世界。至於是否需要建立一個邵雍九爻卦（512卦）用於研究包括宇觀、宏觀和微觀的更大世界，目前看來，還沒有這樣的必要。將來如果有必要的話，我們當然可以再建立一個邵雍九爻卦（512卦）。

從數學上來分析，我們對六十四卦可以有三種解釋：

第一種解釋：$64 = \left[2^2\right]^3$

第二種解釋：$64＝〔2^3〕^2$

第三種解釋：$64＝2^6$

我們採用了第一種解釋，認定伏羲六十四卦本質是四象卦，反映外部矛盾運動規律，既適用於宏觀世界，也適用於宇觀世界，還適用於微觀世界。

《易經》文本、管子、劉徽都採用了第二種解釋方法，把每一個重卦都看作是上卦和下卦重疊組成。我們認為，第二種解釋只具有數學上的根據，而不具有辯證數理邏輯上的根據，也不具有天文學上的根據。

不管邵雍本人是否意識到，他客觀上採用了第三種解釋，並且用圓圖形式對邵雍六十四卦的易學意義作出了說明。我們認為，這種解釋不僅具有數學上的根據，而且具有天文學上的根據和辯證數理邏輯上的根據。

現在來回答第五個問題：為什麼漢代以前的各種古籍都不刊載伏羲八卦的圖形和伏羲六十四卦的圖形？

我們認為，漢代以前的各種古籍，包括先秦古籍，所以不刊載伏羲八卦圖形和伏羲六十四卦圖形，是因為，一般來說，各種古籍的作者都不知道伏羲八卦和伏羲六十四卦是什麼樣子，更沒有看到過其圖形。不但這樣，他們也不知道河圖洛書是什麼樣子，更沒有看到河圖洛書的圖形。事情為什麼變成這個樣子？現代人的確難以理解。

我們認為，這完全是顓頊「絕地，天通」所造成的惡果。「絕地、天通」的實質就是把研究天文學和制訂曆法的權力集中到最高統治集團手中。最高統治集團雖然也向地方統治集團通報天文學和曆法的研究成果，但又嚴格禁止他們向外人（一般官員和民眾）洩露機密，否則要受到

嚴懲。這種「退藏於密」的傳統一直延續到今天。例如，各種醫藥配方，各種手工業的技術都是口耳相傳，傳男不傳女。因此，大量秘方散失，十分可惜。

文王姬昌是周族的最高統治者，也是古代最後的一位大巫師。但是，他又是一位開明人士。他深知各種天文學機密和曆法機密，要是一直口耳傳授，很容易散失。因此，他冒著遭受天譴的危險，把一些他認為不屬於最高機密範圍的次要機密記錄下來，傳給他的後人。

文王記錄下來的資料，有一些後來也散失了，但大部分都收在我們今天所看到的《繫辭傳》和《說卦傳》中。而且，他還在這些資料中暗示：除這些資料以外，還有一些最高機密他不敢洩露；他希望能有一位聖人（智者）出來參透他的玄機。例如，他在《繫辭傳》就說：「六爻之義易以貢，聖人以此洗心，退藏於密」。又說：「苟非聖人，道不虛行」。這些文字都透露出他的一片苦心。

那麼，文王姬昌心目中的最高機密是什麼呢？在我們看來，那就是，易道三進制，伏羲八卦和伏羲六十四卦的卦序和圖形，河圖洛書的圖形和秘密，《易經》六十四卦卦序的秘密，連山六十四卦和歸藏六十四卦的卦序中暗藏的圖形秘密，大衍筮法的秘密，《易經》六十四卦爻碼的秘密等。

最後，我們來解答第六個問題：我們怎樣去辨認考古學出土文物上的易卦蹤跡和曆法蹤跡？

在新石器時代，由於當時還沒有成熟的文字，我們的先民們喜歡用陶器飾紋，祭祀場所佈局，墓葬佈局以及其他文物（如水井等）的佈局來表達他們的易卦知識、天文

學知識和曆法知識。這就是《繫辭傳》所說的「製器尚象」的內涵，也是王先勝先生創立「器物紋飾學」的文獻根據。

應該說，王先勝先生發現「製物尚象」的真正內涵，的確是一項天才的發現。不過，如果你沒有適當的方法，你就會忽視這些出土文物上顯示的易卦蹤跡和曆法蹤跡。王先勝先生指出共有四種辨認方法，並舉出很多例子。限於篇幅，我們只能對這四種方法作一簡單介紹。更多的例證，請參看王先生的有關論文，特別是「炎黃大戰的考古學研究」一文❺。

王先勝先生認為，目前可以確定的新石器時代表達易卦、曆法、天文學知識的方式至少有四種。

其一，數字卦。例如，江蘇省海安縣青墩遺址出土的崧澤文化遺址骨角木四和鹿角枝上刻有八個六爻數字卦。其年代約在5500年以前。

其二，用八角星紋來表示64卦。請參看第四章中的圖4－1，圖4－3，圖4－4，圖4－5。

其三，陰陽爻畫卦。例如，王先勝先生指出，在仰韶文化大河村類型大河村遺址出土的白衣彩陶缽的攝影圖片上，彩陶缽肩部一周有三組六十四卦坤卦符號，紅褐色地紋，襯出每個坤卦符號的12個白色小方塊。六個坤卦符號共計有72個白色小方塊。圖片見於《中國大百科全書·考古學》彩版第11頁。陝西周原也出土過一些刻有三爻卦畫符號的文物。

其四，用紋飾的數量關係來表示八卦、六十四卦，十月太陽曆，二十八宿，十二個月，陰陽合曆，北極崇拜等。這

第四種情況最為常見。

　　限於篇幅，我們在這裏只能舉出少數幾個例子。這些例子大多都摘自王先勝先生的《炎黃大戰的考古學研究》一文。也有一部分例子來自其他來源。

　　1. 據《河北武安磁山遺址》（《考古學報》，1981年第3期）簡報，磁山遺址第二文化層出土的斗形陶盂（Ⅰ式T92②：32），按其發表的線圖，正面應有四組斜條紋。每組斜紋有7條斜線，合計28數，紋飾設計與四陸二十八宿的數理相合。在5-2圖中，我們只看到三組斜條紋，另一組斜條紋應在背面。圖中的橢圓形表示陶盂的口沿。

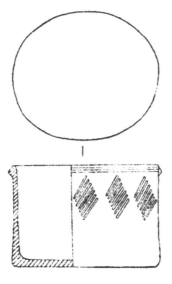

圖5-2　磁山陶盂

　　2. 西安半坡遺址出土的彩陶上有表示月相變化的各種圖案。在圖5-3中，

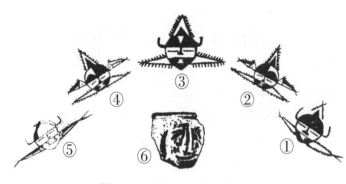

圖5-3　半坡人面魚紋月相圖

①（新月始生）　②上弦　③既望　④下弦　⑤晦朔

⑥滿月陰影陶尊殘片（姜寨遺址出土）。整個圖5-3引自陸思賢所著《神話考古》，文物出版社，1995。

3. 半坡遺址出土的四鹿紋盆，在內壁上畫4個鹿紋，均勻地分佈在四方位上，表示「四陸」，又在口沿四方八角布數28（其中，「個紋」4個，每個「個」紋3劃，計數12，四劃線4個，計數16，合計28劃）。這既表示四方

圖5-4　半坡四鹿紋盆

八位和四時八節，又表示二十八宿繞北天極的視運動。圖形見於《西安半坡》，圖版87，文物出版社出版，1982年10月第一版。半坡文化年代為距今6800－6300年。

4. 陝西寶雞北首嶺遺址出77M15：（7）紅陶細頸壺一件，其肩腹部有三組用小三角疊砌的黑彩圖案。其上部一組由6個小松塔構成，每個小「松塔」又由6個小三角疊成，共計36個小三角。中部和下部兩組各由7個大「松塔」構成，每個大「松塔」又由10個小三角疊成，自下而上疊四層。小三角數分別為四，三，二，一。這正好表示十月太陽曆。圖形見中國社會科學院考古研究所編著的《寶雞北首嶺》一書，文物出版社1983年版。

圖5-5　北首嶺紅陶細頸瓶

5. 仰紹文化元君廟出土一件紅陶缽（編號為M413：5）。這件紅陶缽上現有10個正倒相間的正三角形錐刺點圖案。其中有幾個為55數錐刺紋，有一個為45數錐刺紋。圖中箭頭所示即為45數錐刺紋。這種設計合乎河圖洛書的數量關係及其表達方式。

45數

圖5-6　元君廟陶缽錐刺紋

6. 甘肅臨洮馬家窯遺址出土兩件彩陶罐，如圖1，圖2所示，圖3則是俯視圖。彩陶罐上繪有「有蟜氏」的女祖先。陶罐像其人，人首為蛇虎人三合一。「三頭四耳」，人耳在臉頰左右，虎耳在頭頂，中伏蛇耳，張口向外。頸部有太陽光芒紋「∧」。肩部有蚊紋13條，棱12條。德國學者D‧R‧斐德烈認為圖中的13條蛇紋代表一年中的13個恒星月，12條棱代表太陽會合月，邊上的19個齒代表麥冬週期的19個太陽年。斐德烈的論文「《易經》的符號邏輯」載於《周易研究》1993年第3期。我們認為，13條蛇紋代表陰陽合曆中閏年的13個月，12條棱代表陰陽合曆平年的12個月。19個齒輪中還可以減去代表12個月的12個

1

2

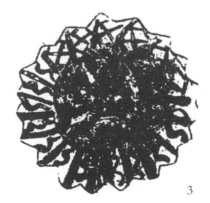

3

圖5-7　有蟜氏族徽

齒輪，還餘7個齒輪。因此，19個齒輪和7個齒輪代表「19年7閏」。馬家窯遺址年代為距今5750年－3950年。

7. 青海樂都柳灣墓地出土的馬家窯文化馬廠類型彩陶盆（II3式46：15）上腹部紋飾：波折紋上面的弦紋構成初九、九二兩個陽爻，再上面是六三、六四、六五、六六、六七共五個陰爻。由於橫視彩陶盆口沿線構成上九，所以共有八爻，將剝、復、臨三卦集合在一起，以反映「卦氣說」，構思非常巧妙、獨特。作為旁證，該陶盆內底畫單線圓紋，表示「太極」，圓外接方形線紋，以示

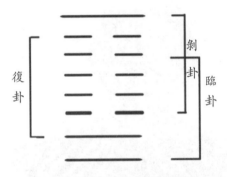

圖5-8　剝復臨三卦綜合圖

圖5-9　青海柳灣彩陶盆

「天圓地方」。每個方線紋三條，合計12條，表示一年12個月。其口沿又畫7組短線紋，表示參宿七星。如果短線紋條數沒有畫錯的話，其中6組每組6條，合計36條，表示十月太陽曆一個月36天，餘一組短線紋為5條，表示在360天之外再加5天過年日。圖形見《青海柳灣——樂都柳灣原始社會墓地》，文物出版社，1984年，第100頁。

由於樂都柳灣墓地屬於馬家窯文化馬廠類型，馬家窯文化馬廠類型的年代為距今4350－4050年，這就證明「卦氣說」早在　4350－4050年以前就產生了。

8.美國印第安人文化中的扶桑建木天梯圖。

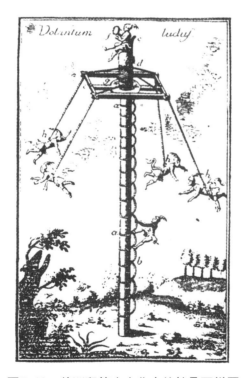

圖5-10　美洲印第安文化中的扶桑天梯圖

在本圖中，天梯右側有一位巫師正在向攀登。天梯共
15階，與洛書中的15數相符合。天梯上端的長方形代表北
斗九星中的斗魁。圖中的4個飛人代表太陽神（伏羲氏）
的四子，象徵四分曆。天梯頂端有一人，當代表太陽神
——伏羲氏。本圖採Samuel Marti：《Canto, dania ymusica
Precortesianos》，（talleres de Grafica Panaamericana）轉載
自王大有、宋寶忠：《圖說美洲圖騰》，人民美術出版
社，1998年。

9. 河姆渡文化中的鳳凰崇拜遺跡。

圖5-11　河姆渡文化中的鳳凰崇拜

浙江省餘姚縣河姆渡遺址出土多件鳳凰崇拜的遺物。
在圖1中，天穹上的8條餘線代表8風曆，即伏羲八卦。天
穹下側，左為湯谷，右為禺谷。天穹下的兩個太陽紋代表

春分日和秋分日的太陽，兩側的雄雞當是鳳凰的原型（雞鳴太陽升）。圖2為雙鳳朝陽圖。U形紋為湯谷，湯谷上側有4個太陽，代表四分曆，湯谷下側有太陽紋和月亮紋，代表陰陽合曆。太陽紋由五個同心圓組成，當是「五衡圖」，即原始「蓋圖」。圖3為鳳鳥象牙圓雕。圖4為陽鳥（鳳鳥）。圖5為雙鳳載日運行圖。河姆渡文化的年代，經碳十四測定，樹輪校正，大約為5005±130年BC（BK7505）——3380±30年BC（1K587）。這與炎帝創製「上元太初曆」（「天元甲子曆」）的年代完全一致。

　　10. 西水坡蚩尤墓遺跡。

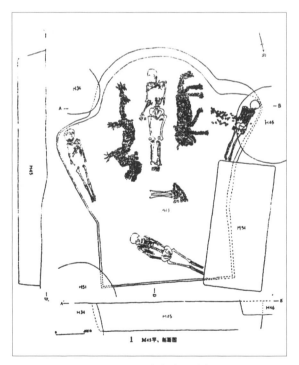

圖5-12　西水坡蚩尤墓剖面圖

西水坡蚩尤墓形制具有豐富的天文學內容。現代學者馮時先生對此進行了深入而細緻的研究（馮時：《河南濮陽西水坡45號墓的天文學研究》，載《文物》雜誌，1990年第3期）。根據馮先生的意見，可以把西水坡45號墓的天文學內容歸納如下：

1. 墓穴南部邊緣呈圓形，北部邊緣呈方型，符合第一次蓋天說所主張的天圓地方的宇宙模式。

2. 墓室主人右邊的蚌塑青龍圖像，左邊的蚌塑白虎圖像，構成二十八宿體系的東、西二宮星象。蚌塑白虎星象腹下方散亂的蚌殼所表示的應是心宿星象。古人以大火星授時紀曆。

3. 墓穴南部圓弧部分，經過復原並按實際尺寸計算，證明是一張原始蓋圖，而且比根據《周髀算經》所復原的蓋圖更符合實際天象。

4. 墓主人腳下的蚌殼三角形和人的兩根脛骨構成北斗星象：蚌塑三角形為斗魁，兩根脛骨為斗柄。後者又是立杆測影的象徵，所以，用脛骨和蚌殼組成的北斗星象還與測影紀時有關。

5. 墓主人腳下和兩側的殉人象徵三子，即春分神，秋分神和冬至神，反映了分至四神相代而步以為歲的思想。

馮先生還說：「根據《史記・天官書》的記述，作為北斗斗杓的兩根脛骨指向西方的虎星之首（杓攜龍角），蚌塑三角形斗魁位指向西方的虎星之首（魁枕參首），方位密合。」（馮時著《中國天文考古學》，社會科學文獻出版社，2001年）

除此以外，我們還有兩點看法：

　　1. 整個西水坡45號墓形制乃是皇冠的圖形，也是靈台（天文觀測台）的圖形，同時還是女性子宮的圖形。

　　2. 完整的二十八宿體系和更為嚴密的五方五行五星五帝神系統當形成於堯舜時代，記載於《禮記·月令》、《呂氏春秋》和《淮南子·天文訓》等古籍中。

　　東方帝太昊，佐句芒，神歲星，獸蒼龍；

　　南方帝炎帝，佐朱明，神熒惑，獸朱雀；

　　中央帝黃帝，佐后土，神鎮星，獸黃龍；

　　西方帝太昊，佐蓐收，神太白，獸白虎；

　　北方帝顓頊，佐玄冥，神辰星，獸玄武。

　　11. 瑪雅文化的昊皇八卦圖。

Oro. Muisc3

圖5-13　雅文化昊皇八卦圖

　　這個昊皇八卦圖，構思也十分巧妙。中心是太陽，輻射出16道光芒。自內向外，第一層圓圈內有八「∧」形

紋，既代表太陽光芒，又代表八卦。第三層圓圈內有8個「十」字紋，代表八風曆。第二層圓圈加上第三層圓圈和其圓周，構成8個「天」字。

8個「天」字外面又有8個太陽，構成8個「昊」字。每個太陽放出7道露地光芒。最外圈的內壁又有64個刻畫，代表六十四卦。因此，王大有先生把這個八卦圖命名為「昊皇八卦圖」。

12. 1987年6月，安徽省含山縣長崗年凌家灘遺址出土了一件玉龜。玉龜腹甲和背甲之間有一塊玉版。玉版形制如下頁圖。

玉版上有兩個同心圓，代表天圓，玉版本身略呈方形，代表地方。中心小圓內有八角星紋，代表64卦。大圓內有8個圭形垂芒太陽紋，每個垂芒太陽紋又由8個格子組成。8×8＝64。所以，8個垂芒太陽紋代表六十四卦。玉版上側鑽有小孔9個，代表北斗九星（古人看到的北斗星由9顆星組成，今人看到北斗星由7顆星組成，另外兩顆星看不到了），下側鑽有小孔4個，代表四時。左右側各有5個小孔，合計10個小孔，代表十月太陽曆。熱釋光測定，含山凌家灘墓地絕對年代為距今4500～5000年。

我們認為，含山玉版所標示的是反映外部矛盾運動規律的伏羲64卦（方圖）。因此，我們不同意用洛書去解釋這個圖形的假說。

至於圖5-14⑤，那是瑪雅文化的八卦圖。

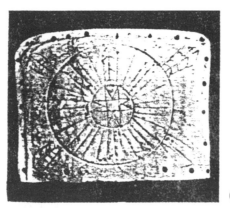

①

②

③

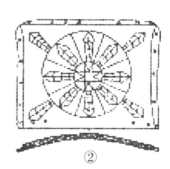

④

⑤

圖5-14　含山凌家灘遺址出土的玉龜和玉版

【註釋】

❶楊得宇：「人類科學史上的第一珠峰」，載段長山主編《現代易學優秀論文集》，中州古籍出版社，1994年10月。

❷材料來源：www.witcombe@sbc.edu

❸馮時：《中國天文考古學》，社會科學文獻出版社，2001年。

❹劉博：「中華百越——人類文明發祥的開啓者」，古風網（www.gfqq.cn），2005，9，29。

❺王先勝：「炎大戰的考古學研究」，象牙塔網絡，2004，2，7——2004，6，13。

第六章　《河圖》、《洛書》與《連山》、《歸藏》

關於《連山》與《歸藏》，《周禮》中有明確的記載。

《周禮・春官宗伯》中說：「筮人掌《三易》以辨『九筮』之名，一曰《連山》，二曰《歸藏》三曰《周易》。」又說，太卜「掌《三易》之法。一曰《連山》，二曰《歸藏》，三曰《周易》。其經卦皆八，其別皆六十有四。」

由這兩段文字來看，三易似乎各有卦書。《周易》的卦書就是《易經》，周易的筮法就是大衍筮法。這在《繫辭傳》中有明確記載。歸藏的卦書未能完整地保存下來。近年出土的《歸藏》並非卦書，而是占卜記錄。

漢朝人李過說他見過《歸藏》卦書，只有卦辭而無爻辭。只有郭璞在《爾雅注》和《山海經注》中引證的一些《歸藏》卦辭留傳下來。

湖南馬王堆出土的《帛書周易》，從卦序來看，就是《歸藏》，但其卦爻辭皆以《易經》為本。可見，《帛書周易》並不是《歸藏》卦書原本。《歸藏》筮法已失傳。有人說這種筮法使用蓍草36策，以三為揲，但這種說法無從考證。《連山》卦書和筮法更是不見蹤影。

從宏觀角度來看，連山卦和歸藏卦當然是易卦中派生出來的。到底是怎樣派生出來的呢？我們可以從古籍記載

中找到一些線索。

《繫辭傳》中說：「河出圖，洛出書，聖人則之。」

《玉海》引《山海經》說：「伏羲得《河圖》，夏後因之曰《連山》；黃帝得《河圖》，商人因之曰《歸藏》；列山氏得《河圖》，周人因之曰《周易》。」（按：今本山海經不載此文）

《禮緯·含文嘉》中說：「伏羲德合上下，天應以鳥獸文章，地應以河圖洛書，乃則之以作《易》。」（《周易疏·序》，《路史·太昊記》注引《禮·含文嘉》）。

由此可知，連山易和歸藏易當與《河圖》、《洛書》有關。

我們嘗試把伏羲八卦代入《洛書》就得到下列圖形。

4	9	2
3	5	7
8	1	6

圖6-1　伏羲八卦和洛書匹配圖

單從數位看，這個圖形是洛書。

單從卦象看，自系統外面向內觀之，這是伏羲八卦——乾、兌、離、震、巽、坎、艮、坤；自系統中心向外觀之，這是太昊八卦——乾、巽、離、艮、兌、坎、震、坤。

如果把數位和卦象結合起來看，自系統外面向內觀

126

之，那就是連山八卦（京房六十四卦的上卦）。

乾、震、坎、艮、兌、離、巽、坤

九　八　七　六　四　三　二　一

自系統中心向外觀之，那就是歸藏八卦（帛書八卦）。

乾、艮、坎、震、巽、離、兌、坤

九　八　七　六　四　三　二　一

這個圖形是洛書、伏羲八卦、太昊八卦、連山八卦、和歸藏八卦五位元一體的綜合圖形。

我們這裏得出的連山八卦和歸藏八卦的卦序同《說卦傳》中所記載的連山八卦和歸藏八卦的卦序，完全一致。我們認為，這就證明伏羲八卦和連山八卦的確與洛書有關。

那麼，洛書是什麼人在什麼時候、什麼地方創造的呢？它反映的又是什麼規律呢？

根據我們的研究，我們認為，洛書是8000年前第一代共工在河南省淮陽縣一帶創造的。它反映的是太陽視運動的規律。下面，我們用圖表來說明這個問題。

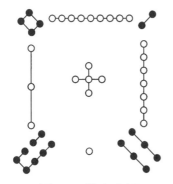

圖6-2　洛書本圖

4	9	2
3	5	7
8	1	6

圖6-3　洛書數據圖

從數學上來說，洛書資料圖是一個三階幻方。這也就是說，各行各列和兩條對角線上三個數字之和都是15。九個數字之和則是45。但是，從易學上來說，這個幻方卻具有極其豐富的辯證數理邏輯意義。因為它反映了太陽視運動的軌跡。下面的圖表可以說明這個問題。

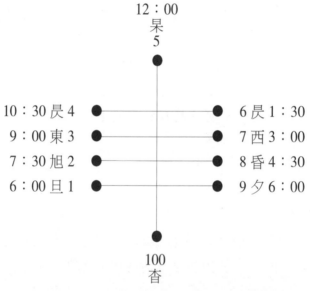

圖6-4　春分日、秋分日白晝太陽視運動軌跡圖

在圖6-4中間的豎線，即杲、杳之間的連線，代表扶桑樹（又稱扶桑木、天梯、若木、建木、天柱、宇宙柱、宇宙樹、生命樹、智慧樹等）。最上面一橫代表扶桑樹頂端，最下面的一橫代表大地。「旦」代表日出，「日在地上」。「旭」代表「九日居扶桑下枝」。「東」代表「日在木中」。「昃」代表日靠近扶桑樹左枝；「杲」代表日在木上，因而代表天。第二個「昃」代表日靠近扶桑樹右

枝。「西」代表鳥歸巢，棲於樹。「昏」代表日在山下。「夕」代表夕夜來臨。「杳」代表日在木下，因而代表夕夜。

按照自相似原理，任何部分，如果是一個全息單位，就可以代表整體。就太陽的視運動而言，本來一個晝夜（24小時）才可以算一個全息單位。可是，春分日和秋分日的太陽視運動是個例外。因為在春分日和秋分日，白晝和夕夜的時間長度相等。這樣一來，春分日和秋分日白晝的太陽視運動軌跡就成為一個全息單位，以致可以代表全年整個太陽視運動的軌跡了。

問題並沒有到此結束。我們還必須對這個太陽視運動軌跡圖給予墨比烏斯圈的處理，使之具有辯證數理邏輯意義。在太陽視運動軌跡圖經過墨比烏斯圈處理後，我們就得到洛書中的辯證邏輯原理圖。

具體的處理程序可分為三個步驟。

第一步：取一張狹長的白紙條，分成八段，寫上如下數位：

1	2	3	4	5	6	7	8	9

第二步：把未寫數字的一面塗上膠水，對折起來。這樣，我們就得到一條長度縮短一半的紙條。一面寫著1、2、3、4，一面寫著6、7、8、9。

第三步：把寫著「4」的一端，反轉過來，同寫著「9」的一端粘合在一起。這樣，就形成一個墨比烏斯圈。在這個墨比烏斯圖上，數位的順序就變成「1，2，

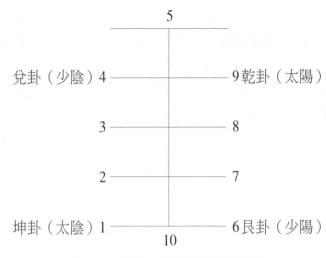

圖6-5　洛書中的辯證邏輯原理圖

3，4，9，8，7，6」。

　　讀者可能要問：「古代人沒有關於墨比烏斯圈的數學知識。他們怎麼可能對太陽視運動軌跡圖進行墨比烏斯圈處理呢？」我們的回答是：那很簡單。只要按照S形排列八卦或四象的順序，就行了。因為按S形排列八卦順序就等於用墨比烏斯圈加以處理。讀者把圖6-4和圖6-5兩圖比較一下，就明白了。

　　讀者還可能要問，「杲」和「杳」所分別代表的「5」和「10」，是必要的嗎？這兩個數字並沒有被納入洛書圖內，似乎是多餘的。我們的回答是：它們不是多餘的。因為「杲」和「杳」的連線（即扶桑樹）是一個座標。沒有這個座標，這張圖也畫不出來。

　　讀者可能要問：「您怎麼證明洛書是第一代共工創造的呢？」我們的回答是：這很容易證明。洛書俗稱九宮

格。一旦我們把九宮格最外層的方框除去，九宮格就變成了「井」字。只要我們把「井」字下端兩個豎劃向外撇開，「井」字就變成了「共」字。可以說，共工氏的名稱就證明洛書是第一代共工創造的。讀者可能還要問：「你怎麼證明洛書中包含的原理就是辯證數理邏輯原理呢？」我們可以用中國現代辯證數理邏輯學家羅翊重先生的研究成果來證明這一點。

羅翊重先生研究了形式邏輯的真值表和狹義辯證邏輯的真值表以後，發現了這兩個真值表完全符合易卦卦象。❶

形式邏輯的真值表及其卦象如下：

A	A	真值	卦象
1	1	0	☱ 兌
1	0	1	☲ 離
0	1	1	☴ 巽
0	0	0	☷ 坤

狹義辯證數理邏輯的真值表及其卦象如下：

$\overline{A}$	$\widetilde{A}$	真值	卦象
1	1	0	☰ 乾
1	0	1	☳ 震
0	1	1	☵ 坎
0	0	0	☶ 艮

　　在以上兩表中，$\overline{A}$代表正命題，$\widetilde{A}$代表非命題，代表反命題。

　　兩個真值表及其卦象合在一起，正好構成連山八卦，同時，又正好構成伏羲八卦，就看你怎麼讀了。豎讀則是連山八卦，橫讀則是伏羲八卦。

A	$\overline{A}$	真值	卦象	A	$\widetilde{A}$	真值	卦象
1	1	0	☱兌	1	1	1	☰乾
1	0	1	☲離	1	0	0	☳震
0	1	1	☴巽	0	1	0	☵坎
0	0	0	☷坤	0	0	1	☶艮

　　為什麼會是這樣呢？這是因為，二項式原理屬於形式邏輯範疇，二項式原理要服從易卦，易卦也要服從二項式原理。換句話說，形式邏輯必須服從辯證邏輯的規則，辯證邏輯也必須服從形式邏輯的規則。不然的話，世界就不成其世界了。天下的秩序也要大亂了。

　　上述洛書資料圖（圖6-3）實際上只是立體洛書的平面投影。因此，我們還需求出立體洛書圖來。

　　由圖6-6可知，立體洛書中既包含著現實世界的伏羲八卦，也包含著連山八卦。

伏羲八卦：9→4→3→8→2→7→6→1
　　　　　乾　兌　離　震　巽　坎　艮　坤
連山八卦：9→8→7→6→4→3→2→1
　　　　　乾　震　坎　艮　兌　離　巽　坤

伏羲八卦反映的是內部矛盾運動規律。在現實世界

圖6-6　立體洛書

中，事物的內部矛盾是按照伏羲八卦運動的，而不是按照連山八卦運動的。因此，我們把連山八卦叫做伏羲八卦的影子卦。這就像人體的影子只能隨著人體的運動而運動一樣。

現在再談河圖問題。河圖是什麼人在什麼時候、什麼地方創造的？河圖反映的又是什麼規律？

根據我們的研究，我們認為，河圖是第一代共工之子勾龍后土8000年前左右在甘肅天水大地灣創造的。他憑藉其父第一代共工創造的洛書和他本人創造的河圖之兩項傑出的天文學研究成果，獲得伏羲稱號（全國共主稱號）。因此，他就是第一代神農。

神農氏共傳八代。距今7300年左右，由於發生氣候降溫事件，第X代神農率主力部隊返回祖籍地湖南，創造了湖南安鄉湯家崗文化，澧縣城頭山文化和長沙大塘文化。其後繼文化為大溪文化和三星堆文化。留在甘肅的神農氏

旁系就是少典氏部落。黃帝和炎帝（古稱赤帝）都是少典氏的兒子。

　　證明：典＝共＋冂（產門）

　　　　　黃＝共＋田（田是神農氏族徽）

　　　　　赤＝土＋卜（表示立杆測影）

　　所以，我們不能把神農氏和炎帝混為一談。炎帝部落只是神農氏部落的一個旁支後裔。

　　那麼，河圖反映的到底是什麼樣的規律呢？請看下面的幾張圖片。

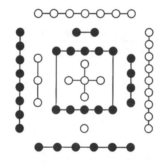

圖6-7　河圖本圖

8，3	7	
	2	
	5	4，9
	10	
	1	
	6	

圖6-8　河圖數字圖

　　讀者們，如果把立體河圖（圖6-9）和立體洛書（圖6-6）比較一下的話，就馬上會發現，立體河圖和立體洛

圖6-9　立體河圖

書實際上屬於同一結構，只是內部運動路線稍有不同而已。同時，讀者們還會發現，立體河圖中填寫的八個卦其實也就是賈湖時期早已推導出來的理想世界伏羲64卦（方圖）的頭八個卦而已。（這裏需要附帶說明一下，《易經》爻題中所以用「九」代表陽爻，用「六」代表陰爻，其根源即在於此立體河圖。）

　　圖6-8所示的立體河圖實際上只是伏羲64卦（方圖）的基本模式。如果第一代神農（勾龍後土）只是把這個基本模式，再重複七次，他所求得的64卦只能和賈湖時期早已求出的伏羲64卦（方圖）一模一樣，分毫不差。這種64卦當然算不上什麼「傑出的天文學成果」。因此，我們認為，第一代神農必然有新的發現，新的創造。

　　那麼，第一代神農到底能有什麼樣的新發現、新創造呢？

記得，我們在第五章中說過：「以後，我們的先人又發現伏羲八卦中包含的理想世界四象格局同天象不合，這才廢棄『八風曆』，並在人類的十個手指的啟示下，創製了十月太陽曆」。所謂「與天象不合」，也就是與月相的順序，四季的順序，東南西北四個方位的順序以及其他自然現象不相符合。

第一代神農對這一情況當然也十分熟悉。因此，我們認為，第一代神農必定是把理想世界的四象格局「太陽——少陰——少陽——太陰」改變為現實世界的四象格局「太陽——少陰——太陰——少陽」，從而改變了理想世界伏羲64卦（方圖）各卦的順序，並進而求得我們在《東方辯證法》（第一版）中所求得的「伏羲四象卦」。只有這樣，第一代神農（勾龍后土）才能當之無愧地被大家公推為全國共主，並獲得伏羲稱號。不然的話，我們就無法解釋第一代神農（勾龍后土）為什麼會被大家公推為全國共主。

要知道在距今9000–6000年之間，只有三個人曾經被公推為全國共主。那就是伏羲、神農和黃帝。

立體河圖中的伏羲四象卦的基本模式如圖6–10所示。

民國以來，中國學術界對河圖洛書問題開展了兩次大爭論。

第一次爭論的焦點是遠古時代有沒有河圖洛書。疑古派認為，遠古時代不存在河圖洛書。河圖洛書是宋朝人偽造的。肯定派認為，遠古時代有河圖洛書。他們的主要理由是，《繫辭傳》中明明白白地記載著「河出圖，洛出書，聖人則之。」

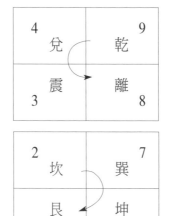

圖6-10　伏羲四象卦的基本模式

1977年，安徽省阜陽縣雙古堆西漢汝陰侯墓出土了太乙九宮占盤，上面有八節名稱和洛書數字。占盤的出現結束了這場爭論。肯定派勝出，學術界一致同意遠古時代有河圖洛書。

第二次爭論圍繞著河圖洛書的內涵展開，至今尚未結束。有各種各樣的說法，如「古氣候圖說」，「星座說」，「古方位說」，「同餘說」，「生數成數說」，「五行說」，等等。諸如此類的說法都是猜測，同歷史真相都不相符合。歷史真相只有一個，那就是我們對河圖洛書的詮釋。

現在作一小結：洛書反映的是太陽自身運動的軌跡，也就是內部矛盾運動規律。河圖反映的是月球相對於地球運動的規律，也就是外部矛盾運動規律。但是，我們的遠古先人當時對這些並不知曉。他們所關心的只是天文學和

137

曆法。在他們的心目中，太極就是一年，兩儀就是雨季旱季，四象就是春夏秋冬，八卦就是八節（冬至，夏至，春分，秋分，立春，立夏，立秋，立冬）。看不到這一方面，是不對的。

但是，我們的遠古祖先的思維和語言也不自覺地受到辯證數理邏輯的支配。看不到這另一方面，也是不對的。學術界有些同仁往往不能同時看到這兩個方面，因此，他們往往用我們今天的思維邏輯去代替古人的思維邏輯，以致在解釋古代的某些現象時陷入誤區。

根據我們多年的研究經驗，我們認為，象數思維對我們遠古祖先思維方式的影響可以歸納為如下十二個方面。

1. 沒有二進位觀念的陰陽思維；

2. 沒有四進制觀念的四象思維；

3. 沒有兩個世界（理想世界和現實世界）觀念的兩個世界思維；

4. 沒有異質同構觀念的異質同構思維（如陰陽模式，四象模式）；

5. 沒有對稱觀念的對稱思維；

6. 沒有兩類矛盾（內部矛盾和外部矛盾）觀念的兩類矛盾思維（例如，古人把河圖和洛書區分得清清楚楚）；

7. 沒有全息觀念的全息元思維；

8. 沒有墨比烏斯圈觀念的墨比烏斯圈思維；

9. 沒有現代層次觀念的三才思維；

10. 沒有分數觀念的分數思維（如中國古代音樂思維中的三分增益法）；

11. 沒有隱喻觀念的隱喻思維（如用眼鏡蛇象徵太極

曲線等）。

12. 沒有共軛相生觀念的靈感思維（不獨古人這樣，現代人也是這樣）。

至於象數思維對我們先人的語言的影響，由於問題牽涉太多，這裏暫不討論。

我們對於河圖洛書的討論，到此為止。

【註釋】

❶參看張今、羅翊重：《東方辯證法》（第一版），第411頁，河南大學出版社，2002年。

第七章 後天八卦的偉大認識價值

　　中國古代流傳下來的八卦，最著名的有四種：伏羲八卦，連山八卦，歸藏八卦和後天八卦。其中有圖形的只有兩種：伏羲八卦和後天八卦。

　　自漢唐以降，直到宋代以前，很多文物（如銅鏡、占盤）上都載有後天八卦圖形，只是不見伏羲八卦的圖形。宋代朱熹在其專著《周易本義》卷首，一方面推出了伏羲八卦圖形和伏羲六十四卦圖形，另一方面又重新推出了後天八卦次序圖和後天八卦方點陣圖如下：

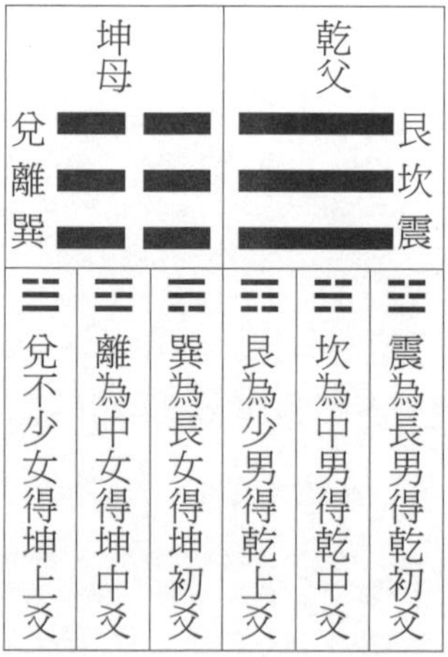

圖7-1　文王卦次序圖

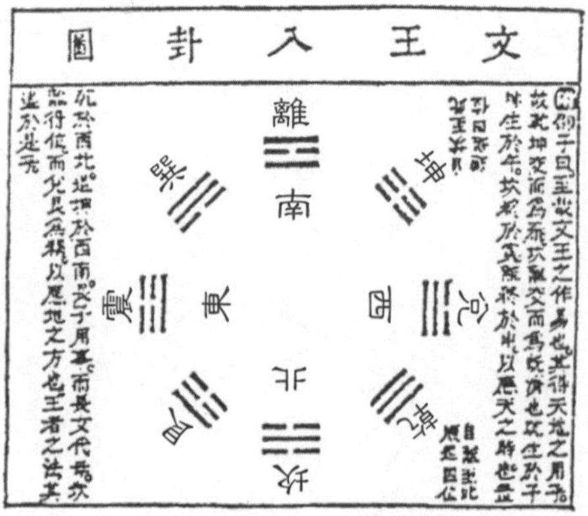

圖7-2　文王八卦圖

朱熹把「後天八卦」叫做「文王八卦」。這說明，他認為後天八卦是文王創製的。

唐代司馬貞編寫的《史記‧補三皇本紀》中說：「太皞氏庖犧氏，風姓，代燧人氏繼天而王……有龍瑞，以龍紀宮，號曰龍師。木德王，注春令。故《易》曰帝出乎震。月令春分，其帝太皞也。」這就是說司馬貞認為，後天八卦是太昊氏創製的。

關於後天八卦的性質，田合祿先生指出：後天八卦圖反映的是中國古老的星象農曆──火曆，他說：「大火（即心宿──引者注）昏於見東方地平線，正是仲春春分時的天象；大火昏見於南中天，正是仲夏夏至時的天象；大火昏見於西方地平線，正是仲秋秋分時的天象；大火伏於北方，即大火晨見於南中天，正是仲冬冬至時的天象。」❶

趙永恆先生指出，他根據新的歲差公式計算，二十八宿最可能的建立年代是西元前 6000 年 ── 西元前 5600 年。❷

王先勝先生指出，他發現在賈湖三期出土的一件陶釜上有 28 個扁乳釘，其年代為西元前 5825 年 ── 西元前 5450 年。❸

裴家崗文化賈湖類型正好是與太昊時代相對應的考古學文化，而火曆又與二十八宿有密切關係。這就說明，後天八卦的確也有可能是在中國新石器時代創製的。

可是，到今天為止，我們在新石器時代各種考古文化中始終都沒有找到後天八卦的痕跡。在這種情況下，我們只好暫時假定，後天八卦是文王創造的。等有了新的考古發現，再作訂正，也不為遲。有關後天八卦的文字記載，

首先見於《說卦傳》。就圖形來說，首先於經王振鐸先生
復原的漢代司南上。漢代以後，就傳佈很廣了。

　　過去，有不少學者藉口後天八卦結構不合理，力圖把
後天八卦全面加以否定。這是一種過激主義的表現。我們認
為，後天八卦具有偉大的認識價值。它雖然在結構上不夠完
善，但畢竟瑕不掩瑜。它和伏羲八卦，連山八卦，歸藏八卦
一起，共同構成中國文化史上的四顆千古燦爛的明珠。

　　後天八卦的偉大認識價值在於，它給我們指明了現實
世界的四象卦方向。文王當年被殷紂王囚禁在羑里（現今
河南省安陽市城南十五公里處）的監獄中，長達七年之
久。在這一時期中，文王一方面為國家的命運憂心忡忡，
另一方面又潛心研究易理，探究天地之道。他發現不論是
伏羲八卦，連山八卦，還是歸藏八卦，都含有四象格局，
如下列示意圖所示：

☰ ☱ ☲ ☳　　☴ ☵ ☶ ☷

(一)伏羲八卦

乾　兌　離　震　　巽　坎　艮　坤

☷ ☶ ☵ ☴　　☳ ☲ ☱ ☰

(二)連山八卦

（伏羲卦系）乾　震　坎　艮　　兌　離　巽　坤

☰ ☳ ☵ ☶　　☱ ☲ ☴ ☷

(三)歸藏八卦

（太昊卦系）乾　艮　坎　震　　巽　離　兌　坤

接著，文王又發現，如果從四象角度來觀察，連山八卦和歸藏八卦中潛藏著的四象格局，同月相的順序，四季的順序，東北西南四方的格局以及其他自然現象，不相符合。

與此同時，文王又發現後天八卦中暗藏的四象格局倒是同月相變化，四時迭代，四方位順序等自然現象，完全一致。請看下面的示意圖：

(四)後天八卦(太昊卦系)

接著

後天八卦中暗藏的四象格局也確實符合「共軛相生」原理，可以循環運動。

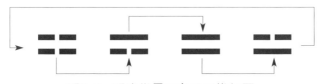

圖7-3　現實世界四象格局進行圖

所謂「共軛相生」原理是指，兩個卦象，如果有共同基礎，並在此基礎上分陰分陽，那麼，這兩種卦象就可以互相轉化。

如太陰和少陽，在下爻同根，在上爻分陰分陽，因而

可以互相轉化。又如，少陽和太陽，在上爻同根，在下爻分陰分陽，因而可以互相轉化。如此類推。

正是由於以上所說的原因，文王才在《繫辭傳》中明確指出：「易有四象，所以示也。」他的意思是說，後天八卦中暗藏的四象格局可以顯示日月星辰相對運動的規律。文王的這段話啟發了宋代邵雍對四象格局的進一步研究。文王的研究成果和邵雍的研究成果又啟發我們創製了伏羲四象卦。❹

這就是文王對中華易學的偉大貢獻。每當我們回顧這段歷史的時候，我們都不禁為我們祖先驚人的智慧感到自豪。我們要感謝我們的祖先在好幾千年以前就創始了博大精深的易學文化，經過歷代的努力，使我們終於有可能在今天著手創建現代形態的東方辯證法體系，從而對世界文明再一次做出中華民族所特有的貢獻。

【註釋】

❶田合祿：「八卦圖——遠古中國的曆法，載《周易與現代化》（七）」，中州古籍出版社，1996年。

❷趙永恒和王先勝：「關於中國古代文明的通信」，象牙塔網絡，2004.4.24。

❸同註❷。

❹我在《東方辯證法》（第一版）中犯了一個嚴重的錯誤，那就是輕率地否定了河圖洛書的辯證邏輯意義。後來，經過長期的深入研究，我才揭開了河圖洛書的秘密，並且發現創製伏羲四象卦的不是我，而是我們8000年前的祖先第一代神農氏。在這以前，我一直以為，我是靠自己的公理系

統推導出伏羲四象卦的。現在看來，我是「貪天之功而據爲己有」了。爲了記錄這段令我汗顏的小插曲，我特地在這裏保留了「創製」二字，以便時時刻刻警惕自己：我們任何時候都不能低估我們祖先的高深智慧。

第八章　解開《易經》卦序之謎

本文內容提要

在我們看來，《易經》卦序設計者的思路和工作程式應該是這樣的：

第一道工序：按照反身對稱原則或正反對稱原則，把64卦分為32個2元卦組。在這方面，設計者受到甲骨文左右或上下對稱書寫習慣的深刻影響。我們不應該責怪設計者沒有認識到現實世界的流行原則是正反對稱。因為直到21世紀初葉，西方物理學界仍然認為現實世界的流行原則是左右對稱（即反身對稱），並不比《易經》卦序設計者高明多少。

第二道工序：利用陰卦和陽卦的對立，人為地設計了上檔陰陽卦之比為13：19、下檔陰陽卦之比為19：13的原則及其陰陽卦分佈模式（圖8-2），以象徵古陰陽曆一年有13個月的特點。

第三道工序：根據古陰陽曆曆法的規律，利用32元素內外循環圖（十三進制）（圖8-4）設計了「易緯卦碼表」（圖8-10，圖8-11）。這個易緯卦碼表是自然形成的，沒有任何人為干預的因素。

第四道工序：利用錯卦特別卦和重卦法特別卦的對立，模仿連山64卦卦序圖中暗藏的「三足鼎圖」（圖

8–27），在《易經》卦序圖中也人為地設計了一個類似的「三足鼎圖」（圖8–2），以反映一年四季中太陽出沒的不同方位。所謂錯卦特別卦就是「乾、否、坤、泰、歸妹、小過、漸、中孚、離、未濟、坎、既濟、隨、大過、蠱、頤」等16卦。所謂重卦法特別卦就是「大有、同人、師、比、需、訟、明夷、晉、兌、巽、震、艮、損、益、恒、咸」等16卦。這兩組特別卦所以稱為特別卦，是因為利用這兩組當中任何一組的16個卦，都可以以交卦的方式控制另外48卦。

第五道工序：利用乾坤類互體卦和兩濟（既濟、未濟）類互體卦的對立（圖8–20），模仿歸藏64卦卦序圖中暗藏的「天山圖」（圖8–25），在《易經》卦序圖中也人為地設計了一個類似的「天山圖」（圖8–2），以象徵中國古人的天圓地方觀念。

第六道工序：利用對於交卦和各種對稱形式的知識，設計了科學準確的易卦四象表，以便在嚴格符合13：19的陰陽卦比例和分佈模式以及「三足鼎圖」和「天山圖」的基礎上，把四象表中的各二元卦組按照順序填入易緯卦碼表，以求得各二元卦組在易緯卦碼表中的卦位。但是，在執行過程中，設計人遇到了很多困難，以致不得不利用各種巫術觀念，把四象表中各二元卦組的順序大加調整。其結果，就形成了通行本《易經》卦序圖。至此，困擾中國歷代學者近三千年的《易經》卦序之謎，終於解開了。《易經》卦序圖上每一卦為什麼處在現在的位置，都得到了可以理解的說明。而且，為什麼《易經》上經有30卦、下經卻有34卦，也得到了說明。

　　我們的結論是，《易經》卦序既是古陰陽曆曆法規律
和巫術思維的共同產物，又是高度智慧的產物。那麼，那
位知識廣博又具有高度智慧的設計師，他究竟是誰呢？看
來是非文王姬昌莫屬了。而且，《繫辭傳》的主要作者也
非文王姬昌莫屬了。

　　【作者重要說明】由於本文技術性太強、篇幅又長，
一般讀者只需閱讀「本文內容提要」即可，只有易學研究
者才需要全文閱讀正文。

正　文

　　三千年以來，《易經》64卦卦序一直是一個說不清道
不明的謎團。《易傳‧序卦傳》從人文角度出發，對《易
經》卦序作了一番解釋，但顯然不能令人滿意；現代學者
歐陽維誠從數學角度出發，也對《易經》卦序作了一番解
釋，同樣也不能令人滿意。

　　在現代人看來，《易經》卦序，雜亂無章，簡直毫無
規律可言。❶但是，我始終相信，我們的先人這樣安排
《易經》卦序，必然有他們的一番道理。因此，我認為，
解開《易經》卦序之謎，首先是我們對《易經》這部世界
第一文化寶典所應盡的職責，而且，更重要的是，解開
《易經》卦序之謎，肯定有利於破除現代中國人頭腦中根
深蒂固的巫術思維習慣。

148

　　由於各種因緣際會，我成為解開《易經》卦序之謎的
第一人。但是，這並不能說明我的智商特別高，而只能說
明我特別幸運。

　　1994年，我有幸參加了在河南省鞏義市召開的「河洛

文明學術研討會」，並且有幸在會上結識了日本易經學者林慶信先生。林先生送給我一本書，書名叫《聖人偉大之遺言第四卷：三世代河圖洛書》。❷東方辯證法有很多課題需要研究。在完成其他課題之後，我開始對貌似不可攻破的最後一道雄關——《易經》卦序之謎——發起攻擊。為此，我找來林先生的著作，仔細加以研究，發現他的思路非常正確。

這樣，在林先生研究成果的基礎上，我作了進一步的努力，終於解開這個謎團。在這方面，林先生功不可沒。如果要說得更準確一些，就應該說，這個謎團的破解是我們兩人共同努力的結果。

林先生的思路，說來也很簡單。那就是：從結果追溯原因，從已知的事實推出未知的事實。那麼，就《易經》卦序之謎而論，什麼是「已知的事實」呢？主要是伏羲64卦卦序圖和《易經》64卦卦序圖。林先生就從這兩張64卦卦序圖出發，開始了他的探險歷程。

首先，他把這兩張卦序圖仔細加以比較，發現在這兩張卦序圖中，陰陽卦的分佈模式發生了有規律的變化。在伏羲64卦卦序圖中，上檔有陽卦16個，陰卦16個（在圖8-1中，由32個小白格組成的部分叫上檔），下檔也有陽卦16個，陰卦16個（在圖8-1中，由32個小灰格組成的部分叫下檔）。而在《易經》64卦卦序圖中，上檔有陽卦19個，陰卦13個，下檔有陽卦13個，陰卦19個。

那麼《易經》卦序圖中的13和19兩個數字又象徵著什麼呢？林先生認為，13顯然象徵著古陰陽曆中的一年13個月，19顯然象徵著古陰陽曆的1章（19年）。據林先生

149

泰	大畜	需	小畜	大壯	大有	夬	乾	
臨	損	節	中孚	歸妹	睽	兌	履	上檔
明夷	賁	既濟	家人	豐	離	革	同人	
復	頤	屯	益	震	噬嗑	隨	無妄	
升	蠱	井	巽	恆	鼎	大過	姤	
師	蒙	坎	渙	解	未濟	困	訟	下檔
謙	艮	蹇	漸	小過	旅	咸	遯	
坤	剝	比	觀	豫	晉	萃	否	

圖8-1 伏羲六十四卦卦序圖

19卦　13卦

巽	革	損	遯	無妄	隨	小畜	乾	
兌	鼎	益	大壯	大畜	蠱	履	坤	19卦
渙	震	夬	晉	頤	臨	泰	屯	
節	艮	姤	明夷	大過	觀	否	蒙	13卦
中孚	漸	萃	家人	坎	噬嗑	同人	需	
小過	歸妹	升	睽	離	賁	大有	訟	13卦
既濟	豐	困	蹇	咸	剝	謙	師	
未濟	旅	井	解	恆	復	豫	比	19卦

13卦　19卦

圖8-2 易經六十四卦卦序圖

計算，古陰陽曆一年13個月共有383.89765天，約等於384天。這恰好可以和64卦的384爻相匹配。因此，林先生認為，《易經》卦序的排列和古陰陽曆有密切關係。

接著，林先生進一步研究了古陰陽曆的曆法特點，並設計了「六十四卦法」和「三十二卦組法」來表達古陰陽曆的特點。在這裏，為了節省篇幅，我們對六十四卦法不加以論述，只對三十二卦組法作一些介紹。為什麼呢？這是因為三十二卦組法最符合《易經》卦序的特點。

大家知道，《易經》把64卦分成32組，每組兩卦。這32組又分成兩大類型：1. 反身對稱型，共計24組；2. 正反對稱型，共計8組。

在反身對稱型中，兩卦卦畫互為反身對稱，易學術語稱之為「互為綜卦」，又稱之為「互為覆卦」。例如，夬卦的卦畫是☱，姤卦的卦畫是☴。把夬卦翻過來就是姤卦，把姤卦翻過來就是夬卦。在正反對稱型中，兩卦卦畫互為正反對稱，易學術語稱之為「互為錯卦」，又稱之為「互為對卦」。例如，離卦的卦畫是☲，坎卦的卦畫是☵。對離卦卦畫進行「陰爻變陽爻」和「陽爻變陰爻」的操作，離卦就變成了坎卦；對坎卦進行同樣的操作，坎卦就變成了離卦。

林先生把這8組正反對稱型的易卦稱之為「錯卦特別卦」，中國著名易學家邵雍稱之為「乾坤十六卦」。這8個二元卦組又可以兩兩組合，形成4個四元卦組。其具體組合方法如下：

	太陽	少陰	太陰	少陽
1.	乾	否	坤	泰

2. 歸妹　　小過　　漸　　　中孚
3. 離　　　未濟　　坎　　　既濟
4. 隨　　　大過　　蠱　　　頤

　　我們把這四個卦組稱之為四元交卦卦組。四元交卦卦組的最大特點是，各組中的四個卦互為交卦。什麼叫交卦呢？把一個四元卦組的四卦放在正方形的四個角上，取任一對角線上的兩卦為主卦，下餘兩卦便處在由主卦伸出的兩條直線的交叉點上。這時，我們就說兩個非主卦是兩個主卦的「交卦」。

　　「交」是雜交的意思。雜交的具體方法是：取任一主卦為起始環節，則對角線上的另一主卦就是終止環節。由起始環節到終止環節按順時針方向或逆時針方向進行。這時，取起始環節的上卦，再取終止環節的下卦，合在一起便組成交卦。例如：

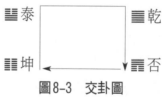

圖8-3　交卦圖

　　這裏需要特別指出，16個錯卦特別卦在64卦中是最重要的一組卦。第一個原因是，這16個錯卦特別卦彼此互相雜交，就可以得出另外48卦。這就是說，使用這16個卦就可以控制另外48卦。第二個原因是，正反對稱是現實世界流行的主要對稱形式。總之，正是由於《易經》把64卦分為32組，我們才著重介紹三十二卦組法。

下面，我們就對三十二卦組法的內容，作一簡要介紹。為了表達古陰陽曆一年13個月的特點，林先生設計了一個十三進制的32元素週期循環圖，如圖8-4所示。

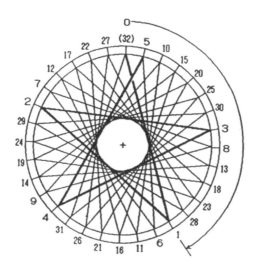

圖8-4　32元素週期循環圖

這種32元素週期循環圖的特點是，從「0」運行到「1」，中間相隔13個元素，從「1」運行到「2」也是如此，如此等等。我們從「0」出發，每運行一位，就按自然數順序，在外圈上記一個數碼，結果，在外圈上就出現了一個從「0」到「27」的數碼序列，我們不妨稱之為「易緯數列」。

林先生還發現，圖中出現了一個近似的五角星圖形。這就是古代人的「五行相生」和「五行相剋」觀念的來源。這個圖中的內循環是按五行相剋的順序運行的。這說明，這個數列可以按五行相剋順序排成五行。

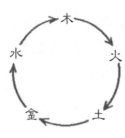

圖8-5　五行生剋圖

0行	0	5	10	15	20	25	30
1行	3	8	13	18	23	28	
2行	1	6	11	16	21	26	31
3行	4	9	14	19	24	29	
4行	2	7	12	17	22	27	

　　如果我們把易緯數列的數位按照其順序依次填入劃分成32卦組的《易經》卦序圖中，我們就得出了易緯卦碼表，如圖8-6中的數字所示。

3	30	25	20	15	5章 10	5	乾 0 坤
11	6	1	28	2章 23	18	1年 13	8
3章 19 5月	4章 14 7月	9 9月	4 11 月	31 13 月	26	21	16
1章 27 2月	22 4月	17 6月	12 8月	7 10 月	2 12 月	29 1月	24 3月

圖8-6　易緯卦碼表

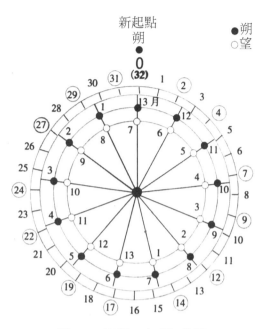

圖8-7　朔望日出現規律圖

　　應該說，《易經》卦序圖中有兩套卦碼表。一套是明的，分成64卦，按經向排列：乾1，坤2，屯3，蒙4……如此等等。《易經》文本中採取了這種編碼方式。還有一套暗的，就是易緯卦碼表，分成32卦組，按緯向排列。

　　接著，林先生又研究了古陰陽曆13個月中「朔」「望」出現的日期，並把他的研究成果繪成圖8-7。在圖8-7中，外圈的數字代表日期（初一到三十），黑圓點代表「朔」，白圓點代表「望」。

　　以後，他又把13個月中朔、望出現的日期編成一個表格，見圖8-8。

　　再往後，他又把13個月中朔、望出現的日期標注在13進制的32元素週期循環圖上，見圖8-9。

●10 ⑦ ○4	6	5	●11 ④ ○5	3	●12 ② ○6	1	●0 ⓪ (32) ← 緯
15	●7 ⑦ ○1	13	●8 ⑫ ○2	11	10	●9 ⑨ ○3	8
23	●4 ㉒ ○11	21	20	●5 ⑲ ○12	18	●6 ⑰ ○13	16
●13 ㉛ ○7	30	●1 ㉙ ○8	28	●2 ㉗ ○9	26	25	●3 ㉔ ○10

圖8-8　朔望日出現規律與易緯卦碼表

在圖8-9中，出現了奇數月和偶數月兩個系列。為什麼會這樣呢？這是因為在13進制的32元素週期循環圖（圖8-4）中，奇數和偶數總是出現在大致互相對立的位置。其結果，也就出現了奇數月和偶數月兩個序列。

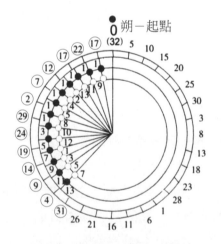

圖8-9　朔望日出現規律圖

最後，林先生又提供了一些天文學統計數字，來證明易緯卦碼表的確反映了古陰陽曆的曆法特點。請參看圖8-10和圖8-11及後面所附的天文學統計數字。

3	30	25	20	15	10 5章	5	乾 0 坤
11	6	1	28	23 2章	18	13 1年	8
19 3章	14 4章	9	4	31	26	21	16
27 1章	22	17	12	7	2	29	24

曆法起點 ←

■ 錯卦（特別卦）

圖8-10　錯卦特別卦與易緯卦碼表

章	月數	平均日數	三十二法
0	0	0	0
1	235月	6939.68841	27.68841
2	470月	13879.37682	23.37682
3	705月	20819.06523	19.06523
4	940月	27758.75364	14.75364
5	1175月	34698.44208	10.44205
	1年	365.24219	13.24219

★ 中國古陰陽曆　1章＝235月＝19年

★★ 平均日數除以32所剩的餘數等於「三十二法」欄中的數位。

157

3	30	25	20	15	10	5	乾 0 坤
11	6	1	28	23	18	13	8
19 5月	14 7月	9 9月	4 11月	31 13月	26	21	16
27 2月	22 4月	17 6月	12 8月	7 10月	2 12月	29 1月	24 3月

曆法起點 ←

圖8-11　古陰陽曆月份與易緯卦碼表

月數	平均日數	三十二法
0	0	0
1月	29.530589	29.530589
2月	59.061178	27.061178
3月	88.591767	24.591767
4月	118.122356	22.122356
5月	147.652945	19.652945
6月	177.183534	17.183534
7月	206.714123	14.714123
8月	236.244712	12.244712
9月	265.775301	9.775301
10月	295.305890	7.305890
11月	324.836479	4.836479
12月	354.367068	2.367068
13月	384.897657	31.897657
14月	413.428246	29.428246

　　不難看出，圖8-10中有8個特殊卦位。這些特殊卦位元是根據天文學統計資料確定的。為了敘述的方便，我們需要預先指出，《易經》卦序設計人把16錯卦特別卦所組成8個二元卦組安排在這8個特殊卦位上，那是一種人為干預的因素。我曾經設計過多種方案，採取符合自然順序的方法編碼，看看那8個錯卦特別卦卦組能不能全部落到那8個特殊卦位上。

　　事實證明，在那8個錯卦特別卦卦組中，只有4個卦組可以落到那些特殊卦位上。要想使8個錯卦特別卦卦組自然而然地全部落到那8個特殊卦位上，是根本不可能

泰	大畜	需	小畜	大壯	大有	夬	乾
臨	損	節	中孚	歸妹	睽	兌	履
明夷	賁	既濟	家人	豐	離	革	同人
復	頤	屯	益	震	噬嗑	隨	無妄
升	蠱	井	巽	恆	鼎	大過	姤
師	蒙	坎	渙	解	未濟	困	訟
謙	艮	蹇	漸	小過	旅	咸	遯
坤	剝	比	觀	豫	晉	萃	否

■錯卦(特別卦)–16卦　　■重卦法特別卦–16卦
○　　　　　　　　　　　◎

**圖8-12　錯卦特別卦和重卦法特別卦
在伏羲六十四卦卦序圖中的分布**

巽/兌 3	革/鼎 30	損/益 25	遯/大壯 20	無妄/大畜 15	隨/蠱 10	小畜/履 5	乾/坤 0
渙/節 11	震/艮 6	夬/姤 1	晉/明夷 28	頤/大過 23	臨/觀 18	泰/否 13	屯/蒙 8
中孚/小過 19	漸/歸妹 14	萃/升 9	家人/睽 4	坎/離 31	噬嗑/賁 26	同人/大有 21	需/訟 16
既濟/未濟 27	豐/旅 22	困/井 17	蹇/解 12	咸/恆 7	剝/復 2	謙/豫 29	師/比 24

■錯卦(特別卦)8組　　■重卦法特別8組

**圖8-13　錯卦特別卦和重卦法特別卦
在易經六十四卦卦序圖中的分布**

的，除非進行人為干預。

根據以上情況，林先生提出了第一項原則。這條原則可以表述如下：《易經》64卦卦序圖必須符合圖8-2所包含的陰陽卦比例和分佈模式，即圖8-2中暗藏的易緯碼表。

接著，林先生又提出了第二項原則。這項原則的具體內容如何，我們放在後面去談。這裏先請讀者對上面的兩幅圖（即圖8-12和圖8-13）進行一番仔細的對比研究。

圖8-12是伏羲64卦卦序圖，圖8-13是《易經》64卦卦序圖。在伏羲64卦卦序圖中，灰色（密點）小方格標示的16個錯卦特別卦分佈得十分有規律。首先，乾、否、坤、泰四卦形成一個大正方形，其餘12個錯卦特別卦大致形成一個圓形。這叫「方中有圓」。

在伏羲64卦卦序圖中，還有16個用疏點方格標示的重卦法特別卦。這16個重卦法特別卦也分佈得十分有規律，具有完美的對稱性。其中有12個分佈在四個角落，分別同乾、否、坤、泰四卦一起大致形成四個等腰三角形。還有四個處在12個錯卦特別卦所大致形成的圓的中心，構成一個小正方形。這叫「圓中有方」。

中國古代人的「天圓地方」觀念，就來源於此。但是，不管是方中有圓也好，圓中有方也好，都是天然形成的，不帶有任何人為成分。

現在，我們再來看《易經》64卦卦序圖。在這個圖中，8組錯卦特別卦的分佈有一定程度的對稱性，但那是把8個錯卦特別卦卦組人為地全部安排到8個特殊卦位上的結果。8組重卦法特別卦和8組錯卦特別卦之間也有很好的對稱性，但那更是人為安排的結果。

《易經》64卦卦序的設計者有意地人為安排這樣對稱，其目的何在？林先生認為，其目的是要使《易經》64卦卦序圖中隱隱出現一個三足鼎圖形，如圖8-14所示：

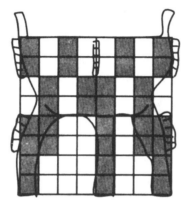

圖8-14　易經六十四卦卦序圖中的三足鼎圖形

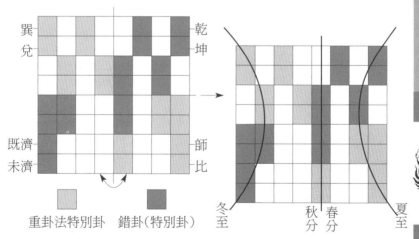

圖8-15　兩種特別卦對稱圖　　圖8-16　三足鼎圖的天文根據

林先生把這個圖形稱做「二世代河圖」。我們把這個圖形稱做「三足鼎圖」。它標示的實際上是一年四季日出日落

的方位，如圖8–17所示：

中國古籍中也有這方面的記載。例如，《淮南子·天文訓》中就說：「日冬至峻狼之山，日移一度，凡行百八十二度八分度之五；日夏至牛首之山，反覆三百六十五度四分度之一，而成一歲」。

根據以上所述，我們可以把第二項原則的具體內容總結如下：《易經》64卦卦序圖中必須暗藏有「三足鼎圖」。

在第二項原則項下，我們還需要談談重卦法特別卦的特點，以加深讀者對重卦法特別卦的印象。首先談談什麼叫重卦法。重卦法把每一個六爻卦

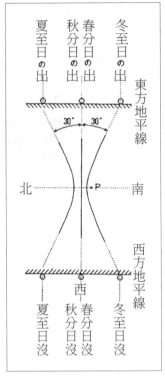

圖8-17 四季日出日落方位圖

都看成是由上下兩個三爻卦組成的。例如：我們可以把☱☰卦看成是由兌卦☱（上卦）和乾卦☰（下卦）組成的。全部64卦都可以看作是由8個八卦兩兩相重形成的。這就叫重卦。重卦法特別卦是由64卦中特地挑選出來的。它們是大有、兌、同人、訟、咸、晉、比、艮、師、明夷、損、需、震、恆、巽、益，共16個卦。它們所以成為特別卦，是因為它們兩兩雜交，可以形成其餘的48卦。利用這16卦，可以控制另外48卦。所以，這16個重卦法特別卦首先具有交卦性質。作為交卦，它們的排列順序應為：

1. 大有　　需　　比　　晉
2. 兌　　　咸　　艮　　損
3. 同人　　訟　　師　　明夷
4. 益　　　巽　　恒　　震

但是，16個重卦法特別卦還具有對稱性質。我們把它們分成四組。每組的四個卦可以具有不同形式的對稱關係。例如：

䷞ 咸	䷟ 恒
䷨ 損	䷩ 益

圖8-18　對稱關係實例

在圖8-18中，左右兩卦互為反身對稱，上下兩卦互為正反對稱，對角線上的兩卦互為反身反對稱。

那麼，在這兩種性質中，應以哪一種性質為主呢？我們認為，對稱關係是重卦法特別卦的主要性質。

作為對稱卦，它們的排列順序應為：

1. 大有　　同人　　師　　比
2. 需　　　訟　　　明夷　晉
3. 兌　　　巽　　　震　　艮
4. 損　　　益　　　恒　　咸

下面，我們來談談第三項原則。第三項原則同互體卦有關。因此，我們必須首先談談什麼叫互體卦。如果我們把一個六爻卦中的二、三、四爻當作下卦，把三、四、五

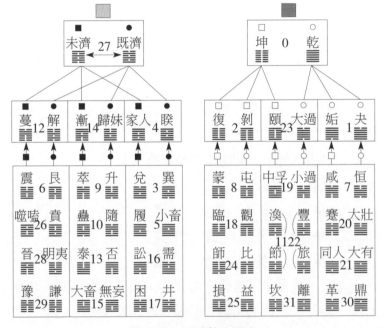

本卦　　　　　　　　互體卦

漸卦　　　　　　　　未濟卦

豹象［］互體　→　豹象［］互體

圖5-19　互體卦實例

爻當做上卦的話，我們就可以用這個上卦和這個下卦重新組成一個新的六爻卦。這個新的六爻卦就叫互體卦。互體卦又稱互卦，約象。請看下面的例子。

互體卦可以分為兩大類：（一）乾坤類；（二）兩濟類（即既濟未濟類之簡稱）。請看下面的分類表。

圖8-20　互體卦分類表

泰	大畜	需	小畜	大壯	大有	夬	乾		4組	8組 (16卦)
臨	損	節	中孚	歸妹	睽	兌	履		4組	8組 (16卦)
明夷	賁	既濟	家人	豐	離	革	同人		4組	
復	頤	屯	益	震	噬嗑	隨	無妄		4組	
升	蠱	井	巽	恒	鼎	大過	姤		4組	8組 (16卦)
師	蒙	坎	渙	解	未濟	困	訟		4組	8組 (16卦)
謙	艮	蹇	漸	小過	旅	咸	遯		4組	
坤	剝	比	觀	豫	晉	萃	否		4組	

■ 8組（16卦）	■ 8組（16卦）
▨ 8組（16卦）	▨ 8組（16卦）

圖8-21　伏羲六十四卦卦序圖中的互體卦分布

　　下面，我們再看乾坤類互體卦和兩濟類互體卦在伏羲64卦卦序圖和《易經》64卦卦序圖中的分佈模式。

　　由圖8-21中可以看出，乾坤類互體卦和兩濟類互體卦在伏羲64卦卦序圖中的分佈模式具有完美的對稱性。這種分佈模式是天然形成的，不具有任何人為性質。

　　從圖8-22中可以看出，乾坤類互體卦和兩濟類互體卦在《易經》64卦卦序圖中的分佈模式，也具有高度的對稱性。但是，這種分佈模式主要是人為安排的結果。人為安排的目的是要使《易經》64卦卦序圖中出現一定的圖形。這個圖形，我稱之為「天山圖」，林先生稱之為「山字圖」。這個圖形象徵著「天圓地方」。

三十二法番號

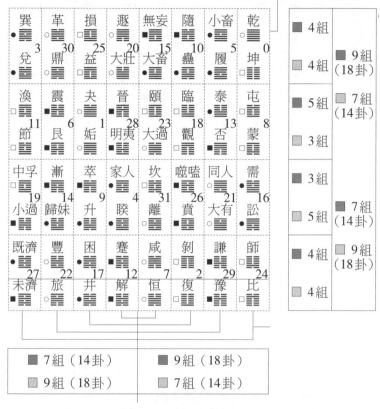

圖8-22　易經六十四卦卦序圖中的互體卦分布

166

　　湖南省長沙市仰天湖25號墓出土過一件四山鏡（山字鏡）。該銅鏡是春秋晚期到戰國時代的文物。銅鏡上面的圖形（見圖8-23）足可以證明「天山圖」的確象徵著天圓地方。

　　根據以上所述，我們可以把第三項原則的具體內容總結如下：《易經》64卦卦序圖中必須暗藏有「天山圖」，以象徵天圓地方。

最後，我們來談談第四項原則。這項原則與四象表有關。因此，我們首先來談四象表。《繫辭傳》中說：「易有四象，所以示也」。這句話實際上就在暗示：要研究《易經》卦序問題，就不能不研究四象表問題。這句話還說明，交卦關係和對稱關係都是四象（太陰、少陽、太陽、少陰）關係的表現形式。

四山鏡

四山鏡（山字鏡）春秋晚期～戰國時代

圖8-23　四山鏡圖

在第四項原則項下，林先生設計了一個四象表。這個四象表有一些缺點，還不能解開《易經》卦序之謎。我在林先生研究成果的基礎上遵循交卦關係和對稱關係都是四象關係的表現形式這一原理，把林先生的四象表加以調整，結果，一下子就徹底解開了《易經》卦序之謎。在解謎的過程中，林先生提出了第一、二、三、四項原則，貢獻很大。我所起的作用僅限於調整第四原則下的四象表，但這一作用很像「壓在駱駝背上的最後一根稻草」。這根稻草的重量雖然微不足道，卻在最後一刻，一下子把龐然大物的駱駝壓垮在地。借用牛頓的話來說，林先生是一位巨人，我是踏在巨人肩膀上攀上險峰的。

下面是經過調整的四象表。

四象表排序規則共有五條。

類型　編號	1	2	3	4
	太陽	少陰	少陽	太陰
（1）	乾	否	泰	坤
（1）	歸妹	小過	中孚	漸
（3）	離	未濟	既濟	坎
（4）	隨	大過	頤	蠱
1	夬	姤	復	剝
★2	大有	同人	師	比
3	大壯	遯	臨	觀
4	小畜	履	謙	豫
★5	需	訟	明夷	晉
6	大畜	無妄	升	萃
★7	兌	巽	震	艮
8	睽	家人	解	蹇
9	節	渙	豐	旅
★10	損	益	恒	咸
11	革	鼎	屯	蒙
12	賁	噬嗑	井	困

【附注】★形符號標出的4個四元組是重卦法特別卦。

1. 按照對稱關係跟現實世界四象格局同構的原理安排各四元組內部四卦的順序。

2. 按照伏羲64卦編碼順序安排各二元卦組內部兩卦的順序。

3. 四組重卦法特別卦按其主要性質，歸入對稱組，而不歸入交卦組。

4. 四個交卦組比較特別，應按照理想世界四象格局單獨排序，並置於四象表之首（附帶說一下，這就留下了人

為干預的機會）。

5. 不論交卦組還是對稱組，各四元組都應以其第一卦為準，嚴格按照伏羲64卦編碼順序排序。

實踐證明，只有嚴格按照上述五條規則辦事，才能保證四象表的科學性和準確性。

《易經》卦序之謎馬上就要在第四原則項下解開了。按照我們的思路，我們應該按照下列六個步驟進行。

第一步：編制科學準確的四象表。

第二步：把8個二元交卦卦組排入易緯卦碼表的8個特殊卦位，即0號卦位，13號卦位，10號卦位，23號卦位，14號卦位，19號卦位，3l號卦位和27號卦位（我們前面說過，這種做法中含有人為干預因素）。

第三步：首先把四象表第一表中4個「太陽、太陰」型二元卦組歸入上檔，4個「少陽、少陰」型二元卦組歸入下檔。其次再把第2表中左側的12個二元卦組歸入上檔，右側的12個二元卦組歸入下檔，分別統計上下檔陰陽卦的比例。再看看這種比例是否符合第一項原則所要求的比例。如不符合，就需要在上下檔之間進行二元卦組的相互調劑，直到符合要求為止。

第四步：把上下檔各二元卦組依次逐一填入易緯卦碼表中的各卦位。如果有關卦位被其他卦組先期佔領，則越過該卦位，填入下一卦位。在填卦位的過程中，要根據第二、三項原則的要求或有關卦組的特點和卦爻辭內容，隨時隨地調整有關卦組的卦位。

第五步：在卦位填滿以後，要對照圖8-2進行復查，看看是否有不符之處。如有不符之處，要查明原因，重新

調整有關卦組的卦位。

第六步：仔細檢查各二元卦組內部兩卦的順序是否與圖8-2相符。如有不符之處，予以調整。

在這六個步驟完成以後，我們也就得到一幅與圖8-2一模一樣的《易經》卦序圖了。

到現在為止，我們已經完成第一個步驟：制訂科學準確的四象表。

為了幫助讀者瞭解各卦組為什麼處在今天的位置，特根據第二、三項原則，制訂「各卦位對卦組性質的要求一覽表」如下：

重卦法特別卦 ③ 兩濟類互體卦	㉚ 乾坤類互體卦	重卦法特別卦 ㉕ 乾坤類互體卦	⑳ 乾坤類互體卦	⑮ 兩濟類互體卦	錯卦特別卦 ⑩ 兩濟類互體卦	⑤ 兩濟類互體卦	錯卦特別卦 ⓪ 乾坤類互體卦
⑪ 乾坤類互體卦	重卦法特別卦 ⑥ 兩濟類互體卦	① 乾坤類互體卦	重卦法特別卦 ㉘ 兩濟類互體卦	錯卦特別卦 ㉓ 乾坤類互體卦	⑱ 乾坤類互體卦	錯卦特別卦 ⑬ 兩濟類互體卦	⑧ 乾坤類互體卦
錯卦特別卦 ⑲ 乾坤類互體卦	重卦法特別卦 ⑭ 兩濟類互體卦	⑨ 兩濟類互體卦	④ 兩濟類互體卦	錯卦特別卦 ㉛ 乾坤類互體卦	㉖ 兩濟類互體卦	重卦法特別卦 ㉑ 乾坤類互體卦	重卦法特別卦 ⑯ 兩濟類互體卦
錯卦特別卦 ㉗ 兩濟類互體卦	㉒ 乾坤類互體卦	⑰ 兩濟類互體卦	⑫ 兩濟類互體卦	重卦法特別卦 ⑦ 乾坤類互體卦	② 乾坤類互體卦	㉙ 兩濟類互體卦	重卦法特別卦 ㉔ 乾坤類互體卦

　　現在，讓我們開始進行第二個步驟：安排8個交卦卦組（即錯卦特別卦卦組）進入8個特殊卦位。在這以前，我們首先要把四象表第一表中四個四元交卦卦組的順序加以調整。為什麼呢？

　　理由是：乾卦象徵龍，即領袖人物，隨卦的內涵是「追隨」。追隨誰呢？當然要追隨領袖人物。因此，要把第四行的「隨、大過、頤、蠱」卦組移到第一行的「乾、否、泰、坤」卦組下面。這當然是巫術思維。在現代人看來，這有點可笑。可是，三千年前的古人就是鄭重其事地這樣想這樣做的。

　　完成這一調整工作以後，我們就可以安排各交卦卦組進駐卦位了。「乾、坤」卦組在0號卦位上原地不動。「泰、否」卦組，按照毗鄰原則，進駐13號卦位。「隨、蠱」卦組進駐10號卦位。「頤、大過」卦組，依照毗鄰原則，進駐23號卦位。「歸妹、漸」卦組進駐14號卦位，「中孚、小過」卦組進駐19號卦位。最後，「離、坎」卦組進駐31號卦位，「既濟、未濟」卦組進駐27號卦位。至此，第二步驟進行完畢。

　　現在進行第三步驟：歸檔，調整。歸檔之後，我們對上下檔陰陽卦之比進行了計算。計算結果表明，上檔有陽卦22個，陰卦10個，下檔有陽卦10個，陰卦22個。這種l0與22之比，同第一項原則所要求的13與19之比不相符合。因此，上檔需要向下檔索取四個二元卦組，下檔也需要向上檔索取四個二元卦組，以求達到13比19的要求。

　　為什麼上下檔互相從對方引進的二元卦組的數目不多不少，正好是四個呢？表面上的理由是：「取四象之

數」。實際上是為了讓挑選者有更大迴旋餘地。挑選的標準就是第二、三項原則的要求。

我們經過綜合研究，查明上檔需要從對方引進兩個乾坤類卦組，兩個兩濟類兼重卦類卦組（所謂重卦類係指重卦法特別卦類，下同）；下檔需要從對方引進兩個兩濟類卦組，一個兩濟類兼重卦類卦組和一個乾坤類兼重卦類卦組。如果有好幾個卦組符合上述條件，排序在後者優先。

根據以上具體標準，經過反覆甄別，我們查明，下檔需要從上檔輸入的四個卦組，按照由後而前的順序，分別是「需、訟」卦組，「同人、大有」卦組，「噬嗑、賁」卦組和「家人、睽」卦組。上檔需要從下檔輸入的四個卦組，按照由後而前的順序，分別是「屯、蒙」卦組，「臨、觀」卦組，「震、艮」卦組和「晉、明夷」卦組。在這裏需要說明的是，本來，「屯、蒙」，「豐、旅」，「臨、觀」三個卦組都是乾坤類卦組，因而都符合要求，但是，「豐、旅」卦組是乾坤類卦組當中的「不合常規者」，因而落選。請參看圖8-20。

在圖8-20中，一般乾坤類卦組內部的兩卦都是左右排列，只有「豐、旅」卦組和「節、渙」卦組內部的兩卦是上下排列，因而，我們稱之為：「不合常規者。」

現在，我們進行第四個步驟：二元卦組各就各位。上下檔原來的各卦組是「本族人」，從對方輸入的各卦組是「外族人」。我們理應先請本族人就位，然後請外族人就位。

下面，我就對各卦組就位的情況作一番簡單的介紹。

（一）上檔「本族人」就位情況：

第一位本族人是「夬、姤」卦組。此卦組在易緯卦碼

圖中的編碼為「1」。而「乾、坤」卦組在易緯卦碼圖中的編碼為「0」。「夬、姤」卦組，就編碼而論，緊接在「乾、坤」卦組之後，完全符合伏羲64卦的順序，十分合理。因此，「夬、姤」卦組應進入1號卦位。

第二位本族人是「大有、同人」卦組。此卦組已歸入下檔，可不予考慮。

第三位本族人是「大壯、遯」卦組。此卦組本應進入5號卦位，但是，20號卦位需要一個乾坤類卦組，因此，「大壯、遯」卦組不得不進入20號卦位。

第四位本族人「小畜、履」卦組也因此得以進入5號卦位。

第五位本族人「需、訟」卦組已歸入下檔，可不予考慮。

第六位本族人「大畜、無妄」卦組跳過先期被「隨、蠱」卦組佔領的10號卦位，進入15號卦位。

第七位本族人「兌、巽」卦組本應進入20號卦位，但是，3號卦位需要一個兩濟類兼重卦類的卦組，因此，「兌、巽」卦組不得不進入3號卦位。

第八位本族人「睽、家人」卦組已歸入下檔，可不予考慮。

第九位本族人「節、渙」卦組本應進入25號卦位，但是，節卦在《易經》64卦編碼表中為第60卦。一卦6爻。$60 \times 6 = 360$。這就是說，數到節卦，恰好是一個公度年。在《帛書易經》中，節卦也是第60卦。可見，對巫術思維來說，節卦的卦位是不可隨便更動的。易經卦碼表中的第60卦相當於易緯卦碼表中的11號卦位。因此，「節、渙」

卦組應進入11號卦位。

第十位本族人「損、益」卦組因而得以進入25號卦位。25號卦位需要一個乾坤類兼重卦類的卦組，「損、益」卦組也符合這個條件。

第十一位本族人「革、鼎」卦組也隨著進入30號卦位。

第十二位本族人「賁、噬嗑」卦組已歸入下檔，可不予考慮。

（二）上檔「外族人」就位情況：

我們在前面談到上下檔各自從對方引進卦組時說過：「如果有好幾個卦組符合……條件，排序在後者優先。」這就是說，挑選者在從對方引進卦組時，總是從隊伍的尾部開始，由後向前地逐一審查對方成員的資格。一遇到自己需要的合格者，就停止搜索。因而合格者是按照由後而前的順序排序的。在引導外族人進入各自卦位的時候，也有類似情況。他們既是外族人，就比本族人低一等，只能走後門，不能走前門，連他們的卦位也只能安排在後門一帶。這類觀念在古代社會中一定十分盛行。

那麼，上下檔的正門和後門又在哪裏呢？從邏輯上來說，上檔的正門在0號卦位上，後門在11號卦位上；下檔的正門在27號卦位，後門在16號卦位上。現在，上檔的後門已經被「節、渙」卦組佔領。這就等於堵塞了上檔的後門。那怎辦呢？用巫術思維方式思考的人，如風水先生，自然會想到，就在正門附近開一個側門（8號卦位）權作後門吧。因此，我們也只好引導四位外族人走進側門，並按照他們的順序，自後而前地安排他們進入各自的卦位：「屯、蒙」卦組進入8號卦位，「臨、觀」卦組進入

18號卦位,「震、艮」卦組,按理來說,應該進入28號卦位,「晉、明夷」卦組,按理來說,應該進入6號卦位。

為什麼使用「按理來說」一語呢?這裏還有一個因素需要加以考慮。《易經》明夷卦「六二」中說:「明夷,夷於左股。」夷,傷也,破也。對巫術思維來說,這就暗示著在這裏需要「破格」。破什麼格?當然是破順序之格。破格之後,「晉、明夷」卦組實際進入28號卦位;「震、艮」卦組實際進入6號卦位,互相交換了卦位。

(三)下檔「外族人」就位情況:

為了敘述方便起見,我們先談下檔外族人就位情況。下檔的後門開在16號卦位上。我們引導這四位外族人走進後門,按照由後而前的順序進入卦位。「需、訟」卦組進入16號卦位,「同人、大有」卦組進入21號卦位,「噬嗑、賁」卦組進入26號卦位,「家人、睽」卦組進入4號卦位。

(四)下檔「本族人」就位情況:

第一位本族人是「復、剝」卦組。它在易緯卦碼表中的編碼為「2」。這一編碼和「夬、姤」卦組的編碼一樣,符合伏羲64卦的順序,十分合理。因此,「復、剝」卦組應進入2號卦位。「復、剝」卦組進入2號卦位以後,就等於樹立了一個排頭兵,其他卦組原則上都應排在它後面。

第二位本族人是「師、比」卦組。按理來說,它應該進入29號卦位。可是,24號卦位需要一個乾坤類兼重卦類的卦組,所以,它不得不進入24號卦位。它進入24號卦位以後,第三位本族人「臨、觀」卦組已歸入上檔,不予考慮。第四位本族人「謙、豫」卦組只好進入29號卦位。第五位本族人「明夷、晉」卦組已歸入上檔,可不予考

慮。第六位本族人「升、萃」卦組進入9號卦位。

排到這裏，就排不下去了。因為我們必須為外來的四個卦組留下四個空卦位。因此，我們只好折回到最後一行，再從頭開始排位。27號卦位已被佔領，只能從22號卦位開始。第七位本族人「震、艮」卦組已歸入上檔，不予考慮。第八位本族人「蹇、解」卦組是一個兩濟類卦組，而22號卦位元需要一個乾坤類卦組，只好由目前可以找到的第一個乾坤類的「豐、旅」卦組進駐22號卦位。「蹇、解」卦組本來可以進入17號卦位，但是，17號卦位右上方的4號卦位已經被「家人、睽」卦組佔領。而「家人、睽」卦組和「蹇、解」卦組合起來，恰好構成一個四象組。如果把「蹇、解」卦組安排在17號卦位上，就給人以瘸腿的印象。所以只能把「蹇、解」卦組安排在12號卦位上。恰好「蹇、解」卦組屬於兩濟類，而12號卦位也正需要一個兩濟類卦組。

第九位本族人「豐、旅」卦組已經先期進駐22號卦位，不再考慮。第十位本族人「恆、咸」卦組是一個乾坤類卦組，不能進入需要一個兩濟類卦組的17號卦位，只能進入需要一個乾坤類卦組的7號卦位。第11位本族人「屯、蒙」卦組已經歸入上檔，不再考慮。第12位本族人是「井、困」卦組。它是一個兩濟類卦組，正好填充需要一個兩濟類卦組的17號卦位。第四步驟完畢。

第五步驟：對照圖8-2，對各卦組卦位進行復查。經過復查，無誤。第五步驟完畢。

第六步驟：對照圖8-2，檢查各卦組內部兩卦順序。我們做了檢查，並作了調整。第六步驟完畢。

　　至此，困擾中國歷代學者近三千年的《易經》卦序之謎，終於解開了。《易經》卦序圖上每一卦為什麼處在現在的位置，都得到了可以理解的說明。而且，為什麼《易經》上經有30卦，下經卻有34卦，也得到了說明。原來《易經》卦序圖中組成三足鼎中間那個鼎足的有兩個卦組。其中一個卦組是「坎、離」卦組，屬於錯卦特別卦卦組，另一個卦組是「咸、恒」卦組，屬於重卦法特別卦卦組。這兩卦組上下形成對稱，同其他卦組左右形成對稱迥然不同。因此，「咸、恒」理應屬於下經。這樣一來，上經就減少到30卦，下經就增加到34卦了。

　　我們的結論是：《易經》卦序既是古陰陽曆曆法規律和巫術思維的共同產物，又是高度智慧的產物。您看，三千年前的設計者對古陰陽曆曆法規律的精確掌握，對錯卦特別卦的特點、重卦法特別卦的特點、互體卦的特點的精確掌握，對現實世界四象模式的精確掌握，對各種對稱形式的精確掌握，對「三足鼎圖」和「天山圖」的巧妙設計方法，哪一件不是高超智慧的表現？尤其是他對四象表的巧妙設計和對易緯卦碼表的巧妙設計，更使人感到震驚，可以說絲毫不遜於三千年後的現代人！

　　那麼，那位知識廣博又具有高度智慧的設計師，他究竟是誰呢？那位智者必定生活在殷代末期和西周初期，又有充分時間研究學問。他究竟是誰呢？看來是非文王姬昌莫屬了。而且，《繫辭傳》的主要原創作者也是非文王莫屬了。《繫辭傳》中有兩段文字對《易經》卦序的設計方法，作了暗示。有一段文字說：「易有四象，所以示也。」這段文字實際上是暗示：《易經》卦序的設計與四

象表有關。還有一段文字說：「其初難知，其上易知，本末也。初辭擬之，卒成之終。若夫雜物撰德，辨是與非，則非其中爻不備。」這段文字所談的實際上是互體卦。以上情況可以證明，《易經》卦序的設計者和《繫辭傳》的主要作者應該是同一位人物，即文王姬昌。

　　還有一個問題也值得我們研究。那就是，《易經》卦序的設計者文王姬昌為什麼要在《易經》卦序圖中暗藏「三足鼎圖」和「天山圖」呢？我的思路是：他絕不是心血來潮忽然想出了這兩個主意，而是肯定有先例可循。《易經》64卦只有兩個前輩：連山64卦和歸藏64卦。我們何不到連山64卦和歸藏64卦中去搜尋一下類似的圖形呢？我們在《東方辯證法・探源篇》中說過帛書八卦就是歸藏八卦，京房64卦的上卦就是連山八卦。因此，帛書《周易》的64卦就是歸藏64卦，但是，京房64卦並不是連山64卦，原因是它的下卦排列順序與連山八卦無關。

　　帛書〈周易〉64卦卦序圖如下表所示：

上卦 下卦	乾	艮	坎	震	坤	兌	離	巽
乾	乾	艮	坎	震	坤	兌	離	巽
坤	否	大畜	需	大壯	泰	夬	大有	小畜
艮	遯	剝	比	豫	謙	萃	晉	觀
兌	履	損	蹇	小過	臨	咸	旅	漸
坎	訟	蒙	節	歸妹	師	困	睽	中孚
離	同人	賁	既濟	解	明夷	革	未濟	渙
震	無妄	頤	屯	豐	復	隨	噬嗑	家人
巽	姤	蠱	井	恒	升	大過	鼎	益

圖8-24　帛書《周易》六十四卦卦序圖

　　為了便於讀者閱讀，我們把表中的卦名都改成通行本《易經》的相應卦名。如果我們把圖中上卦順序調整為「乾艮坎震巽離兌坤」，並保持下卦順序不變，就出現了下面的卦序圖：

下卦＼上卦	乾	艮	坎	震	巽	離	兌	坤
乾	乾	艮	坎	震	巽	離	兌	坤
坤	否	大畜	需	大壯	小畜	大有	夬	泰
艮	遯	剝	比	豫	觀	晉	萃	謙
兌	履	損	蹇	小過	漸	旅	咸	臨
坎	訟	蒙	節	歸妹	中孚	暌	困	師
離	同人	賁	既濟	解	渙	未濟	革	明夷
震	無妄	頤	屯	豐	家人	噬嗑	隨	復
巽	姤	蠱	井	恒	益	鼎	大過	升

圖8-25　歸藏六十四卦卦序圖

　　請讀者特別注意18個錯卦特別卦在此圖中的位置。如果我們從乾卦到坤卦畫一條直線，則否、乾、坎、離、坤、泰六卦正好組成覆蓋在大地之上的「天」，而蠱、頤、既濟、歸妹、小過、漸、中孚、未濟、隨、大過十卦正好組成一座「山」。12個重卦法特別卦構成另一座山，直插天上；另外2個重卦法特別卦構成一座「山內小山」。這正是另一種形式的「天山圖」。此卦序圖應該就是歸藏64卦卦序圖的原貌。此「天山圖」應該就是文王在《易經》卦序圖中安排「天山圖」時所遵循的先例。

　　據《國語》記載，孔子在宋國看到了《坤乾》64卦。該《坤乾》64卦應該就是此歸藏64卦。相傳「歸藏首坤」。在伏羲時代，即母系氏族社會時代，「天」由象徵

太陽光芒的符號「∧」代表，地上的女王也用符號「∧」代表；「地」由象徵地平線的符號「─」代表。進入父系氏族社會很久，很久以後，地上的帝王都變成男性，才慢慢改用符號「━」代表乾天，用符號「━」代表坤地。「∧」最後又演變為「━━」。但是，符號的改變畢竟有些滯後。

所以，在此歸藏64卦符號系統中，符號「𓊊」仍然是代表「天」，而不是「地」。

可見，此歸藏64卦符號系統是從母系氏族社會傳承下來的，源遠流長，始終未變，以致在後人看來，歸藏卦就變成「首坤」。同理，相傳，連山64卦「首艮」。其實，連山64卦中的「天」仍然是「𓊊」。因為「∧」的圖形很像山，所以就誤傳為「連山首艮」。

這裏需要指出的是，歸藏64卦（即帛書64卦）的排卦方法，有點特殊。特殊的地方在於，它的上卦是明擺在卦序圖第一行的。這種卦序圖是怎樣排出來的呢？我們可以先用常規方法排出歸藏64卦的原始卦序圖來。

上卦＼下卦	乾	艮	坎	震	巽	離	兌	坤
乾	乾	大畜	需	大壯	小畜	大有	夬	泰
坤	否	剝	比	豫	觀	晉	萃	坤
艮	遯	艮	蹇	小過	漸	旅	咸	謙
兌	履	損	節	歸妹	中孚	睽	兌	臨
坎	訟	蒙	坎	解	渙	未濟	困	師
離	同人	賁	既濟	豐	家人	離	革	明夷
震	無妄	頤	屯	震	益	噬嗑	隨	復
巽	姤	蠱	井	恒	巽	鼎	大過	升

圖8-26　歸藏六十四卦原始卦序圖

　　然後，我們再把圖中黑框所框出的「乾艮坎震巽離兌坤」8個卦抽出來，放到各列上方的空白格中去。在它們被抽出以後，各列都出現一個空白格。這時，這8個卦下方的各卦自然會依次上升一格，以填補空空白。這樣，歸藏64卦的原始卦序圖（圖33）就轉化為歸藏64卦的正規卦序圖（圖32）。

　　現在，我們再來談連山64卦。由於年代更加久遠，連山64卦早就失傳了。從現存的古籍文獻來看，在春秋戰國時代和兩漢時代，都沒有人見到過連山64卦卦序。它僅僅在京房64卦中和《說卦傳》中留下一點點痕跡。我們只能根據這一點點痕跡去追蹤。怎樣去追蹤呢？

　　具體辦法就是在「乾震坎艮兌離巽坤」卦序的基礎上，模仿歸藏64卦的特殊編卦方法，去編製出一個64卦卦序圖來，看看它是否符合我們的要求。如果它符合我們的要求，那就是連山64卦卦序圖。下面就是我們用上述特殊編卦方法所編製出的64卦卦序圖。

上卦\下卦	乾	震	坎	艮	兌	離	巽	坤
乾	乾	震	坎	艮	兌	離	巽	坤
坤	否	大壯	需	大畜	夬	大有	小畜	泰
震	無妄	豐	屯	頤	隨	噬嗑	家人	復
巽	姤	恆	井	蠱	大過	鼎	益	升
坎	訟	歸妹	節	蒙	困	睽	中孚	師
離	同人	解	既濟	賁	革	未濟	渙	明夷
艮	遯	豫	比	剝	萃	晉	觀	謙
兌	履	小過	蹇	損	咸	旅	漸	臨

圖8-27　連山六十四卦卦序圖

如果我們用四條直線把乾、坤、中孚、歸妹四卦連接起來，再用兩條曲線把坎、頤、蠱、既濟、小過五卦及離、隨、大過、未濟、漸五卦連接起來，一個圖形就在此卦序圖中出現。什麼圖形呢？

「三足鼎圖」。這個「三足鼎圖」就是文王姬昌在《易經》64卦卦序圖中安排那個「三足鼎圖」時所遵循的先例。因此，應該說，此卦序圖（圖34）就是連山64卦卦序圖的原貌。

在這裏，我們不妨小結一下：連山64卦卦序圖中暗藏的「三足鼎圖」和歸藏64卦卦序圖中暗藏的「天山圖」都是64卦有規律排列所自然形成的結果，不帶有任何人為干預的因素，而《易經》64卦卦序圖中所暗藏的「天山圖」和「三足鼎圖」則完全是人為安排的結果。

至此，我們已經把《易經》卦序之謎完全解開了，並順便查明了連山64卦卦序和歸藏64卦卦序的原貌。《易經》卦序之謎是《易經》研究中最後一道固若金湯的雄關。三千多年以來，始終沒有人能夠攻克這道雄關，現在，我們終於把它拿了下來。我內心的喜悅，可想而知。而為我們攻克這道雄關奠定堅實基礎的，不是別人，正是日本友人林慶信先生。

因此，在結束這篇論文的時候，我自然又想起林慶信先生。我在「河洛文明學術研討會」上同他見過一面。他給我的印象是：淳樸無華，木訥寡言。從他的著作中可以看出，他熱愛中國文化，把全部時間都用來研究《易經》、中國古陰陽曆和中國出土文物上的各種圖形。

他視野廣闊，又有極高天分，因此，他能提出很多創

見。他的治學方法也是值得我學習的楷模。為了研究《易經》卦序問題，他從各個有關的角度，進行了長期刻苦的研究，而不是急功近利，只求速成。

反觀我自己，我總是追求速成，想用一些簡單的方法解開這個十分複雜的謎團，從來沒有想到需要作長期打算，並從各個角度踏踏實實下一番苦功夫。

有時候，我會產生一種感覺，覺得林慶信先生彷彿真是上天派來向我洩露天機的神秘使者，匆匆來了，又匆匆去了，神龍見首不見尾。

現在，我願利用這個機會，在此向林先生表示深深的謝意和真摯的問候，並祝願中日人民能夠有更多的文化交流，攜起手來，共同為促進中國文化、日本文化。乃至世界文化的發展，而努力。

最後，我們還準備針對讀者可能懷有的疑惑作一些解釋。例如，某些讀者可能會說：

「你們主要是援用後世象數派的理論（如互體說、錯卦十六特別卦說）來解釋《易經》卦序安排，並把這些理論歸之於文王，說服力未免太差了吧！互體說是東漢人荀爽、虞翻等首先提出來的。他們的年代和文王相距七百多年。錯卦十六特別卦是宋朝人邵雍首先發現的。他的年代同文王相距一千七百多年。你們用後代人的理論來解釋前代人的卦序安排，也未免太荒唐了吧！對此你們作怎樣的解釋呢？」

我們的解釋是這樣的：在自然科學領域，人們允許科學家提出種種假說。如果科學家用實驗（即實踐）證實了這種假說，這種假說就不再是假說，而變成了科學的理

論。在社會科學領域，我想，我們也應該允許學者們提出種種假說。如果學者們用實踐證實了這些假說，這些假說也就不再是假說，而變成了科學的理論，或歷史事實。我們也正是按照這種程式來研究《易經》卦序之謎的。

在開始階段，我們首先提出五項假說。

第一項假說：文王姬昌對伏羲六十四卦方圖十分熟悉。

第二項假說：《易經》卦序與一年十三個月的古陰陽曆有關。

第三項假說：文王姬昌對錯卦十六特別卦和重卦法十六特別卦都有深刻的認識，並利用兩者的對立在卦序圖中安排了一個「三足鼎」圖形。

第四項假說：文王姬昌對互體卦有深刻理解，並且利用互體卦兩種類型的對立，在卦序圖中安排了一個「天山圖」。

第五項假說：文王姬昌對理想世界的四象格局和現實世界的四象格局都有所認識，並且據此制訂了科學合理的四象表。

如果我們用這五項假說解不開《易經》卦序之謎，我們確實無話可說。可是，事實上，我們已經用這五項假說解開了《易經》卦序之謎。這也就是說，我們已經用我們的實踐證明了這五項假說是符合歷史事實的。畢竟，實踐是檢驗真理的惟一標準嘛！

由此可知，我們只能說，「互體卦現象」是荀爽、虞翻等人後來「重新發現」的。同理，「乾坤十六卦現象」也是邵雍後來「重新發現」的（邵雍把錯卦十六特別卦稱

做「乾坤十六卦」）。按照科學界的慣例，發現權還是應該歸之於文王姬昌。

　　這就是我們的解釋。讀者覺得我們的解釋有道理嗎？

【註釋】

　　❶據董光璧先生說，耿濟先生還用數學方法證明通行本《易經》六十四卦卦序不具有數學規律性。請參看董先生的論文「易學符號系統的模型化特徵及其意義」。見《易學與科學》雜誌，2001年第1期。

　　❷林慶信先生這本書是一本自費印刷的非賣品，不是正規出版物。

第九章 《易經》判斷吉凶的標準

　　三千年以來，有不少中國學者對《易經》中的吉凶判詞進行了數理統計和深入研究，但始終沒有查明《易經》判斷吉凶的標準。

　　為什麼呢？

　　我們認為，《易經》主要是依據兩大原則判斷吉凶的。第一，按照趨吉避凶的理論判斷吉凶；第二，按照三進制爻碼判斷吉凶。這兩大原則往往互相衝突。因此，單靠數理統計，難以查明《易經》判斷吉凶的標準。

　　我們首先談談《易經》中暗藏的「趨吉避凶理論」。

　　《繫辭傳》中說：「吉凶者，貞勝者也。」貞者，正也，也就是恪守正道；勝者，取勝也。這句話的意思是說：吉凶的規律是，只有恪守正道才能取勝。言外之意就是，不恪守正道者，凶。

　　《道德經》中說：「道大，天大，地大，王也大。」我們認為，這是指易道三進制中的頭四個數。

　　《易經‧乾卦》中說：「元，亨，利，貞。我們認為，這也是指易道三進制中的頭四個數。

　　由下表可知，《易經》首先要求」王者「要恪守正道。恪守正道有哪些內容呢？根據《繫辭傳》中的論述，「恪守正道」應包括下列內容。

　　第一、加強道德修養，施行仁政，而不能禍害人民。

0	—	--	0
0	0	0	-
0	0	0	0
道元	天亨	地利	王貞

《繫辭傳》中說：「安土敦乎仁，故能愛。」就是這個意思。

第二、通曉事物發展的規律。《繫辭傳》中說：「明於天之道，而察於民之故。」

第三、慎於言行。《繫辭傳》中說：「言出乎身，加乎民；行發乎邇，見乎遠。言行，君子之樞機。樞機之發，榮辱之主也。言行，君子之所以動天地也，可不慎乎？」

第四、謙虛謹慎，言行一致。《繫辭傳》中說：「謙，德之基也。……恒，德之固也。」這裏的「德」是指事業。謙虛謹慎是事業的基礎；言行一致和言行一貫是鞏固事業的手段。

第五、犯了錯誤，要改正錯誤，彌補過失。悔悟改過則吉，堅持錯誤則凶。因此，《繫辭傳》中說：「震無咎者存乎悔。」

第六、「吉凶與民同患」。吉也好，凶也好，都與人民同憂同患。最高尚的趨吉避凶行為，就是領導人民趨吉避凶。

針對普通老百姓，《繫辭傳》中說：「吉凶者，失得之象也。」換句話說，《繫辭傳》要求他們「明失得之

報」。什麼叫「失得之報」呢？就是「善有善報，惡有惡報，不是不報，時候未到。」

用我們今天的眼光來看，人類的行為可以分為四類。

第一類行為是一個民族或一個國家領袖人物的行為。他們的行為不是個人行為，而是政府行為。他們的善行可以澤及萬民。例如，伏羲畫八卦，澤及千秋萬代，至今中華民族仍受其惠。他們的惡行可能報應到他們身上，也可能報應不到他們身上，但是，他們的人民肯定要受到報應。例如，殷紂王無道導致商朝的覆滅，攸喜率領的十萬商朝大軍才不得不分海陸兩路，受盡千辛萬苦，逃往美洲。幾千年之後，至今，殷地安人（印第安人）的苦難似乎還沒有盡頭。

第二類行為是純個人的行為。純個人的行為，不管是善行還是惡行，都會得到報應。有功於人民者，會受到人民的懷念，禍害人民者，會獲得萬世罵名。

第三類行為是人類行為。個人的行為有些屬於人類行為。例如，破壞森林、破壞植被、破壞生態環境者，本人可能得利，但受害的是全人類。

第四類行為是仁人志士的行為。這類行為往往是善行不得好報。但是，這類行為是仁人志士為了正義事業而自覺自願自我犧牲的高尚行為，不在「失得之報」的範圍之內。

由以上所述可以知道，這一套趨吉避凶理論主要是按照對人民是否有利的標準來判別吉凶善惡的。吉凶判斷已經轉化為價值判斷——善惡判斷。因此，這套理論至今對我們仍有重大的啟迪意義和現實意義。不論當政者還是老

百姓，認真研究這套理論，都會受惠無窮。

此外，用今天的眼光來看，這套理論也是完全符合辯證法的。在地球範圍以內，自從人類出現以來，一切自然現象和社會變故，無不有其客觀因素和主觀因素兩個方面。個人的不幸和災難，國家民族的興衰和失誤，人類所遇到的天災人禍，無不有其主觀原因。即使遇到人力所不可抗拒的災難，如果主觀上措施得當，也可把損失減少到最低限度。

我的母親晚年在大街上被迎面而來的自行車撞傷。這當然是一件意外事件，但從主觀方面分析，我母親遇事慌張，不夠鎮靜，也是其中一個因素。這是純個人的行為。國家或民族的行為，人類的行為，也同樣會有各自的或好或壞的報應，只是受到報應的對象略有不同而已。

總之，一切天災人禍都是可以由主觀努力加以預防，或減少損失的。明白這個道理，我們處事或決策時，就會更加慎重一些，所以，《繫辭傳》中說：「其道甚大，萬物不廢，懼以始終，其要無咎，此之謂易之道也。」這也就是說，在處事或決策時，務求「立於不敗之地」。這樣，即使失敗了，也沒有很大損失。

下面，我們再談談第二大原則，即按照三進制爻碼判斷吉凶的問題。

我們認為，《易經》六十四卦當中每一卦的六個爻，都有爻碼，而且是按照易道三進制編碼的。這樣說有什麼理由？我們有六條理由。

第一、《繫辭傳》中說：「爻象動乎內，吉凶見於外。」又說：「八卦以象告，爻象以情言」。從邏輯上來

說，既有爻象，必有爻碼。不然，爻象從何而來？

第二、《繫辭傳》中說：「《易》之為書也，不可遠。為道也屢遷，變動不居，周流六虛，上下無常，剛柔相易，不可為典要，惟變所適。」這段話的意思是說，在易道三進制中，數符要在各卦的六個爻碼中流動不已，數符上下的對應關係也不斷變化，陽爻和陰爻不斷互相轉化，不能固定不變，變到哪裏算哪裏。如果我們不用三進制爻碼來解釋這段話的話，這段話就十分費解。

第三、《繫辭傳》中說：「六爻之義，易以貢。」「易」應理解為易道三進制。這裏是說六爻的意義由易道三進制爻碼提供。

第四、《繫辭傳》中還說：「六爻之動，三極之道也。」對於「三極之道」一語，可以有三種解釋方法：

（一）傳統的解釋：三極之道就是三才之道；

（二）陳繼元的解釋：三極之道就是三極關係格局；

（三）我們的解釋：三極之道就是三進制之道。

傳統的解釋在道理上說不通。在同一篇文章中，既然用「三才之道」來指稱「天道、地道、人道」，就沒有必要再另外杜撰「三極之道」這樣一個名稱。陳繼元的解釋也不合理。陳繼元先生對三極關係格局的研究成果是現代人的研究成果。

〔注〕我們無法證明這一成果與《易經》有關。看來，只有我們的解釋是合理的。

第五、《史記·日者列傳》中說：「自伏羲氏作易八卦，周文王演三百八十四爻，而天下治。」

請讀者特別注意引文中的「演」字。演是「推演，演

算」的意思。由此可知，三百八十四爻是經過演算的。既有演算，必有爻碼。

第六、伏羲八卦和伏羲六十四卦都是從易道三進制中產生的，因此，在需要給六爻編碼時，採用三進制編碼方法自然也是順理成章之事。

那麼，怎樣把每一卦的六個爻數碼化呢？

我們的具體做法是，首先按三進制的編碼方法給每一卦編碼（陽爻為1，陰爻為2），然後，以本卦卦碼為基準，進行六次三進制加法運算，所得的結果就是本卦六個爻的爻碼，分別對應於初、二、三、四、五，上各爻。下面是乾卦的卦碼和各爻爻碼：

1	1	1	1	1	1	
1	1	1	1	1	2	初九
1	1	1	1	2	0	九二
1	1	1	1	2	1	九三
1	1	1	1	2	2	九四
1	1	1	2	0	0	九五
1	1	1	2	0	1	上九

【註】請參看陳繼元的論文「論證三極之道」，《海南師院學報》，1992年第3期。

每一爻碼的最後一位數字稱為「吉凶碼」。吉凶碼是作出吉凶判斷的主要依據之一。

在求得爻碼以後，我們就可以研究吉凶判斷問題了。

我們發現，《易經》中的吉凶判詞可以分為四組。

1. 吉——凶

2. 亨──厲

3. 利──吝（不利）

4. 無咎──有悔

什麼叫吉呢？行為有善果，就叫吉。「吉」字前面還可以加修飾語，如初吉（初期吉祥），中吉（中間吉祥），終吉（最後吉祥），大吉（大吉大利），元吉（開頭吉祥）。

什麼叫凶呢？行為有惡果，就叫凶。我們一般譯作兇險。「凶」字前面一般沒有修飾詞，必要時也可以加上某些修飾詞，如「終凶」等。

什麼叫亨呢？就是亨通，十分順利的意思。「亨」字前可以加修飾語，加元亨（開頭亨通），小亨（小有亨通）。

什麼叫厲呢？厲就是危險。

什麼叫利呢？利有兩層意思：1. 順利的意思；2. 有所得的意思。

「利」字的對立面有兩個詞：1. 吝，艱難也，不順利也。2. 不利。

什麼叫無咎呢？無咎也有兩層意思：1. 平安無事。咎的本義是輕災。無咎就是無災無難，平安無事。2. 沒有差錯，沒有過失。

什麼叫有悔呢？悔的本義是：「後悔」，「悔悟」，「憂慮」。這是一種主體感受，但是，在「有悔」和「悔亡」兩片語中，「悔」已經不再是一種主體感受，而變得具有客觀意義。在這兩個片語中，悔是「晦氣」，「倒楣」的意思。「亢龍有悔」的意思不是說「亢龍悔悟」

了，而是說「亢龍快要倒楣了」。「悔亡」是說「悔氣消亡了」。「有悔」和「無咎」是互相對立的。蠱卦九三的吉凶判語「小有悔，無大咎」就是證明。

如果我們按照反身反對稱原則，把上述四組吉凶判語排列起來，我們就得出下列序列：

吉　亨　利　無咎　//　悔　吝　厲　凶

前四個環節屬於吉的範疇，後四個環節屬於凶的範疇。其中關鍵的一環是「悔」。不管有多大罪過，只要真心悔悟，就可以變成無咎，進入吉的範疇。趨吉避凶的真諦就是爭取「無咎」，也就是說，在任何情況下都爭取立於不敗之地。《孫子兵法》中的「無死地」思想就來源於此。

那麼，《易經》又是怎樣按照「吉凶碼」來判斷吉凶的呢？

《易經》認為，陰陽相戰為凶，陰陽相勝為吉。陰陽相戰就是矛盾雙方互相鬥爭，故凶；陰陽相勝，就是矛盾獲得解決，故吉。由此可知，「2」代表陰陽相戰，故凶；「0」代表陰陽相勝，故吉。

《繫辭傳》中還說：「凡《易》之情，近而不相得，則凶；或害之，悔且吝。」「近而不相得」一語在這裏有雙關意義。一層意思是說：人們相近而不相得，則凶。還有一層意思是說：「陰陽相近相攻，則凶。」或害之，悔且吝「一語也有雙關意義。一層意思是說：害了人家，必有悔吝之事發生。另一層意思是說，「1」接近「2」，故表示悔吝，因為「2」是凶碼。

由此可知，《易經》按照吉凶碼判斷吉凶的一般原則，可列表如下：

	吉	凶	悔吝
加法	2→0	1→2	0→1
減法	1→0	0→2	2→1

當然，這只是按照吉凶判斷吉凶的一般原則。在每一爻辭中作吉凶判斷時，還要再根據具體情況，選用恰如其分的吉凶判詞，必要時還可以在吉凶判詞前面加上一定的修飾詞。

根據以上所述我們認為，《易經》判斷吉凶原則可以歸納為六條。

第一，運動原則。《繫辭傳》中說：「吉凶悔吝者，生乎動者也。」事物只有在運動變化中才有吉凶悔吝可言，靜止的事物，無所謂吉凶悔吝。

第二，加減原則。預知未來用加法，追溯過去用減法。《繫辭傳》中說「神以知來，知以藏往。」就是這個意思。

第三，吉凶碼原則。即按吉凶碼判斷吉凶。

第四，變通原則，或叫情理原則。即按照「趨吉避凶」理論判斷吉凶。《繫辭傳》中說：「變通者，趨時者也。」這就是說，吉凶判斷可以因時制宜。《繫辭傳》中還說：「吉凶以情遷。」這就是說，吉凶判斷可以根據情理而變遷。

第五，卦辭根據全卦六個爻的吉凶判斷情況，做出綜合吉凶判斷。

第六，用大衍筮法求得乾卦而其中六爻皆非變爻時，適用「用九爻」斷詞；用大衍法求得坤卦而其中六爻皆非

變爻時，適用「用六爻」斷詞。

在以上六條原則當中，第一、三、四、五、六條還有一定的合理性。第二條則是根本不合理的。原因有二。

第一，用三進制加法運算來形成每卦六爻的爻碼，並據以判斷吉凶，這種辦法本身純屬幼稚的巫術思維方式，根本沒有任何科學根據可言。

第二，「數往者順，知來者逆」的原則，本身就是不合理的。

此外，《繫辭傳》中還說：「變動以利言，吉凶以情遷，是故愛惡相攻而吉凶生，遠近相取而悔吝生，情偽相感而利害生。」這實際上是把「利害」問題和「吉凶」問題放在一起來討論，很容易引起讀者思想上的混亂。其實，「利害」問題和「吉凶」問題是兩個範疇的問題，兩者互不沾邊。利害是哲學領域的問題。軟體動物一屈一伸，有利於自身的運動。這就叫「情偽相感而利害生」。

在這裏，「情偽」是指陰陽而言。吉凶則是易占領域的問題。「愛、惡（陰陽爻）相攻」則凶；陰陽矛盾獲得解決，則吉。《繫辭傳》的作者已經意識到這是兩個範疇的問題，因此，在用詞上也很講究。遇到利害問題，他使用「相感」一詞；遇到吉凶問題，他使用「相攻」一詞。讀者在這兩個問題上一定要有清晰的頭腦，才不致為《繫辭傳》的作者所迷惑。

第十章　卦爻辭的新詮釋

　　我們首先談談八卦的卦名。《說卦傳》中實際上記載了八卦的兩套卦名。一套是具體的，一套是抽象的。

☰天——乾　　　　　　☴風——巽
☱澤——兌　　　　　　☵水——坎
☲火——離　　　　　　☶山——艮
☳雷——震　　　　　　☷地——坤

　　「☰」為天，「☷」為地。這是伏羲創造易道三進制時就定下來的。這裏不需要多談。為什麼又要選擇「澤」、「火」、「雷」、「風」、「水」、「山」這六個字來為八卦命名呢？原來這些都與伏羲本人有關。

　　關於「雷」和「澤」，《太平御覽》卷八七引《帝王世紀》的話說：「有大人跡，出諸雷澤，華胥履之，而生庖犧。」這說明，伏羲氏是伏羲氏族和華胥氏族聯姻所生。其活動區域在雷澤地區。

　　關於「火」，《太平御覽》卷八七又引《帝王世紀》的話說：庖犧氏「取犧牲以供庖廚，食天下，故號庖犧氏。」這說明伏羲氏發明了用火烤肉的方法。

　　關於「風」，《太平御覽》卷七八引王子年《拾遺記》的話說：「伏羲坐於方壇之上，聽八風之氣，乃畫八卦。」

關於「水」，伏羲時代，洪水氾濫。

關於「山」，伏羲氏發明了「大山紀曆」之法。

至於八卦的一套抽象名稱，我們已查明四卦卦名的來歷，還有四卦卦名的來歷不得而知。

在《帛書周易》中，「坤」卦寫作「川」卦。這是怎麼回事呢？原來，在母系氏族社會轉入父系氏族社會以後，「女王」由「男王」取而代之。因此，古人就把代表「天」和「地」的兩個符號「∧」和「━」對調了一下，其結果，「天卦」的符號就變成「☰」，「地」卦的符號就變成「⋀」。「⋀」橫置以後，就變成「☵」。這就是《帛書周易》中「川」卦的來歷。至於「坤」，那是後來新創造的文字。「坤」字中的「土」代表土地，「申」代表「表木」。「坤」的意思是插在土中的表木，因此，「坤」也代表大地。

至於「離」，據王大有先生說，離字中「离」就是蜘蛛網❶。《抱朴子‧對俗》中說：「太昊師蜘蛛而結網。」在《帛書周易》中，「離」卦寫作「羅」卦（羅者，網羅也），足以證明王大有先生言之有理。

關於「巽」，《易經‧蠱卦》中說：「先甲三日，後甲三日。」原來，在伏羲創製八卦，確立了一年360天的八風季曆以後，女媧就遇到了曆法危機，不得不在360天之外，再增加5-6天過年日。因此，怎樣確定「歲首」就成為一件大事。「先甲三日，後甲三日」講的就是怎樣確定歲首。

依照十天干順序，先甲三日為辛日，後甲三日為丁日，這樣就把歲首限定在「戊己庚」三日範圍以內。在大

多數情況下，歲首都在「己」日。

甲　乙　丙　丁　戊　己　庚　辛　壬　癸

按照十二地支計算，「巳」日恰好也是「巳」日。因此，古人就創造一個新字「巽」，來表達這種規律，並用它來指稱八卦中的「風」卦。「巽」字的來歷就是這樣。在《帛書周易》中，「巽」卦作「筭」（古算字）卦也與此有關。

關於「震」，用「震」來指稱「雷」，當然也是順理成章之事。

還有四卦卦名來歷不明，尚待研究。在這裏，我們只能提出一些線索。在《帛書周易》中，「兌」卦作「奪」卦，「艮」卦作「根」卦，「乾」卦作「鍵」卦。

現在，我們再來談談《易經》六十四卦名和卦爻辭的詮釋問題。

為了說明卦畫和卦爻辭的關係，三千年來，研究《周易》的學者提出了許許多多解易假說。其中，有少數解易假說的確對易學研究作出了自己的貢獻，如錯卦說，旁通說，交卦說，陰陽消長說，十二辟卦說，卦氣說等。但是，毋庸諱言，大多數解易假說，如「爻位等級說」，「當位說」，「應位說」，「中位說」，「承乘說」，「互卦說」「上下卦易位說」，「變卦說」，「逸象說」，「飛伏說」，「內外卦主次說」，「五行說」，「六親說」以及其他五花八門的解易假說，都不符合《易經》本意。證據就是，其中沒有一種解易假說能夠「一以貫之」地解釋全部卦爻辭。解易者往往是先用一套解易假

說來解釋卦畫與卦爻辭之間的關係，遇到解釋不通時，就換用另一套解易假說來進行解釋，再解釋不通時，就採用第三套解易假說。這兩套或三套解釋往往又是互相矛盾的。這種情況說明，我們必須另闢蹊徑來尋找卦畫與卦爻辭之間的聯繫。

我們認為，要達到這一目的，必須首先對《易經》六十四卦的卦畫和卦爻辭進行全面的分析研究，查明卦爻辭撰寫原則。在查明卦爻辭撰寫原則的基礎上，再作出新的詮釋。

根據我們的研究，卦爻辭的撰寫原則有下面7條。

第一，編撰者，首先為《易卦》六十四卦確定六十四個主題。

六十四個主題又可分為兩大類：（1）描述卦；（2）哲理卦。

描述卦只描述古代重大自然現象或社會現象，一般不包含什麼哲理。共有九卦，包括小畜，大畜，大有，旅，履，歸妹，豐，巽，渙。哲理卦包含有古人所概括出的某些哲理、政治經驗或社會經驗。這些經驗都是截至周初為止中華民族數千年古代政治經驗和社會經驗的結晶，至今仍然熠熠發光，具有深刻現實意義。

哲理卦又有分為兩小類：（1）古天象卦，與古代天象有關，計有乾、坤、觀、需、賁五卦。（2）純哲理卦，計有50卦。

第二，把六爻卦視為由上下卦組成，並據此確定卦象。

卦象可以分為兩類：（1）實物卦象，如鼎卦卦象似

鼎，觀卦卦象似古代祖廟前的觀闕，節卦卦象似竹節等；
（2）象徵性卦象，渙卦坎下巽上，呈「木漂水上，水流
氾濫」之象，晉卦坤下離上，呈「日在地上，節節上升」
之象。兩種卦象的確定都具有相當大的主觀隨意性，不具
有任何科學性。

　　第三，根據卦象確定哪一主題繫在哪一卦下。

　　如乾卦卦象為龍，故決定把「領袖人物」這一主題繫
在乾卦之下，渙卦卦象為「木漂水上，水流氾濫」，故決
定把「洪水」這一主題繫在渙卦之下等等。

　　第四，搜集大量古歌謠，並根據主題和爻碼爻象挑選
一些古歌，納入卦爻辭中。

　　這些古歌謠都透過關鍵字的字形、同音、一詞多義、
假借、雙關、聯想等方式，與爻碼爻象發生一定關聯。六
十四卦當中，有19卦援引了古歌，約占總卦數的1/4。這
19卦是：屯，同人，謙，豫，隨，噬嗑，離，遯，大壯，
暌，困，漸，歸妹，豐，渙，既濟，未濟，否，中孚。其
中，中孚和否卦，只引證了一兩句古歌。其餘17卦引證了
較完整的古歌。

　　我們的鑒別標準大致有兩條：看各爻吉凶判語同三進
制吉凶碼究竟是大體一致，還是有很大出入。如果兩者大
體一致，則爻辭多半由《易經》作者自撰或編撰；如果兩
者有很大出入，則爻辭多半摘自古歌。

　　第二，看各爻爻辭合在一起是否像一首歌謠。如果像
一首歌謠，則可能是援引了古歌；如果根本不像歌謠，當
然也就談不上援引古歌了。六十四卦當中的另外四十五
卦，雖然沒有援引古歌，其爻辭仍然採用了歌謠形式，目

的顯然是為了便於記憶。我們的鑒別當然可能有錯，所以仍有商榷餘地。

第五，根據各卦的主題或卦爻辭中的關鍵字確定卦名。

《易經》六十四卦卦名一定參考過連山六十四卦或歸藏六十四卦的卦名，並作了一些改動。

第六，卦辭在大多數場合都是綜合本卦六爻（尤其是前三爻）的內容來撰寫的，也有少數場合是根據本卦卦象撰寫的。

第七，至於《易經》編撰者自撰的爻辭，那是完全按照爻碼爻象撰寫的。

即令入易的古歌大體上也是按照爻碼爻象挑選的。這是怎麼回事呢？原來《易經》的編撰者既具有理性思維，又具有巫術思維。巫術思維非常重視前兆和吉凶判斷。它的特點就是對因果論的濫用。它可以把前兆和結果直接同一起來，而不問前兆和結果在事實上是否有任何客觀上的因果關係。例如，一個人早上起來，右眼直跳，他就覺得今天一定要出事。至於右眼直跳和出事在事實上是否有任何客觀上的因果關係，他是根本不加考慮的。

我們要想瞭解古人怎樣把某一卦的卦碼卦象、爻碼爻象和某一組卦爻辭聯繫起來，顯然也必須按照古人的巫術思維方式去揣摩、去想像、去理解。

我們和古人不同的地方在於：我們在按照古人的巫術思維方式去揣摩、去想像、去理解的時候，同時又在用現代人的科學思維方式去觀察這種揣摩、這種想像、這種理解，清醒地認識到卦爻碼和卦爻辭之間並沒有任何客觀上

的必然關聯。我們並沒有陷入古人的巫術思維方式中而不能自拔，相反的，我們還用現代科學思維的鐳射照亮這一切，洞察這一切。

《易經》思維的特點在於：它是一種模擬巫術，但又是一種理論模擬巫術。它把數學引入模擬巫術中，而使自身在本質上有別於實踐模擬巫術，成為一種科學和巫術的混合物。它首先用三進制模擬天地之道，設立了一系列理論前兆（即卦碼卦象，爻碼爻象），然後又在卦爻辭中，憑藉想像和聯想，把這些理論前兆轉化為具象前兆（卦爻辭中所談到的具象事物），接著再根據這些具象前兆做出吉凶判語。

它把三進制數碼中包含的理論前兆和卦爻辭中談到的具象前兆，直接同一起來，根本不考慮兩者之間是否有任何客觀上的因果關係。但是，在具象前兆和吉凶判語之間，它又提出一套趨吉避凶的理論，而這套趨吉避凶理論則是根據客觀實踐經驗形成的，因此，也是十分科學的。

可以說，《易經》中有兩類吉凶判詞。一類吉凶判詞是根據趨吉避凶理論作出的，有一定科學根據；一類吉凶判詞是根據三進制爻碼作出的，沒有多少科學根據。其結果，《易經》卦爻辭也就成為一盤巫術思維成分和科學成分糅合在一起、混合不分的大雜燴。

不瞭解《易經》思維的這一複雜特點，我們就根本無法揭開《易經》卦爻辭之謎，因而也就根本無法把其中的科學思維成分和巫術思維成分剝離開來。

要使我們對《易經》卦爻辭的理解和詮釋大致符合或接近《易經》文本的本真精神，我們就必須遵守詮釋學的

基本原理，尤其是馬克思主義詮釋學的基本原理。

根據俞吾金先生的研究成果❷和我個人的意見，馬克思主義的哲學詮釋學有下列幾項基本原理：

1. 切人的生存實踐活動是全部理解和解釋活動的基礎。

馬克思說：「不是從觀念出發來解釋實踐，而是從物質實踐出發來解釋觀念的東西。」❸觀念和文本並不能構成一個獨立的世界。他又說：「社會生活在本質上是實踐的，凡是把理論導致神秘方面去的神秘東西，都能在人的實踐中以及對這個實踐的理解中得到合理的解決。」❹這段話有兩層意思：

（1）一切觀念、理論、文本，從內容上看，都來源於實踐活動，即使是神秘主義的東西，如原始人普遍信奉的自然宗教、巫術和神話歸根到底也是以一定的實踐活動為藍本的；

（2）後人要想準確地理解前人留下的觀念、理論和文本，必須先理解前人置身於其中的生存實踐活動。

2. 唯物史觀是理解和解釋人的生存實踐活動及隨之而來的觀念、理論和文本的根本理論。

人們要對某一文本、觀念或事實作出如此這般的理解和解釋，總是需要說出一定的道理（或明白表示出來或暗含在上下文中），才能令人信服。這種道理就是一種「普遍規律預設」。這種普遍規律預設可以是「常識」，「情理」，或各式各樣的歷史觀或文化觀。唯物史觀是迄今為止最科學、最具有說服力的普遍規律預設。

唯物史觀中又包含著下列兩條基本原理：

第一，人是自然存在和社會存在的辯證統一體。在這種統一體中，人的社會存在是矛盾的主導方面，人的自然存在則是次要方面。

人的社會存在決定人的社會意識，人的自然存在決定人的自然意識。

第二，在人類實踐活動中占支配地位的階級，其思想和觀念也必然在理解——解釋活動中占支配地位。這就是西方詮釋學家所說的「霸權話語」。馬克思遠比尼采、福柯等哲學家更早地意識到了權力與理解——解釋——話語之間的關係。這種關係乃是隱藏在理解——解釋活動深處的歷史因素。

3. 文化傳統（即先入之見，大體上相當於海德格爾所說的「前理解」）並不是一個靜止不變的實體，而是一個動態的活的東西。

它活在不斷的理解和解釋中，它活在不斷的重新建構中，因為，文化傳統的意義和內涵總是要在後來和現在中展開，總是要根據新的現實的參照系，來接受和吸納新的解釋和新的成分，淘汰那些沒有生命力的東西，發揚那些有生命力的東西，從而使自身煥發新的青春。

4. 歷史性是一切理解和解釋活動的基本特徵。

這種歷史性既包括文本作者的歷史性，也包括解釋者本人的歷史性。如果不和文本作者的歷史性聯繫起來，文本就難以理解和解釋；如果不和解釋者本人的歷史性聯繫起來，文本的理解和解釋也就失去了意義和目的。

5. 只有當解釋者和文本作者在經驗、知識、科學精神和人文精神方面有相似背景的時候，解釋者才能對文本作

者的文本和觀念求得真正的理解。否則，理解是根本不可能，或者是誤讀的。

這也就是說，解釋者只能理解他們的歷史性和文化傳統允許他們理解的東西；解釋者無法理解他們的歷史性和文化傳統不允許他們理解的東西，除非他們對自己的歷史性和傳統開始有了批判性的認識。

現代微觀認知理論的研究成果已經充分證明了上述觀點。

現代微觀認知理論發現，認知主體可以依靠經驗和學習形成一種穩定的認知結構（知識框架），並透過整合機制對外來資訊進行定向結構性同化。只有能夠同內部認知結構相匹配的資訊，才有可能被認知主體識別，並進入認知系統。不能被認知框架識別和整合的資訊是無法進入認識之網的。

伽達默爾所說的「視界交融」也在現代微觀認知理論中得到了說明。所謂「視界交融」可以有兩種形式。第一種形式是認知框架的自我調整和數量上的擴展；第二種更重要的形式是整體認知框架的轉換。這種認知框架的轉換又分為兩種情況。

第一種情況是，新認知結構取代舊認知結構，但並不是簡單地拋棄舊認知結構，而是把舊結構作為其子結構加以整合。第二種情況是，舊結構和新結構長期互相對立，彼此格格不入。最後，舊結構吸收了新結構的合理成分，拋棄其不合理成分，透過否定之否定的過程，把自身轉化為一種更加新型的認知結構。

我們可以把整個科學的認知結構看做是人類社會實踐

動態格局的對應物。人們正是在改造對象和自身的實踐活動中才形成科學的認知結構的，因此，二者具有完全的同構性。這就是認知之所以可能的秘密。

6. 意識形態批判是正確地進入詮釋循環的道路。

詮釋循環可以分為兩大類型：哲學詮釋循環和文本詮釋循環。這兩類詮釋循環又各自分為內外兩種循環。外部循環和內部循環又是互相連通的。

哲學外部和內部的詮釋循環及其相互關係，如下圖所示。

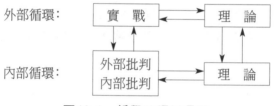

圖10-1　哲學詮釋循環圖

實踐可能走到理論的前面，也可能落在理論的後面。不管怎樣，隨著時代的前進，實踐總是提出各式各樣的問題，要求理論給予解釋和解答。理論的發展當然也會推動實踐的發展，由此而形成哲學外部的詮釋循環。

在哲學內部的詮釋循環中，「外部批判」和「內部批判」是根據某一文化背景下的某一理論劃分的。

「所謂外部批判，就是站在一個理論的外部，按照另外的理論對其進行批判。外部批判可以加固批判者自身達到的信念，卻不大可能說服被判批者。因為外部批判者和被批判的對象沒有共同的前提和共同的語言，不能開展相

互理解、相互同情、相互學習的對話。」❺但是，這並不是說外部批判就沒有多大意義。有道是，「不識廬山真面目，只緣身在此山中。」對於一個理論的盲點和誤區，局外人往往看得更真切一些。因此，被批判的學派應該採取虛心的態度，從外部批判中吸取正確的意見。

所謂內部批判（內部對話），「就是在一個理論的內部，從它可以接受的原則出發，使用和它相同的語言與之對話，最後引申出與這一理論相違背的結論，或它所不能解釋的事實，以此揭露該理論內部的矛盾、困難或缺陷。」❻內外部批判兩相比較，內部批判顯得更為重要。如果說理論創新有規律的話，這就是理論創新的基本規律。「批判」，英語詞作 criticism，有兩種用法：（1）哲學用語，意思是「鑑別，鑑別力」，指鑑別前提的真偽；（2）日常用語，意思是「批評，指責。」有人把「批判」理解為「否定」，這是一種誤解。

文本的詮釋也有內外兩種循環，如圖 10-2 所示。

我們在文本詮釋的外部循環中提出了「新時代的參照系」一語。什麼叫「新時代的參照系」？簡單來說，新時代的參照系就是新時代的歷史性。

文本是過去的東西，死的東西。讀者只有根據自己所處的新時代的參照系，對文本作出新的詮釋，才能使文本變成有生命力的新的東西，活的東西，從遠離我們的東西變成貼近我們的東西。

至於文本內部的詮釋循環，我們可以先引證錢鍾書先生的一段話：

「乾嘉樸學教人，必知字之詁，而後識句之意，識句

左側邊欄直書文字：

用科學揭開《易經》的神祕面紗

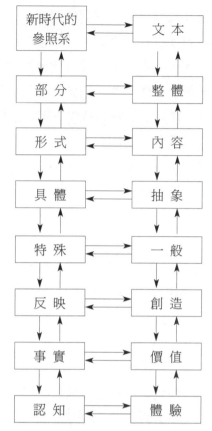

外部循環： 新時代的參照系 ⇄ 文 本

內部循環： 部 分 ⇄ 整 體

形 式 ⇄ 內 容

具 體 ⇄ 抽 象

特 殊 ⇄ 一 般

反 映 ⇄ 創 造

事 實 ⇄ 價 值

認 知 ⇄ 體 驗

圖10-2　文本詮釋循環圖

208

之意，而後通全篇之義，進而窺全書之指。雖然，是持一邊耳，亦之初桄耳，復須解全篇之義乃至全書之指，庶得以定某句之意，解全句之意，庶得以定某字之詁；或並須曉會作者立言之宗尚、當時流行之文風以及修辭異宜之著述體裁，方概知全篇或全書之指歸。積小以明大，而又舉大以貫小；推末以至本，而又探本以求末；交互往復，庶幾乎義解圓足而免於偏枯，所謂『闡釋之循環』（der hermeneutic

Zirkel）者是矣。」❼

這就是說，解釋者的思路必須在文本的部分與整體之間往復循環，才能求得對文本及其觀念的真切理解。

錢先生在這裏所討論的只是理解過程中部分與整體之間的關係。其實，在內容與形式、具體與抽象、特殊與一般、現象與本質、感性與理性、分析與綜合、反映與創造、認知與體驗、事實和價值等等對偶範疇之間，始終也都存在著「闡釋之循環」。

德國闡釋學大師海德格爾指出：「決定性的不是要走出這個循環，而是要以正確的方式進入這個循環。」❽

那麼，怎樣才能以正確方式進入這個循環呢？我們認為，一定時期的意識形態構成該時期的理解和解釋活動的總體背景，是理解者和解釋者先入之見的基礎和源泉。因此，如果理解者和解釋者對自己置身於其中的意識形態缺乏深入的反思和批判性的理解，他們就難以正確地進入闡釋循環。舉例來說，如果現代的新儒家學派對儒家學說沒有批判性的認識，他們就不可能真正擺脫儒家學說對他們的束縛。

7. 語言不是獨立的王國。

馬克思指出：「無論思想或語言都不能獨自組成特殊的王國，它們只是現實生活的表現。」❾

因此，我們不能把全部理解和解釋活動都封閉在語言這個獨立王國之中，而必須看到言語中的現實世界，看到言語中的人類生存實踐活動。

海德格爾說：「語言是存在的寓所。」應該說，這話有一定的道理。因為人是能思維的動物。人要思維，就先

要有語言，而後，外部語言又轉化為內部語言。人就是用內部語言思維的。所以，笛卡爾說：「我思，故我在。」語言和思維又是從哪裏來的呢？語言和思維都是由實踐轉化而來。所以，我們認為，海德格爾和笛卡爾的說法都沒有觸及事情的本質。

套用他們倆人話語的格式，倒不如說：「實踐是存在的寓所」；「我實踐，故我在。」

8. 歷史主義的詮釋方法和「從後思索」的詮釋方法是兩種互相補充的最根本的詮釋方法。

歷史主義的詮釋方法要求我們走出觀念上的文本，去追溯觀念文本背後的第二種文本，即觀念文本所指稱的生存實踐活動本身。

只有這樣，才能真正理解這種觀念文本，因為「意識在任何時候都只能是被意識到了的存在，而人們的存在就是他們的實際生活過程。」這裏的關鍵是善於想像，即善於設身地去想像；如果我們站在古人的位置上，我們會如何想，如何做，如何喜怒哀樂。只有這樣，我們才能與古人同呼吸，共命運，才能把歷史和傳統同現代溝通起來，實現歷史和傳統的遞嬗。

從後思索的詮釋方法則強調：「對人類生活形式的思索，從而對它的科學分析，總是採取同實際相反的道路。這種思索是從後開始的。」[10]

這一方法要求從事物的成熟形態出發去追溯那些不成熟的形態，以便探尋事物的發展性差異；一旦把這些發展性差異有機地聯繫起來，就可以探索出該事物發展的真實歷史脈絡，從而預見或指導事物未來的發展歷程。

　　這一方法表明，人們認識事物的規律，一般不是從頭開始，而是從後開始的，即不但要有對橫向歷史的說明，而且還要有對縱向各交叉層次的說明。

　　馬克思在很多地方都對這一方法作了闡釋。例如，他曾經說過：「人體解剖對於猴體解剖是一把鑰匙。反過來說，低等動物身上表露的高等動物的徵兆，只有在高等動物已被認識之後才能理解。因此，資產階級經濟為古代經濟等等提供了鑰匙。」⓫

　　他還說過：「基督教只有在它的自我批判在一定程度上，可說是在可能範圍內準備好時，才有助於對早期神話作客觀的理解。同樣，資產階級經濟只有在資產階級社會的自我批判已經開始時，才能理解封建的、古代的和東方的經濟。」⓬

　　以上就是馬克思主義詮釋學的大致內容。

　　具體到對《易經》卦爻辭的理解和詮釋，我們遵守了8條基本原則。

　　第一條原則是實事求是的原則。

　　這就是說，我們所關心的，不是占問者對《易經》卦爻辭怎樣加以解釋。我們所關心的是，怎樣按照《易經》卦爻辭的本意去理解《易經》卦爻辭，而不在它本來的面目上附加任何非本有的東西。由於年代久遠，我們對於當時的歷史背景、風俗習慣、典章制度以及人們的思維方式和語言習慣，都已恍如隔世，不甚了了，因此，要完成這項還《易經》以本來面貌的任務，的確是非常困難的。但是，今天，我們也擁有空前優越的條件。首先，我們擁有現代知識體系和現代科學方法做後盾，其次，我們擁有辯

證唯物主義和歷史唯物主義這種極其銳利的認識武器，再其次，我們還擁有從古代到現代連續三千年的易學研究成果可供參考。

在這二十一世紀開始之際，我們的研究條件是再優越不過了。因此，只要我們堅持實事求是的原則，我們是可以基本上完成這個任務的。

第二條原則是反輝格原則。

我們必須反對「歷史的輝格解釋」，而堅持反輝格方針。什麼叫歷史的輝格解釋呢？原來，早在1931年英國歷史學家巴特菲爾德（H. Butterfield）就在自己的著作中指出：「歷史的輝格解釋的重要組成部分就是，它參照今日來研究過去⋯⋯」[13]

巴特菲爾德認為，這種直接參照今日的觀點和標準來進行選擇和編織歷史的方法，對於瞭解歷史真相，構成重大障礙。因為這意味著把某種原則和模式強加在歷史頭上，把今日世界和內涵完全不同的昨日世界混為一談。用我們今天的話來說，歷史的輝格解釋就是用今日的有色眼鏡去看待歷史，超越一切中間環節，過分簡單化地看待歷史事件之間的關係，把歷史的全部豐富性、複雜性和曲折性，都置之不顧。

反輝格方針則反其道而行之，力求尊重歷史的曲折性、豐富性和複雜性，還歷史以本來面目。從本質上來說，反輝格方針也就是邏輯和歷史統一的原則。這個原則要求在科學研究中既不能以邏輯分析取代歷史分析，也不能以歷史分析取代邏輯分析，而是把歷史分析和邏輯分析結合起來。反輝格方針就是邏輯和歷史統一的原理在歷史

學中的表現形式。

我個人就身受輝格解釋之害。當我看到六十四卦編碼屬於二進位的時候，我就先入為主地認為三進制不能解釋周易。在傅熙如先生提出用三進制解釋周易的時候，我還加以反駁。直到傅先生把三進制爻碼擺到我面前的時候，我才認識到自己錯了。這對我來說是一次深刻的教訓。

從哲學上來說，任何形態的思維，從原始思維到現代思維，都由三個維組成，即主體維、客體維和觀念維。三個維相互作用才形成人的思想：即使對現代科學思維來說，觀念維都是抹殺不掉的。人們的思想正確與否，主要看觀念維受什麼觀念支配。如果觀念維受到神鬼觀念、宗教觀念、階級偏見、民族偏見、性別偏見、各種哲學偏見或其他種種形而上學的主觀偏見的支配，人們的思維就不可能按照世界的本來面貌去認識世界。只有當觀念維受到實事求是方針的支配的時候，人們的思維才有可能按照世界的本來面貌來認識世界。

要真正做到實事求是，並不容易。因為要做到實事求是，就必須謙虛謹慎，時時刻刻在內心中反省自己是不是排除了一切偏見，是否做到虛懷若谷。正因為如此，一切驕傲自大的人，一切有天才自戀情結的人，不可能正確認識世界，因為他們已經不再謙遜謹慎，不再反省自己內心是否排除了一切偏見。

相反的，他們總是要固執地堅持己見，一定要把世界說成是他們的有色眼鏡中的那個樣子。這樣，當然也說談不上按世界的本來面貌認識世界了。

歷史的輝格解釋之所以錯誤，就在於它用今日世界的

偏見去看待昨日世界，當然也就不可能正確認識昨日世界的本來面貌。在一切歷史研究中，輝格解釋都害人匪淺，值得我們深自警惕。

第三條原則是，**整體和部分相統一的原則。**

整體是指一個卦的精神實質，部分是指各爻爻辭。我們必須首先抓住一個卦的精神實質，然後再用這種精神實質去指導對各爻爻辭的理解。不這樣做，六爻爻辭的解釋必然像一盤散沙。

在少數卦中，偶爾也有一兩條爻辭游離於全卦精神實質之外。在這種情況下，我們就按照實事求是的原則，一仍其歸，不強求聯繫。

第四條原則是，**內容和形式相統一的原則。**

《易經》卦爻辭的一個重要特點是，為了適應占卜的需要，文詞言簡意賅，內容大於形式：爻辭與爻辭之間，句子與句子之間，詞與詞之間，組織鬆懈，邏輯關係不明。因此，經文本義往往撲朔迷離，幽隱晦澀，可以作多種多樣的解釋。只有經過苦苦思索，反覆推敲，才能悟得其真解。

第五條原則，**邏輯分析和語言分析相統一的原則。**

如果只注重語句內容的邏輯分析（即事理分析）而忽略語言分析，閱讀者很可能會用自己的邏輯思路去代替原作者的邏輯思路，以致違背原意。如果只注重語言分析而不顧及邏輯分析，則閱讀者對語句內容就會不知所云。一種理解，只有在邏輯上說得通，在語言上也說得通的時候，才是真正正確的理解。這是考驗我們的理解是否正確的主要試金石。

第六原則是，深層含義和淺層含義相統一原則。

如果卦爻辭有多層含義的話，其白話譯文也必須既能表達淺層含義，又能表達深層含義。

第七條原則是，闡釋者自己的人生經驗和經文中的人生經驗相統一的原則。

闡釋者必須有豐富的生活閱歷和人生經驗。只有當闡釋者具有豐富的人生經驗和歷史知識的時候，他才能深刻領會經文中記載的政治經驗和社會經驗。他才能悟得經文的真諦。但是，闡釋者又不能用自己的人生經驗去代替經文中的人生經驗。他既必須印證自己的人生經驗去體會經文中記載的人生經驗，又必須把經文中的人生經驗如實加以反映。這就是「闡釋者自己的人生經驗和經文中的人生經驗相統一的原則」。

第八條原則是，《繫辭傳》和《說卦傳》是理解《易經》文本的鑰匙，可以說是《易經》的附件，其中保存了在遠古時代巫師圈子中代代口耳相傳的珍貴資料。

要想真正理解《易經》文本，就必須反覆研讀這兩個檔。

根據馬克思主義詮釋學原理和我們所提出的理解和詮釋《易經》文本的8條基本原則，我們把《易經》、《繫辭傳》和《說卦傳》重新翻譯為白話文。我們的目標是推出一套迄今為止最接受於這三個檔本意的白話譯本，以幫助讀者理解《易經》文本。

不過，由於種種條件的限制，我們的白話譯本肯定還會有不少錯誤和缺點。希望廣大讀者批評指正，幫助我們逐步達到預定目標。

【註釋】

❶請參看王大有等著《圖說太極宇宙》，人民美術出版社，1988年。

❷俞吾金：《實踐詮釋學》，雲南人民出版社，2001年。

❸《馬克思恩格斯全集》，第3卷，第43頁，人民出版社，1960年版。

❹《馬克思恩格斯全集》，第3卷，第5頁，人民出版社，1960年版。

❺趙敦華：《現代西方哲學新編》，北京大學出版社，2001年。

❻同上。

❼錢鍾書：《舊文四篇》，上海古籍出版社，1979年。

❽海德格爾：《存在與時間》。

❾《馬克思恩格斯全集》，第3卷，第525頁，人民出版社1960年版。

❿《資本論》，第1卷，第92頁。

⓫《馬克思恩格斯全集》，第46卷（上），第47頁，人民出版社1979年版。

⓬同上，第44頁。

⓭轉引自劉兵先生爲江曉原所著《天學眞原》一書所寫的序言，遼寧教育出版社，1992年。

第十一章 大衍筮法

　　首先，我們要看看《繫辭傳》對大衍筮法有怎樣的記載。

　　《繫辭傳》中說：「天一，地二，天三，地四，天五，地六，天七，地八，天九，地十。天數五，地數五，五位相得而各有合。天數二十有五，地數三十。凡天地之數五十有五。此所以成變化而行鬼神也。大衍之數五十，其用四十有九，分而為二以象兩，掛一以象三，揲之以四以象四時，歸奇於扐以象閏，五歲再閏，故再扐而後掛。乾之策二百一十有六，坤之策百四十有四，凡三百有六十，當期之日。二篇之策萬有一千五百二十，當萬數之數也。是故四營而成易，十有八變而成卦。八卦而小成，引而伸之，觸類而長之，天下之能事畢矣。」

　　這段文字不長，但其中涉及的問題卻很多。我們只能一一加以討論。我們準備首先討論大衍筮法的一些設計原則，再解答一些有關大衍筮法的具體問題。

　　在我們看來，大衍筮法有三條設計原則。

　　第一條設計原則是對易道三進制進行模擬。

　　易道三進制本來是對天地之道的模擬，大衍筮法又是對易道三進制的模擬，可以說是「對模擬的模擬」。對照易道三進制數表來看，易道三進制經過四次運算，就確立了易道三進制的基本模式；大衍筮法則是「四營而成

易」。易道三進制頭28個數碼中共有18個「0」（0代表變），大衍筮法則是「十有八變而成卦」。

這裏的「卦」是指伏羲八卦。易道三進制頭28個數表中已經包含了全部伏羲八卦。在易道三進制數表中，太極生兩儀；大衍筮法則是「分為二以象兩（兩儀），掛一以象三（太極和兩儀合而為三）」。在易道三進制中，兩儀生四象；大衍筮法則「揲之以四，以象四時」。你看，大衍筮法不是處處按照易道三進制的程式亦步亦趨嗎？

大衍筮法的第二條設計原則是對河圖數位進行類比。

您看：

1.「大衍之數五十，其用四十有九」——虛一而不用。

2.「分而為二以象兩」。

3.「掛一以象三。」

4.「揲之以四以象四時」。

5. 在得出四象策數之後，又強行規定用四除之，以求得所謂「四象之數」——六、七、八、九。

由此可知，河圖數字，除「五」和「十」以外，「一」、「二」、「三」、「四」、「六」、「七」、「八」、「九」全用上了。

大衍筮法的第三條設計原則是模擬朔望月的運動規律。

從「歸奇於扐以象閏，五歲再閏，故再扐而後掛」等詞語中可以看出，大衍筮法與太陰曆有關。

月亮運行一個月有四個特徵點，即朔月，上弦月，望月，下弦月。月亮運行一個回歸年有12.36853個朔望月，共計49.475個特徵點。這個數位化為整數，約為50。故曰：「大衍之數五十」。「其用四十九」是指取實用數。

49「掛一」，餘 48。48 恰好是 12 個朔望月的特徵點數。十二個朔望月為 354 天與回歸年天數 365.25 天差 11.25 天。五年差 56.25 天，故置「五歲再閏」法。

下面，我們來回答幾個有關大衍筮法的問題。

第一個問題：「乾策 216，坤策 144」之說來源於何處？

答：經過多年研究，我們認為，「乾策 216，坤策 144」之說來源於下列兩圖。

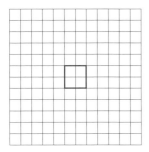
圖11-1　古坤策圖

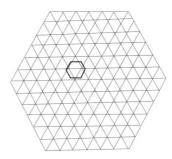
圖11-2　古乾策圖

這兩個幾何圖形是我們根據《隋書‧律曆志》的記載畫出來的。《隋書‧律曆志》中明確地指出：「其算用竹，廣二分，長三寸。正策三廉，積二百一十六枚，成六觚，乾之策也。負策四廉，積一百四十四枚，成方，坤之策也。」

文中的「廉」指「面」。正策「三廉」指乾策的橫截面為三角形；「負策四廉」指坤策橫截面為正方形。「六觚」指正六角形，「成方」指正方形。

我們還可以看出，古坤策圖是以中心的小正方形為核

心,再向外延伸5層構成的。中心的核心層加上外面的5層,共計6層,用來象徵六爻。整個古坤策圖共有144個小方格。這就是「坤策144」一說的來源。

古乾策圖是以中心的小小的正六邊形為核心,再向外延伸5層構成的。中心的核心層加上外面的5層,共計6層,也用來象徵六爻。整個古乾策圖共包含216個小三角形。這就是「乾策216」一說的最早來源。

《隋書·律曆志》中既然有上述記載,那就證明我們母系氏族社會時代的先人已經畫出這樣兩個圖了。為什麼這樣說呢?

我們知道,只有在母系氏族社會時代(以及父系氏族社會時代初期),我們先人才用象徵太陽光芒的符號「∧」及橫斷面為三角形的算策來代表太陽神(即「天」),並用象徵大地的符號「-」及橫斷面為正方形的算策來代表大地。

到父系氏族社會的興盛期,我們的先人已經改用符號「-」來代表「天」,用符號「∧」來代表大地了。符號「∧」又演變為「八」,最後演變為「--」。因此,在父系氏族社會的興盛期,我們的先人已經畫不出上述「古坤策圖」和「古乾策圖」了。

由此可知,乾策和坤策以及四象策數,陰陽爻策數等都是由「古坤策圖」和「古乾策圖」中推導出來的。古人不懂得二進位。因此,他們根本不可能利用二進位編碼計算出乾坤兩策策數。

下面是我們今天利用64卦二進位編碼求得乾坤兩策數及四象策數的方法。

太陰旋臂	少陽旋臂	少陰旋臂	太陽旋臂
0	1	2	3
4	5	6	7
8	9	10	11
12	13	14	15
16	17	18	19
20	21	22	23
24	25	26	27
28	29	30	31
32	33	34	35
36	37	38	39
40	41	42	43
44	45	46	47
48	49	50	51
52	53	54	55
56	57	58	59
+）60	61	62	63
380	448	512	576

四條旋臂中的每一旋臂都有16個卦。因此：

太陰策數＝380÷16＝24

少陽策數＝448÷16＝28

少陰策數＝512÷16＝32

太陽策數＝576÷16＝36

乾卦和坤卦各有6個爻。因此，

乾策策數＝36×6＝216

坤策策數＝24×6＝144

現在，我們再計算一下四爻卦四個旋臂策數之值。請看下表：

太陰旋臂	少陽旋臂	少陰旋臂	太陽旋臂
0	1	2	3
4	5	6	7
8	9	10	11
＋ 12	13	14	15
24	28	32	36

太陰旋臂策數的平均值　24÷4＝6

少陽旋臂策數的平均值　28÷4＝7

少陰旋臂策數的平均值　32÷4＝8

太陽旋臂策數的平均值　36÷4＝9

商周甲骨文、金文、陶文中的確發現過少量四爻數字卦，說明我們的祖先對伏羲四爻卦也有研究。這就進一步證明我們的如下看法：有兩種可能性。

第一種可能性是：乾策216，坤策144一說可能最早來源於古坤策圖和古乾策圖。

第二種可能性是：乾策216和坤策144是利用河圖數字在大衍筮法的推演過程中推算出來的。

這說明了什麼呢？這說明，四象策數也許還具有一定的辯證數理邏輯意義，但「乾策216，坤策144」和「參天兩地」兩說則僅僅具有筮法意義，談不上有什麼辯證數理邏輯意義。

第二個問題：《繫辭傳》中說：「二篇之策萬有一千一百二十，當萬物之數也。」這段話該怎麼解釋？

答：「二篇」是指《易經》的上經和下經。「二篇之策」是指《易經》六十四卦陰陽爻策數的總和。六十四卦

共有 384 爻。陰陽爻各占一半，即陰爻 192 爻，陽爻 192
爻。二篇之策是這樣計算出來的：

$$(192 \times 24) + (192 \times 36) = 4608 + 6912 = 11520 \cdots\cdots(1)$$

從表面上來看，這個算式似乎不大合乎邏輯。你看，既然
是六十四卦，就應採用陰爻策數（6）和陽爻策數（9），
但卻採用了太陰策數（24）和太陽策數（36）。這是什麼
道理呢？原來，太衍筮法中所說的六十四卦，並不是一般
的六十四卦，而是由十二爻卦壓縮而成的六十四卦，實質
上就是十二爻卦（4096 卦）。由於這個緣故，上述算式中
就必須採用太陰策數和太陽策數。由此得出的所謂「萬物
策數」（11520）實際上只是一年 360 天的公度年用來統攝
回歸年和朔望年的「常數」。

原來，在古代，我們的祖先曾經用卦來紀年。兩卦合
一年，六十四卦合 32 年。對此，《易經‧乾鑿度》有明確
記載：「法於陰陽，三十二歲（一歲按 360 天計算——引
者注）而週六十四卦，三百八十四爻，萬有一千五百二十
圻（策），復於貞也。」據此，有下列算式：

$$360 \times 32 = (216 \times 32) + (144 \times 32) = 6912 + 4608$$
$$= 11520 \ \cdots\cdots\cdots\cdots\cdots\cdots\cdots (2)$$

（1）式和（2）式完全一致，不差分毫。

用「萬物策數」可以統攝公度年、回歸年和朔望年。

$11520 \div 360 = 32$（公度年）

$11520 \div 365 = 31.56$（回歸年）

$11520 \div 354 = 32.54$（朔望年）

一個公度年的干支排列，與一個回歸年相差 $5\frac{1}{4}$ 天。
$5.25 \times 70 = 367.5$（多 2）。這就是說，70 個公度年干支日

排列和回歸年週期大致吻合。❶

第三個問題：大衍筮法巧妙之處何在？其內在的邏輯矛盾何在？

答：單從大衍筮法最後的演算結果來看，無非是兩種情況。在第一種情況下，出現變爻，因而在本卦之外，又求得一個變卦（又稱之卦）。本卦加變卦，等於十二爻中的一卦。在第二種情況下，沒有出現變爻，因而，也沒有變卦，但是，本卦和加本卦仍然等於十二爻卦中的一卦。因此，從邏輯上來說，按照大衍筮法進行演算所得出的結果，都應該是十二爻卦當中的一卦。十二爻卦的得出是對易道三進制進行模擬的必然結果，但大衍筮法的設計人在主觀上未必有此意圖。大衍筮法在得出四象策數之後，為了類比河圖數字，又強行規定用4除之，求得所謂「四象之數」，再用陰陽爻符號去加以記錄，如下表所示：

$36 \div 4 = 9$（9為太陽之數，代表變爻，用「—」表示）；

$32 \div 4 = 8$（8為少陰之數，代表不變爻，用「— —」表示）；

$28 \div 4 = 7$（7為少陽之數，代表不變爻，用「—」表示）；

$24 \div 4 = 6$（6為太陰數之數，代表變爻，用「— —」表示）。

這樣，大衍筮法就用人為方法把十二爻卦（4096卦）壓縮為六爻卦（六十四卦），只不過增添了「之卦」（又稱變卦）而已，因此，所謂「四象之數」只是一種人為干預。

這正是大衍筮法巧妙之處，也正是大衍筮法內在邏輯矛盾之所在。巧妙之處在於，這樣就不必再推出《焦氏易林》那樣一部4096卦的卦書了，只要利用現有的《易經》就可以進行占斷了。但是，也正是由於大衍筮法違背了邏輯，演算的最後結果也就沒有了邏輯上的惟一性。究竟是按「本卦」占斷，還是按「之卦」占斷，究竟是按哪一爻占斷，完全都要由人們任意規定。好在占卜是一種巫術，無論怎樣規定，都無所謂（當然，嚴格說來，筮法程式也有合理與不合理之分）。利用《易經》算卦之所以不可靠，原因很多。這也是其中原因之一。

第四個問題是：古代大衍筮法的具體揲蓍程式究竟是怎樣的呢？

答：《繫辭傳》中對這個問題講得很不具體。宋代學者蔡元定、朱熹和張載在這個問題上各有各的說法。由於朱熹是易學權威，後人大都接受了朱熹的說法。但是，四川省社科院科學學研究所的向傳三先生卻發現，朱熹的揲蓍程式和張載的揲蓍程式不合理，因為在這兩種揲蓍過程中，太陽和太陰出現的頻率不相等，違反陰陽平衡的易學原理。

蔡元定所發現的揲蓍程式則是合理的，但是由於受到朱熹的影響，後來，他又把自己的發現否定了。

向傳三先生認為，理想的揲蓍程式應同時滿足以下四個條件（請注意「同時」兩字）：

1. 四營之後必須得到9、8、7、6四數之一；

2. 陰爻和陽爻發生的概率相等；

3. 太陰和太陽發生的概率相等；

4.少陰和少陽發生的概率相等。

向先生用數學方法推定的揲蓍程式如下：

（一）第一變

1.「大衍之數五十，其用四十有九」——50策虛1不用，揲蓍從49出發。

2.「分而為二，以象兩」——將49策隨機分為兩組。

3.「掛一以象三」——從兩組中各取出1策，掛於一旁。

4.「揲之以四，以象四時」——將兩組其他蓍策按四根一揲數之：最後一揲，不管夠不夠4根，一律合併到「掛一」的蓍策中。所掛之策增加到5策或9策。

5.「歸奇於扐以象閏」——將所掛之策（5策或9策）的尾數「1策」合併到已經「合攏為一把」、準備進入下一變的其他蓍策中。

（二）第二變——將一變所餘之策重新「分二」，「掛一」，「揲四」和「歸奇」。《繫辭傳》中說：「五歲再閏，故再扐而後掛。」因此，在第二變中，「歸奇」步驟不可省去。

（三）第三變——將二變所餘之策重新「分二」，「掛一」和「揲四」，省去「歸奇」步驟，因為在一變和二變中已經經過兩閏，不需要再歸奇了。

我們認為，向先生所推定的揲蓍過程是合理的。其數學論證，可參看向先生的論文《周易筮法的概率研究》。❷

第五個問題：美籍華人焦蔚芳先生在用勾股弦定理來解釋大衍筮法。你覺得他的解釋對嗎？

答：大衍筮法中客觀上暗藏著勾股弦定理，這是毫無

疑問的。但是，我們至今還找不到任何其他證據，可以證明原來的設計人是按照勾股弦定理設計大衍筮法的。焦先生的解釋從數學上證明大衍筮法與勾股弦定理有關聯。

為了幫助讀者瞭解這個問題，我們特引證焦蔚芳先生的原話於後❸：

大衍文中的開始部分是：「大衍之數五十，其用四十有九，分而爲二以象兩，掛一以象三，揲之以四，以象四時。」這六句話的數學内涵，可用勾股弦平方定理的數學結構來解析。第一個將兩者間的相互解析關係闡明者是趙爽，其要點如下：

（1）大衍之數五十就是勾三股四弦五三者平方之和，即 $3^2 + 4^2 + 5^2 = 9 + 16 + 25 = 50$，它的幾何圖形如圖1（圖11-3），示出三個正方形面積的和爲50個平方單位。

（2）其用四十有九，即將50個平方單位，棄去一個，另組成一個正方形使其面積爲 $7^2 = 7 \times 7 = 49$ 平方單位，如圖2（圖11-4）。

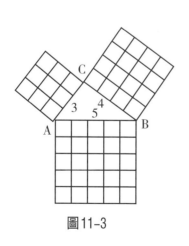

圖11-3

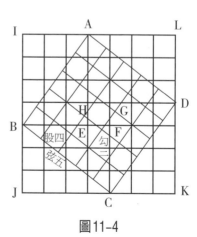

圖11-4

（3）分而爲二以象兩，即將長度爲7個單位的線段分爲兩部分，如圖2中AI＝3，AL＝4；以象兩的意思是造成兩個全等的矩形▢AIBE▢AHDL。掛一以象三的意思是以矩形▢AIBE▢AHDL▢BFCJ▢CGDK。揲之以四以象四（時）的意思是將四個矩形以其對角線爲折痕摺疊之，爲易於瞭解，可向背後摺之，如此可得四個全等的三角形即△ABE△BCF△CGD△DHA，四者組成一個正方形ABCD，其邊長爲5，所以其面積爲平方單位，如此就證明了勾股弦定理。

第六個問題：大衍筮法產生在什麼時代？

答：大衍筮法形成的年代一定很早。從現有的考古資料來看，至少在5300－4000年以前就有了大衍筮法了。這是大衍筮法形成年代的下限。

陸思賢和李迪兩位先生在他們所著《天文考古通論》中說，良渚文化匯觀山祭壇應該同時也是一個觀象臺。「其中第4號墓，出土玉鉞一件，石鉞48件。這是有明確觀象授時意義的。」兩位作者認爲，「鉞」能「戌」，是「歲」的意思。玉鉞的品位比石鉞高。玉鉞應是冬至歲終大祭的祭器。

墓中還有石鉞48件。48＝12×4。如果一年十二個月都有歲祭的話，有12件石鉞就足夠了。墓中爲什麼要放置48件石鉞呢？只能有一個解釋：良渚文化時代的先民們所使用的曆法是陰陽合曆，每4年要加一個閏月。❹

因此，田合祿和田峰兩位先生評論說：「作者慧眼獨識，以曆法解釋是對的。其實，此乃大衍之數。玉鉞1，加石鉞48，所用49者也。」❺

良渚文化年代爲距今5300－4000年，說明距今5300－

4000年前就有大衍數了。良渚文化年代與大汶口文化晚期的年代（距今5300－4500年）相當。與大汶口文化晚期相對應的是帝嚳時代。帝嚳是當時的全國性共主，又是一位聲名顯赫的大巫師。由此可以推斷，大衍筮法的創製者就是帝嚳，非他莫屬。

【註釋】

❶常秉義：《周易與曆法》，中國華僑出版社，1999年。

❷見《周易研究》雜誌，1997年第4期。

❸焦蔚芳：《周易宇宙物理學》，上海科學技術文獻出版社，2001年。

❹陸思賢、李迪：《天文考古通論》，第75頁，紫禁城出版社，2000年。

❺田合祿、田峰：《周易真原》，山西科學技術出版社，2004年。

第十二章　文王與經傳

在本章中，我們準備討論三個問題：

1. 文王與《易經》的關係；

2. 文王與《繫辭傳》和《說卦傳》的關係；

3. 文王在中國文化史上的地位。

現在我們先談第一個問題：文王與《易經》的關係。

現在，中國學術界大體上公認，《易經》成書於殷末周初。這也就是說，中國學術界大體同意《易經》是在文王姬昌的策劃下編寫出來的。古籍中有許多涉及文王與《易經》之關係的記載。現在引證幾條，供讀者參考。

1. 司馬遷《報任安書》：「文王拘而演《周易》。」

2. 《史記・周本紀》：「西伯蓋即位五十年，其囚羑里，蓋益《易》之八卦為六十四卦。」我們認為，這裏的「六十四卦」當指六十四卦卦書，即《易經》。古人用詞簡練，惜墨如金。不可用現代邏輯的眼光去審視。否則往往理解錯誤，不可不慎。

3. 《淮南子・要略》：「八卦可以識吉凶知禍福矣，然而伏羲為之六十四變，周室增以六爻……」。在這裏，「周室增以六爻」應理解為「周室增添了六爻爻辭」。

4. 《帛書易・易之義》：「子曰：《易》之用也，段（殷）之無道，周之盛德也。恐以守功，敬以承事，知以辟患，□□□□□□□□文王之危知，史說之數書，孰能

辨焉？」這裏的「史說之數書」應理解為：「史說之卦書」，即《易經》。

5.《帛書易·要》：「文王仁，不得其志以成其慮，紂乃無道，諱而辟咎，然後《易》始興也。」

6.《帝王世紀》：「文王廣六十四卦，著九六之爻，謂之《周易》。」（自皇古至五帝第一）這裏的「著」字應作廣義理解。也就是說，「著九六之爻」應理解為「主持編寫九六之爻的爻辭」。漢語中有一些詞常常需要作廣義理解。例如，我們常說「我家祖屋是我祖父蓋的」，實際上是指「我家祖屋是我祖父主持蓋的」。祖父未必參加蓋屋勞動。

7.《法言·問神篇》：「《易》始八卦，而文王六十四，其益可知也。」這裏的「六十四」當指《易經》六十四卦卦序和卦爻辭。

8.《法言·問明篇》：「文王淵懿也，重《易》六爻，不亦淵乎？浸以光大，不亦懿乎？」

9.《漢書·藝文志》：「至於殷周之際，紂在上位，逆天暴物，文王以諸侯順命而行天道，天人之占可得而效，於是重《易》六爻，作上下篇。」這裏的「作上下篇」應理解為「主持編寫上下篇」。

10.《論衡·對作篇》：「文王圖八卦，自演為六十四，故曰衍。」這裏的「八卦」指「後天八卦」；這裏的」六十四」指《易經》六十四卦卦序。

11.《論衡·正說篇》：「伏羲得八卦，非作之；文王得成六十四，非演之也。」這兩句話的意思是說：八卦是伏羲從古代繼承下來的，並不是伏羲發明的；《易經》六

十四卦卦序是文王排出來的，但六十四卦並不是文王演算出來的。

從以上古籍記載可以知道，文王在囚禁期間一直在「演易」。過去，我們對文王「演易」到底怎麼個演法，一無所知。現在，我們有了新的理解。文王「演易」的具體內容至少有四項：（1）研究四象格局（無道）；（2）編製《易經》六十四卦卦序；（3）設計易道三進制爻碼；（4）審訂卦名。

這四項工作已經夠文王忙的了。在經過一番逆境之後，文王決心編寫《易經》。不過，等他出獄以後，他已經年老體衰，不能勝任這項工作了，不得已，只好委託他的子弟們代為編撰。古籍中也有這方面的記載。

1.《易緯・乾鑿度》：「孔子……五十究《易》，作十翼……師於姬昌，法旦。」

2. 宋人王應麟所著《困學紀聞》引《京氏易積演算法》說：「夫子曰：『聖理元微，《易》道難究，迄乎西伯父子，研理窮通，上下囊括，推爻考象。』」這裏的西伯父子應指文王姬昌和周公旦。

至於文王怎樣策劃《易經》的編寫，古籍中沒有明文記載。我們認為，文王的策劃工作主要是制定《易經》的編寫原則，其中包括以下內容。

1. 排定《易經》六十四卦卦序。

2. 決定採用易道三進制爻碼。

3. 搜集古代傳下來的易學資料，包括占卜資料。

4. 決定卦名。連山六十四卦和歸藏六十四卦似乎也有卦名。即令以前已有卦名，也需要重新審定。

5. 決定撰寫爻辭。為此，需要擴大資料來源。後來決定大量採用古代歌謠。

6. 決定撰寫卦辭。連山六十四卦和歸藏六十四卦是否已有卦辭，不得而知。即令以前已經有了卦辭，也需要重新審定。

7. 決定吉凶判斷原則。

8. 創立「趨吉避凶」理論。

可以肯定這八項工作只能由文王一人來完成，他的子弟是無法代勞的。

下面討論第二個問題：文王與《繫辭傳》和《說卦傳》的關係。

我們對《繫辭傳》和《說卦傳》進行了反覆細緻的研究以後認為，文王是《繫辭傳》和《說卦法》中關鍵性段落的原創作者和記錄者。我們認為，文王在長期策劃編撰《易經》的過程中，把按照口授心傳的方式從古代流傳下來的資料記錄下來，又把自己的研易心得筆錄下來，一方面指示他的子弟們編撰《易經》，一方面又把這些資料作為解說《易經》的一部《副經》傳授給他們。這份資料到春秋戰國時代又由孔門弟子加以整理，加入他們撰寫的新資料，包括「子曰部分」和其他資料，以《繫辭傳》和《說卦傳》的名義傳佈後世。當然，文王筆錄下來的資料還應該有一部分未被收入這兩傳中，而流散在社會上，後來失傳。

現在，我們從宏觀和微觀兩個角度對我們的論點加以論證。

從宏觀角度來看，這位提出了「一陰一陽之謂道」的

偉大命題、提出了「易有太極，是生兩儀，兩儀生四象，四象生八卦」的偉大命題、提出了「吉凶者，貞勝者也」的偉大命題、提出了「吉凶與民同患」的偉大命題、從而把易學文化從「天文——曆法——占卜階段」引向「哲理階段」的偉大思想家和哲學家，這位生活在孔子之前或生活在孔子之後的偉大學者，竟然從中國歷史上一下子消失得無影無蹤，連一點痕跡也沒有留下，以致後人連他的名字都無從查考，這可能嗎？

我們在孔子前後的名人星座中反覆查找，發現只有文王姬昌才具有足夠的智慧、足夠的才幹、足夠的閱歷、足夠的資格來承受這份沉甸甸的榮譽。文王姬昌是周族領袖，經驗豐富，知識廣博，才華出眾，精通易理，特別是有過被囚禁的逆境經歷。只有他才具有策劃編撰《易經》這部世界文化寶典，並對它進行理論說明的資格。試問，孔子前後的哪一位哲學家和思想傢俱有這樣的資格呢？孔門的某一位弟子嗎？他們哪有對《易經》進行理論說明的資格呢？連他們的老師孔子都很難說有這樣的資格。

所以，從宏觀角度來說，《繫辭傳》和《說卦傳》中關鍵性段落的原創作者和記錄者非文王姬昌莫屬！

其次，我們再從微觀角度作一些論證。

第一，中國學術界對《繫辭傳》和《說卦傳》的成書年代至今沒有取得共識，但卻一致認為，《繫辭傳》的文字不是出自一人之手，也不是產生於同一時期。例如，李鏡池先生就說，《繫辭傳》「毫無系統，東說說，西談談，說過了又說，談過了又談，拖沓重複，繁雜矛盾，好一味馳名古今的雜拌兒。」李先生認為，產生這種現象的

原因在於它是「匯輯之書」。匯輯的目的，一是存佚，二是宣傳。❶

我們既然承認《繫辭傳》和《說卦傳》既非一人之作，也非作於一時，我們就必須承認，《繫辭傳》編纂者的年代（即成書年代）和《繫辭傳》中不同段落作者的年代，完全是兩回事。

第二、我們前面說過，《繫辭傳》和《說卦傳》中關鍵性段落的原創作者（或記錄者）的確是一位大思想家和大哲學家，但是，他同時又是一位迷信神鬼的有神論者。我們只要隨手引兩段引文，就可以證明這一點。

1.《繫辭傳》中說：「（伏羲氏）……於是始作八卦，以通神明之德，以類萬物之情。」

2.《繫辭傳》中說：「探賾索隱，鉤深致遠，以定天下之吉凶，成天下之亹亹者，莫大乎蓍龜」。

春秋戰國時期的大思想家、大哲學家都不信神信鬼。孔子「不語怪力亂神」，老子用「道」代「神」，莊子也不是有神論者。他們和《繫辭傳》的原創作者顯然不屬於同一時代，而是屬於兩個時代。那麼，兩個時代孰前孰後呢？我們認為，《繫辭傳》原創作者的時代在前。

李鏡池先生說：「當我們讀《彖》、《象》二傳，只知道《周易》除卜筮之用外，原來還有點倫理教育、政治哲學的價值；到我們讀《繫辭傳》時，就不禁驚歎《易》道之神、通、廣、大了。把《易》捧得這麼高，恐怕非到了《易經》坐了六藝第一把交椅之後是辦不到的。這就是說，《繫辭傳》中的這些話當產生於漢武之後。」❷李先生又說：《繫辭傳》「彙集前人解經的殘篇斷簡，並加以

新著的材料，年代當在史遷之後，昭宣之間。」❸

我們不能同意李鏡池先生這種觀點。為了說明問題，我們先從《繫辭傳》中引一段文字看看。

「是以君子將有為也，將有行也，問焉而以言，其受命也如響，無有遠近幽深，遂知來物。非天下之至精，其孰能與於此。參伍以變，錯綜其數。通其變，遂成天地之文。極其數，遂定天下之象。非天下之至變，其孰能與於此。《易》，無思也，無為也，寂然不動，感而遂通天下之故。非天下之至神，其孰能與於此。夫《易》，聖人之所以極深而研幾也。惟深也，故能通天下之志：惟幾也，故能成天下之務；惟神也，故不疾而速，不行而至。」

這段話充分表現了人類童年時期迷信巫術、盲目自信的文化心態。當時，人們相信，世界上事件的演替完全是有規律的，因而是可以準確地預見到和推算出來的。當時，人們相信，透過巫術可以無所不知，預見未來。

上面這段話正是人類童年時期的自信、憧憬和幻想的表現。春秋戰國時代及其後各時代的學者是寫不出這樣的文字的，正像現代人寫不出希臘神話一樣。

由此可知，《繫辭傳》中關鍵段落原創作者的年代，應該從春秋戰國時代向古代推。推到哪裏呢？推到文王姬昌的時代。

第三、《繫辭傳》和《說卦傳》中載有從古代流傳下來的許多易學機密資料。如《說卦傳》中保存了有關連山八卦和歸藏八卦的資料，關於八卦性質的資料，關於八卦卦象的資料，關於「易，逆數也」的資料。《繫辭傳》中保存了有關易卦生成機制的資料（易有太極，是生兩儀，

兩儀生四象，四象生八卦），有關十六字口訣的資料（天地定位，山澤通氣，火水相射，雷風相薄），關於八卦起源的資料，關於吉凶判斷原則的資料等等。這些機密資料在古代世界只限在最高統治者和巫師群體中口耳相傳，決不向其他臣民洩露，目的是要保持統治者和巫師們的權威。那麼，是誰把這些機密資料記錄下來並加以傳佈呢？我們也只能追溯到文王姬昌。

文王是一位偉大的思想家和哲學家。他深知記錄和傳佈這些資料，有助於提高人民的文化水準，也可以防止這些文化資料在口耳相傳的過程中失傳。與此同時他又是一位大巫師，迷信鬼神。他有種種思想顧慮，害怕「一旦洩露天機，勢必遭到天譴。」正是在這種內心矛盾重重的心理狀態下，他公佈了部分易學機密資料，而把核心機密（如易道三進制的秘密，伏羲八卦和伏羲六十四卦的秘密，河圖洛書的秘密，《易經》卦序的秘密等）「退藏於密」。而且他在把核心機密「退藏於密」的同時，又留下種種線索，希望有一天會有一位聖人出來，參透他的玄機。《繫辭傳》中說：「苟非聖人，道不虛行。」這句話就是他的內心矛盾的寫照。

今天，我們終於參透了文王的玄機，但是，時光已經流逝了三千年，令人不勝感歎！可見歷史上重要人物言行的影響往往可以持續數千年之久。做好事的成為歷史功臣，做壞事的成為歷史罪人。當政者在言行上豈可不慎哉！

第四、《易經》之於《繫辭傳》和《說卦傳》，是兩套文獻，合為一體，互相配套，互有分工。一套是卜筮之

書，一套是哲理之書；一呼一應，一唱一和；鎖鑰匹配，不可分離。

《易經》中有一卦，叫《觀卦》，描寫立竿測日影的方法。《觀卦・九五》說：「觀我生，君子無咎」；《觀卦・上九》說：「觀其生，君子無咎」。「我」指太陽，「其」指日影。《繫辭傳》中就把這一現象上升為哲理：「一陰一陽之謂道。」

《易經》是一部卦書，有卦書就需要有筮法。《繫辭傳》就對大衍筮法作了介紹。

《易經》卦爻辭中包含有吉凶判語。《繫辭傳》就闡述了吉凶判斷的原則和趨吉避凶的理論。

《易經》中有八卦和六十四卦，《繫辭傳》和《說卦傳》就闡述了八卦的起源，八卦的生成，八卦的類型，八卦的性質，八卦的功用以及八卦中包含的哲理。

《易經》中立象，設卦，繫辭，《繫辭傳》中就闡述了立象，設卦和繫辭的目的。

《繫辭傳》和《說卦傳》跟著《易經》亦步亦趨，不是十分明顯嗎？有的學者把《繫辭傳》和《說卦傳》稱為《易經》的《副經》，確是十分妥帖。

《易經》與《繫辭傳》和《說卦傳》這兩套文獻如果不是由同一人籌畫，焉能配合得如此密切？所以，我們認為，這兩套文獻的策劃者是同一人，而且非文王姬昌莫屬。

現在，我們討論第三個問題：文王在中國文化史上的地位。

世界文化史告訴我們，經典對於任何一種文化的形成

和廣泛傳播，都具有決定性的作用。基督教文化賴《聖
經》得以傳遍全世界；伊斯蘭教文化賴《可蘭經》得以傳
遍阿拉伯世界和整個亞洲；佛教文化賴佛教經典得以傳遍
整個亞洲。

　　中華易學文化也是如此。正是《易經》塑造了整個中
國的傳統文化，包括哲學、數學、軍事學、科技、農學、
文學、藝術以及全體中國人民的文化心理結構、審美方式
和生活方式。正是《易經》使我們有可能把古代形式的東
方辯證法轉化為現代形式的東方辯證法，從而有可能對世
界科學文化作出重大貢獻。

　　文王姬昌在中國文化史上的重要地位，隨著21世紀的
到來，更加凸現出來。我們認為，文王姬昌對中國文化的
貢獻不亞於孔子；《漢書・藝文志》關於「人更三聖，世
歷三古」的命題是恰如其分的。現在是重新認識和重新評
價文王在中國文化史上的地位的時候了。

　　【註釋】

　❶見於「易傳探源」文，又見於《史學年報》第2期和
《古史辯》，第三冊。
　❷李鏡池：「易傳探源」一文，收入李鏡池著《周易探
源》，中華書局出版社，1981年。
　❸同上。

第十三章
易道三進制再發現的意義

易道三進制的再發現，是中國文化史和世界文化史上的一件大事，必將引起國內外文化界的密切注意。對這一事件的重大的意義，國內外學術界自會給予評說。我們對此，唯有拭目以待。

不過，經過初步考慮，我們認為，這一事件至少有下列四方面的意義。

第一，易道三進制的再發現說明，有文字記載的中華文明的起源，應該推進到距今 8000～10000 年的伏羲時代。

對於文明時期的標誌，國內學術界有不同的看法。深受西方學術思想影響的中國考古界認為，文明時期的主要標誌有三項：青銅器，城市和文字。因此，他們認為中華民族大約在距今 6000 年左右的仰韶時期，即黃帝時期，進入文明時期。還有一派不同意這種觀點。我們屬於後一派。何謂「文明」？

一般認為，文明有三個層面：器物層面，制度層面和精神層面。西方學術思想注重器物層面，即注重物質文明；中國學術思想注重制度層面和精神層面，即注重人文文明或者說精神文明。我們認為，一切文明在本質上都是人文的。文明發生的邏輯起點是人，更確切地說，是人文

因素對自然的介入。沒有人和人文因素的介入，就談不上任何文明的產生。

至於文明時期，我們認為，在人們開始從數位上認識世界的時候，人類便進入文明時期。這也就是說，在人們開始從數字上認識時間之序和空間之序的時候，人類便進入文明時期。從此，在人類的眼睛中，世界已經再不是混混沌沌，一片昏暗了，而是變得清晰明朗，井然有序了。因此，我們認為，文明時期的主要標誌有三項：開始建立數學，開始創製曆法，開始創製前文字（紋飾）以至文字。建立數學、創製曆法和創製前文字以至文字都是長期的任務，可以隨著文明的發展而不斷延伸。因此，只要人們開始了這三項工作，人類便進入文明時期。

在19世紀八十年代，中國考古工作者對河南省舞陽市賈湖文化遺址，進行了發掘和研究。經測定，遺址的年代在距今9000～7000年間。在出土文物中，有二十多支骨笛和一些龜腹石子，在出土的陶器上還發現了同商代甲骨文相似的「日、目、父」三個文字及其他契刻符號。

據主持發掘工作的考古學家張居中先生說：「從骨笛的製作和龜腹石子可以看出，賈湖人已有百以上的正整數概念，並認識了正整數的奇偶規律，掌握了正整數運算法則。」❶

在中國，數的概念和數的運算與易道三進制有關。由此可以推斷，賈湖人已經有了在伏羲八卦基礎上創製的八風季曆法，後來了又創製了十月太陽曆。因此，賈湖遺址證明，至少在距今9000～8000年之間，中華民族已經進入文明時期。這也就是說，中國是世界上最先進入文明時期

的最古老的文明古國。

所以，我們說，我們的先人在距今 10000～8000 年以前靠不自覺地引入數學規則而創立易道三進制，是一件開天闢地的偉大事件。它不但意味著中華民族智慧的大覺醒，而且意味著全人類理性的大覺醒。中國文明史和世界文明史都應該從伏羲時代算起。

第二，易道三進制的再發現說明，中國是世界上最古老的數學大國。

我們說過，易道三進制並不是真正嚴格數學意義上的三進制，它是受到巫術禁錮的三進制。但是，它畢竟還是三進制，有算具（定位器和算策），有運算規則。

《易經》損卦六三：「三人行則損一人，一人行則得其友。」

這就是三進制減法運算和加法運算的基本規則。

二進位易道和三進制易道，命運不同。從三進制數碼表中抽出來的八卦和六十四卦本來理應屬於二進位，但我們先人並不知道這是二進位。直到 18 世紀，德國數學家萊布尼茲指出這一點以後，我們才恍然大悟。

文王以後，易道三進制，作為一種易理，在古代哲學界失傳了，但是，作為一種數學運算方法，卻留傳下來，為《漢書》和《隋書》所記載。我們已經在第三章中對此有所說明。

第三，易道三進制的再發現，說明「零」概念和自然數理論在中國的產生比在世界上任何國家都要早幾千年。

過去，研究數學史的學者一致公認，「零」的概念最早在印度產生。現在看起來，「零」的概念首先在中國產

生，時間要比印度早數千年。

過去，數學史的研究者一致公認，最早提出自然數理論的是義大利數學家皮亞諾（Giuseppe Peano, 1858－1932）。

今天看來，中國三進制易道中的「元亨利貞」理論也是一種自然數理論。它比 Peano 理論的提出要早數千年。

第四，易道三進制的再發現有助於破除中國人頭腦中的巫術思維方式殘餘，從而為中華文化的偉大復興鋪平道路。

要破除巫術思維方式殘餘，首先要傳播科學精神，科學思想，科學方法和科學知識。一旦科學精神，科學思想，科學方法和科學知識普及，巫術思維方式就難以有藏身之地。但是，同等重要的措施是要對巫術思維方式進行必要的批判。

偉大的「五四」新文化運動，高舉民主和科學兩面大旗。但是，它把抗爭的主要矛頭指向封建禮教和封建思想，未能對巫術思維方式展開批判，因而終究未能徹底完成科學洗禮任務。

今天，我們要想徹底完成科學洗禮任務，一方面仍然要徹底批判封建思想，另一方面要徹底批判巫術思維方式。

「巫術的起源有以下三大文化要素：

1. 自然難題暫時無從克服與解答；

2. 人盲目相信自己能夠解決一切自然難題；

3. 人的頭腦中存在著『萬物有靈』包括鬼神觀念等」。❷

因此，巫術和科學在某些方面頗為相近。（1）兩者對人類有能力改造世界抱有堅定信心；（2）兩者都承認世界具有客觀規律性；（3）兩者都追求知識，憧憬未來。

243

但是，科學和巫術的文化本質畢竟不同：（1）科學改造世界的信心是建立在科學理性的基礎上，而巫術則相信「探賾索隱，鉤深致遠，以定天下之吉凶，成天下之亹亹者，莫大乎蓍龜。」（2）科學把握事物客觀規律的方法是觀察實驗，分析綜合；巫術則認為，不需要對客觀事物進行觀察實驗，分析綜合，只要把主客觀、天人、因果直接視為同一，就可以求得真理。（3）科學認為，追求知識的過程是一個揭開真理的無限過程；在這個過程中需要研究一切不確定的、偶然的和意外的因素。巫術則認為，事件的演替是由不變規律所決定的，是可以準確地預計到和推算出來的，從而把一切不確定的偶然和意外的因素都排除在自然進程之外。

巫術的全部文化意義，就在於發現或製造前兆迷信，以占驗吉凶。巫術的前兆決定占驗結果。這是一種錯誤的因果論，是對因果律的濫用。但是，儘管在巫術過程中滲透著神靈觀念，人的智慧並沒有像在宗教中那樣徹底地屈服於神靈。所以，這種錯誤的因果論大體上仍屬於人文學範疇，而不屬於神學範疇。

大家知道，周易的巫術智慧後來終於未能發展成為成熟的中華古代宗教。其文化上的原因何在呢？

對於這個問題，許多學者都發表過他們的意見。我們也有我們自己的意見。德國天文學家和占星家開普勒（Johannes Kepler）有一段話給了我們很大啟發。他說：「對外部世界進行研究的主要目的在於發現上帝賦予它的合理次序和和諧，而這些是上帝以數學語言透露給我們的。」

這就是說，凡是宗教都與數學有密切聯繫，而且不論

科學還是宗教，都在努力尋找可以用數學語言表達的外部世界的合理次序和和諧。所不同的是，科學所尋找的是可以表達客觀世界（因而不包括上帝在內）的合理次序和和諧的數學語言。而宗教所尋找的卻是可以表達宗教世界（因而包括上帝在內）的合理次序和和諧的數學語言。❸

　　我們的祖先早在距今10000年到3000年之間就先後不自覺地發現了三進制和二進位兩種數學語言，而且發現只有二進位才是可以表達客觀世界的合理次序和和諧的數學語言，三進制則不完全適合表現客觀世界的合理次序和和諧。西方世界借用了我們祖先所發現的三進制去表現他們的宗教世界的次序和和諧。至於可以表達客觀世界的合理次序和和諧的數學語言，西方科學界，從愛因斯坦的時代起，就一直在尋找，至今還沒有找到。

　　其實，我們的祖先早就找到了，那就是二進位。我們相信，西方科學界遲早會承認，只有二進位才是表達客觀世界合理次序和和諧的唯一語言。

　　現在，我們可以來回答上面提出的問題了：為什麼在古代中國沒有出現成熟的宗教？我們的回答是：那是因為我們的祖先很早就發現三進制不能表達客觀世界的合理次序和和諧，因而堅決地擯棄了三進制，而採納了可以表達客觀世界合理次序和和諧的二進位。這是中國沒有產生成熟的宗教最根本的原因。

　　但是，宗教意識的淡化所留下的空白必須得到填補。歷史的天平要求平衡。於是，從周易智慧中便派生出一個龐大的巫術性的術數學體系，從漢代的讖緯神學的災變論，以及六爻筮法、四柱算命術和遁甲、六壬、太乙等星

占學，一直到相面術、手相學、堪輿學、梅花易數等等無奇不有。其中也有一些科學因素，如六十甲子、五行等值得我們繼承，但大體上都是一些巫術和鬼畫符的大雜繪，對中華民族的思維方式產生了極大的毒害作用，助長了中華民族的最大劣根性——巫術思維方式——的發展。

它們的共同特點是，它們都打著《周易》的旗號。因此，只要我們運用三進制揭開《易經》的神秘面紗，我們就可以給這種巫術思維方式以沉重的打擊，從而為中華文化的偉大復興鋪平道路。

【註釋】

❶張居中：「淮河上游八千年的輝煌」，《光明日報》，2000年，4月28日。

❷王振復：《周易的美學智慧》，第39頁，湖南出版社，1991年。

❸本文寫作時間較早，因此，文中還保留著我們原來的觀點。隨著我們對易學的研究逐漸深入，我們的觀點已經有所改變。我們今天認為，只有複數系統才是描述辯證數邏輯的最佳數學語言。因此，也只有複數系統才是表達客觀世界合理次序和和諧的最佳數學語言。

第十四章
《聖經》和《易經》之間的聯繫

　　在重新發現易道三進制以後，我們又進一步發現《易經》和《聖經》之間有著密切聯繫，並由此得出兩個不可避免的結論：（1）基督教文化是中國古代文化的衍生物；（2）古希伯來人是中國古代夏王朝的遺民。

　　我們先談《易經》和《聖經》之間的聯繫。經過對比研究，我們發現《易經》和《聖經》都使用了三進制。

　　下面是三進制頭28個數碼：

太極	兩儀		四　象									
元	陽　陰			太陽　少陰				少陽　太陰				
0 空位	—　--	0 —	- —	-- —	0 --	- --	-- --	0 0	- 0	-- 0	0 -	0 -
0	1　2	3	4	5	6	7	8	9	10	11	12	

八　卦														
乾　兌		離　震						巽　坎		艮　坤				
—　--	0	—　--	0	—　--	0	—　--	0	—　--	0	—　--	0	—　--	0	
—　—	—	--　--	—	—　—	0	0　0	0	--　--	--	—　—	—	--　--	--	
—　—	—	—　—	—	--　--	--	--　--	--	—　—	—	--　--	--	--　--	--	
13	14	15	16	17	18	19	20	21	22	23	24	25	26	27

我們再拿耶穌的家譜同這28個數碼加以比較。據《新約‧馬太福音》，從亞伯罕到大衛，共有十四代，從大衛遷至巴比倫的時候起，也有十四代，從遷至巴比倫的時候到基督的時代，又有十四代。

前28代的世系如下：亞伯拉罕——以撒——雅各——猶大——法勒斯——希斯——亞蘭——亞米拿達——拿順——撒門——波阿斯——俄備得——耶西——大衛王——所羅門——羅波安——亞比雅——亞撒——約沙法——約蘭——烏西亞——約坦——亞哈斯——希西家——瑪拿西——亞們——約西亞——耶哥尼雅。

在前28代世系中，佔據乾卦位置的是大衛王。

後十四代的世系如下：耶哥尼雅——撒拉鐵——所羅巴伯——亞比玉——以利亞敬——亞所——撒督——亞金——以律——以利亞撒——馬但——雅各——約瑟——耶穌。

在後十四代世系中，佔據乾卦位置的是耶穌。

讀者可能說：這是巧合，不能作為《聖經》採用三進制的證明。我們可以再舉出一個證據。那就是，上帝七天創造世界的神話和三進制頭27位數碼表處處吻合。這難道也是巧合嗎？

在三進制頭28個數碼表中，除第一個數碼代表陰陽未判的混沌宇宙外，帶零的數碼和不帶零的數碼各分為7組，互相耦合。我們認為，這就是《聖經‧創世紀》中上帝七天創造世界的理論根據。帶零的數碼組代表上帝的創造作用（「神明之德」），7個不帶零的數碼組代表上帝在七天中所分別創造的事物。請看《創世紀》是怎樣描寫

上帝創造世界的吧。

第一天：「上帝說，要有光，就有了光。上帝看光是好的，就把光暗分開了。上帝稱光為晝，稱暗為夜。」這「光」和「暗」就相當於三進制數碼表中的「陽儀」和「陰儀」。

第二天：「上帝說，諸水之間要有空氣，將水分為上下。上帝就造出空氣，將空氣以下的水，空氣以上的水分開了。事就這樣成了。上帝稱空氣為天。」對照三進制數碼表，「天」相當於「太陽」，天以下的水相當於「少陰」。

第三天：「上帝說，天下的水要聚在一處，使旱地露出來，事就這樣成了。上帝稱旱地為地，稱水的聚處為海，上帝看著是好的。上帝說，地要發生青草和結種子的蔬菜，並結果子的樹木，各從其類，果子都包著核，事就這樣成了。於是地發生了青草、和結種子的蔬菜，各從其類，並結果子的樹木，各從其類，果子都包著核。上帝看著是好的。」對照三進制數碼表，「地」相當於「太陰」，青草，蔬菜，樹等相當於「少陽」。

第四天：「上帝說，天上要有光體，可以分晝夜，定節令、日子、年歲，並要發光在天空，普照在地上。事就這樣成了。於是上帝造了兩個大光，大的管晝，小的管夜。又造眾星。就把這些光擺列在天空，普照在地上，管理晝夜，分別明暗。上帝看著是好的。」對照三進制數碼表，管晝的大光是太陽，相當於乾卦；管夜的大光是月亮，相當於兌卦。

第五天：「上帝說，水要多多滋生有生命的物。要有雀鳥飛在地面以上、天空之中。上帝就造出大魚、和水中

所滋生各樣有生命的動物，各從其類。又造出各樣飛鳥，各從其類。上帝看著是好的。」對照三進制數碼表，大魚和水中所滋生的各樣有生命的動物相當於離卦，各樣飛鳥相當於震卦。

第六天：「上帝說，地要生出活物來，各從其類，牲畜、昆蟲、野獸、各從其類。事就這樣成了。於是上帝造出野獸、各從其類，牲畜，各從其類，地上一切昆蟲，各從其類。上帝看著是好的。上帝說，我們要照著我們的形象，按著我們的式樣造人，使他們管理海裏的魚、空中的鳥、地上的牲畜、和全地、並地上所爬的一切昆蟲。上帝就照著自己的形象造人，乃是照著他的形象造男造女。上帝就賜福給他們，又對他們說，要生養眾多，遍滿地面，治理這地。也要管理海裏的魚，空中的鳥，和地上各樣行動的活物。上帝說，看哪，我將遍地上一切結種子的蔬菜，和一切樹上所結有核的果子，全賜給你們作食物。至於地上的走獸、和空中的鳥、並各樣趴在地上有生命的物，我將青草賜給他們作食物。事就這樣成了。上帝看著一切所造的都甚好。」對照三進制數碼表，地上的牲畜、昆蟲、野獸相當於巽卦，人相當於坎卦。

第七天：「天地萬物都造齊了。到第七日，上帝造物的工已經完畢，就在第七日歇了他一切的工，安息了。上帝賜福給第七日，定為聖日，因為在這日，上帝歇了他一切創造的工，就安息了。」對照三進制數碼表，本來還有艮卦和坤卦，但是，上帝卻在第七天歇了工。這是為什麼？我們下面再談談其中的原因。

《聖經》中總共有十次提到所謂「房角石」或者「房

角的頭塊石頭」。現在引證如下：

1.《聖經·舊約·以賽亞書》：「所以主耶和華如此說，看哪，我在錫安放一塊石頭，作為根基，是試驗過的石頭，是穩固根基，寶貴的房角石，信靠的人必不著急。」

那麼，這種「寶貴的房角石」究竟是什麼呢？我們看看中國古代二十八宿的名稱就明白了。

中國古代二十八宿的名稱是：

角亢氏房心尾箕斗牛女虛危室壁

奎婁胃昴畢觜參井鬼柳星張翼軫

二十八宿本來起源於伏羲六十四卦方圖最外圈的二十八卦。後來，因為要推算季節變換的規律，即所謂「氣數」，古人就把二十八宿同易道三進制頭28個數碼聯繫起來。《爾雅》中就有這樣的記載：

「數起角亢，列宿之長，故角之見於東方也，物換春回，鳥獸生角，草木甲析。」在三進制中，運算到第四個數，三進制就算確立起來了。因此，古人完全可以用「房角」去指稱三進制。由此可知，《聖經》上所說的「房角石」就是一塊象徵三進制的石頭，這當然只是一種「假說」，但很可能是事實。切不可以詩人的浪漫主義幻想視之。

我們還可以從《以賽亞書》中再找一條旁證，來證明「房角石」就是三進制。

2.《聖經·舊約·以賽亞書》：「你們要追念上古的事，因為我是上帝，並無別神，我是上帝，再沒有能比我的。我從起初指明末後的事，從古時言明未成的事，說，

我的籌算必立定，凡我所喜悅的我必成就。我召鷙鳥從東方來，召那成就我籌算的人從遠方來」。

在當時，什麼樣的籌算可以「從起初指明末後的事，從古時言明未成的事」呢？在古代，只有易道三進制的籌算才能做到這一步。

除此以外，《聖經》中還有8處提到「房角的頭塊石頭」，「絆腳的石頭」，「跌人的石頭」等。

3.《聖經‧舊約‧詩篇》：「匠人所棄的石頭，已成了房角的頭塊石頭。這是耶和華所作的，在我們眼中看為希奇。這是耶和華所定的日子，我們在其中要高興歡喜。耶和華阿，求你拯救。耶和華阿，求你使我們亨通。」

4.《聖經‧新約‧馬太福音》：「耶穌說，經上寫著『匠人所棄的石頭，已作了房角的頭塊石頭。這是主所作的，在我們眼中看為稀奇』。這經你們沒有念過麼。所以我告訴你們，上帝的國，必從你們奪去，賜給那能結果子的百姓。誰掉在這石頭上，必須跌碎。這石頭掉在誰的身上，就要把誰砸得稀爛。」

5.《聖經‧新約‧馬可福音》：「經上寫著：『匠人所棄的石頭，已作了房角的頭塊石頭。這是主所作的，在我們眼中看為稀奇。』這經你們沒有念過嗎。他們（指耶路撒冷的祭司長、文士並長老——引者注）看出這比喻是指著他們說的，就想要捉拿他，只是懼怕百姓，於是離開他走了。」

6.《聖經‧新約‧路迦福音》：「耶穌看著他們說，經上記著『匠人所棄的石頭，已作了房角的頭塊石頭。』這是什麼意思呢？凡掉在那石頭上的，必要跌碎。那石頭

掉在誰的身上，就把誰砸得稀爛。」

7.《聖經·新約·羅馬書》：「但以色列人追求律法的義，反得不著律法的義。這是什麼緣故呢？是因為他們不恁著信心求，只憑著行為求。他們正跌在那絆腳石上，如經上所記，『我在錫安放一塊絆腳的石頭，跌人的磐石。信靠他的人必不至於羞愧』。」

8.《聖經·舊約·以賽亞書》：「但要尊萬軍之耶和華為聖，以他為你們所當怕的，所當畏懼的。他必作為聖所，卻向以色列兩家作絆腳的石頭，跌人的磐石。向耶路撒冷的居民，作為圈套和網羅。許多人必在其上絆腳跌倒，而且跌碎，並陷入網羅，被纏住。」

9.《聖經·舊約·彼得前書》：「主乃化石。固然是被人所棄的，卻是被上帝所揀選所寶貴的。你們來到主面前，也就像化石，被建造成為靈宮，作聖潔的祭司，藉著耶穌基督奉獻上帝所容納的靈祭。因為經上說：『看哪，我把所揀選所寶貴的房角石，安放在錫安。信靠他的人，必不至於羞愧。所以他在你們信的人就為寶貝，在那不信的人有話說，『匠人所棄的石頭，已作了房角的頭塊石頭』。又說『作了絆腳的石頭，跌人的磐石』。他們既不順從，就在道理上絆跌。他們這樣絆跌也是預定的。」

10.《聖經·新約·使徒行傳》：「那時，彼得被聖靈充滿，對他們說，治民的官府、和長老阿，倘若今日，因為在殘疾人身上所行的善事，查問我們他是怎樣得了痊癒，你們眾人，和以色列百姓，都當知道，站在你們面前的這人得痊癒，是因你們所釘十字架、上帝叫他從死裏復活的，拿撒勒人耶穌基督的名。他是你們匠人所棄的石

頭,已成為房角的頭塊石頭,除他以外,別無拯救。因為在天下人間,沒有賜下別的名,我們可以靠著得救。」

從上面的引文中可以知道,上帝和耶穌就是「房角的頭塊石頭」。「房角」既然代表三進制,「房角的頭塊石頭」當然是指三進制數碼中的第一個數碼「0」。「0」就是「上帝」,就是「耶穌」。

那麼,我們對「匠人所棄的石頭」當作何理解?「匠人」應指商朝的祖先帝嚳及其後人。他們把所有帶「0」的數碼都丟棄在一邊,從三進制六位數數碼中抽出六十四卦,並用於卜筮,始終熱衷於此道。猶太教的創立者們則重新拾起丟棄的石頭,創立了猶太教。

由此可知,「房角石」不僅代表易道三進制,而且被譬喻為猶太教的有力理論武器。

看來中國古代文化,在夏朝滅亡以後,發生了分岔。一個分岔引向西方,恢復了三進制易道,導致猶太教——基督教——伊斯蘭教的誕生,把二進位易卦漸漸忘懷了,失傳了;一個分岔留在中華本土,堅持了二進位易卦,導致東方辯證法的誕生,把三進制易道漸漸忘懷,失傳了。

猶太教的創立者們既然痛恨把寶貴的隅石丟棄的匠人,自然會對二進位易道採取蔑視態度。上帝在創造世界的過程中,自然也就不會嚴格按照伏羲八卦行事。這就是上帝突然在第七天歇了工的原因。

現在我們來談基督教文化和中華古代文化的聯繫。

現在看來,基督教文化和中國古代文化的聯繫首先在於基督教的三進制來源於中國古代的易道三進制。其次,基督教文化和中國古代文化的聯繫還在於《創世紀》中的

主要神話故事都是從中國古代漢字中演義出來的。近年來，西方基督教人士竭力宣傳《創世紀》的故事可以解釋漢字的構造，意思是說，漢字是按照基督教教義構造出來的。這可能嗎？中國甲骨文的年代至少也比《聖經》的年代早一千多年。所以，事實只能是《創世紀》的神話故事源於古代漢字。

現在，我們從《創世紀的發現》一書引證一些例子，供讀者參考。

〔注一〕其中，基督教人士對漢字構造的解釋完全屬於「民間詞源」，根本不符合漢字的結構原理。

1.「船」字

根據《聖經‧創世紀》的敘述，耶和華見人在地上罪惡很大，就要將所造的人、走獸和昆蟲以及空中的飛鳥，都從地上除滅。惟有挪亞在耶和華眼前蒙恩。在洪水到來的時候，挪亞和他的三個兒子閃，含，雅弗並挪亞的妻子和三個兒媳，都進入上帝吩咐他們造的方舟，方才避開一難。漢字「船」，左邊是「舟」，右邊是「凸」，即八口人，因此基督教人士說，方舟的故事可以解釋漢字「船」的構造。可是，在我們看來，諾亞方舟的故事完全是從漢字「船」演義出來的。據世界史上記載，在以色列人之前，蘇美爾人就有關於創世和洪水的史詩。如果是這樣的話，蘇美爾人的宗教及其有關創世和洪水的史詩也必然同樣來源於中國古代文化。

2.「造」字

《聖經‧創世紀》中說：「耶和華上帝用地上的塵土造人，將生氣吹在他的鼻孔裏，他就成了活人，名叫亞

當。」這同中國古代女媧捏土吹氣造人的神話，如出一轍。可是，基督教人士卻說，漢字「造」字是根據耶和華上帝用塵土造人的故事構造的。你看，「造」字中有「土」有「口」（人）。「土」旁邊一撇代表「吹氣」，「辶」表示造出來的的人能夠行走。事情果真如此嗎？

3. 「園」字

基督教人士解釋這個漢字說：「園」就是指伊甸園。「口」代表伊甸園的圍牆。「吉」表示園中有土有人。「ᐱ」代表兩個人：站立著的人是亞當；靠著亞當身上的人是夏娃。夏娃靠在亞當胸前，象徵著夏娃是上帝從亞當身上抽出的肋骨變成的。在我們看來，事情恰恰相反，不是伊甸園的故事可以解釋漢字「園」的構造，倒是從漢字「園」中衍生出伊甸園的故事。

4. 「先」字

基督教人士解釋說：「先」字中的「儿」代表「人」。「儿」字上面的「土」字代表「塵土」，象徵亞當是上帝用塵土造成的。「土」字旁邊的「ノ」代表上帝吹到亞當鼻孔的靈氣。亞當是世界上的第一人，故此字涵義為「先」。

256

5. 「火」字

基督教人士解釋說：「火」字中的人就是亞當。「人」兩旁的兩點代表「榮光」。《聖經‧創世紀》中說到：「上帝說，我們要照著我們的形象，按著我們的樣式造人。」上帝周圍發出榮光：因此，亞當周圍也有榮光，等他吃了分別善惡樹上的果子，他身上的榮光才消失。

6. 「光」字

基督教人士解釋說：「光」字中有「一」有「儿」，指「亞當」。上面三點代表亞當身上的榮光。《聖經·約翰福音》中說：「生命在他裏頭。這生命就是人的光。」

7.「福」字

基督人士解釋說：「福」字偏旁是「示」；「示」就是「宣佈，言，說，道」。上帝是靠「言」來創造萬物的。《聖經·約翰福音》中說：「太初有道，道與上帝同在，道就是上帝」。「示」旁有「一口」；「一口」指亞當。下面有「田」，「田」指伊甸園。上帝把亞當安置在伊甸園中，亞當有福了。

「田」字真代表伊甸園嗎？倒像一塊水田。有河水灌溉嗎？有四條河。《聖經·創世紀》中說：「有河從伊甸流出來滋潤那園子，從那裏分為四道。第一道河名叫比遜，就是環繞哈腓拉全地的，在那裏有金子，並且那地和金子是好的。在那裏又有珍珠和紅瑪瑙。第二道河名叫基訓，就是環繞古時全地的。第三道河名叫希底結，流在亞述的東邊。第四道河就是伯拉河。」「田」字中的「十」字就代表這四條河。那麼，「十」字的中心又是什麼地方呢？那是一個泉——「生命泉」。

《聖經·雅歌》中說：「我妹子，我新婦，乃是關閉的園，禁閉的井，封閉的泉源……你是園中的泉，活水的井，從利巴嫩流下來的溪水。」《聖經·啟示錄》中也說：「我要將生命泉的水白白賜給那口渴的人喝……天使又指示我在城內街道當中一道生命水的河，明亮如水晶，從上帝和羔羊的寶座流出來。這邊與那邊有生命樹，結十

二樣果子，每月都結果子。」

在我們看來，不是伊甸園中的四條河可以解釋漢字「田」的構造。倒是《聖經》的撰寫人根據漢字「田」的構造想像出四條河來。

8.「西」字

《聖經·創世紀》中說：「耶和華上帝在東方的伊甸立了一個園子，把所造的人安置在那裏。」「西」字中的「口」就是伊甸園。「一儿」代表新造的人亞當。當時應是上帝造物的第六天的下午，太陽位置在西方，故「西」字詞義為「西方」。

9.「要」字

「要」當中的「西」代表伊甸園中的亞當。這時，他仍是孤獨一人。他需要一個女人。故「要」字詞義為「需要」。

10.「林」字

伊甸園中心附近有兩種樹。《聖經·創世紀》中說：「園子當中又有生命樹和分別善惡的樹。」故雙木為「林」。

11.「肉」字

《聖經·創世紀》中說：「耶和華上帝使他沉睡，他就睡了。於是取下他的一根肋骨，又把肉合起來。耶和華上帝就用那人身上所取的肋骨，造成一個女人。」「肉」字中的「冂」代表一個手術切口，切口內的「仌」代表肋骨，也就是代表「人」。其中一根肋骨被上帝取出來，造成一個女人。

12.「裸」字

基督教人士解釋說：「裸」字中的偏旁「衤」代表「衣」。「裸」字表示以果樹葉子遮羞，故詞義為「裸體」。

13.「婪」字

「婪」代表林中之女，即夏娃。夏娃貪婪，故詞義為「貪婪」。

14.「禁」字

「禁」字中的「示」代表上帝的命令。上帝在生命樹和分別善惡的樹旁明示，亞當和夏娃可吃園中各樣樹上的果子，但不可以吃分別善惡樹上的果子。故「禁」字詞義為「禁止」。

15.「鬼」字

基督教人士解釋說：「鬼」字由四個部件組成。「田」代表伊甸園。「儿」代表「人」，「厶」代表「隱私，陰險」，「丿」代表「有靈氣」，總起來說「鬼」代表潛入伊甸園的魔鬼。

16.「魔」字

基督教人士解釋：「魔」代表在林木的掩蓋下潛入伊甸園的魔鬼。

17.「遠」字

基督教人士解釋說：「遠」字代表亞當和夏娃離開伊甸園，走遠了。

18.「躲」字

「躲」字由三個部件組成：「身」「乃」「木」，意思是身子藏樹後。《聖經·創世紀》中說：「那人聽見上

帝的聲音，就藏在園裏的樹木中，躲避耶和華上帝的面。」

19.「來」字

基督教人士解釋說，亞當和夏娃從樹後出現叫「來」。

20.「巫」字

基督教人士解釋說，「巫」字中包含「工」字。「工」字的上一橫代表天，下一橫代表地；中間一豎代表一人在工作。所以「巫」字有三個人在努力溝通天地。

21.「雨」字

基督教人士解釋說「雨」字由三個部件組成「一，冂，㐅」。「一」代表「天」；「冂」代表「覆蓋」；「㐅」代表「雨」。

22.「靈」字

基督教人解釋說，「靈」字中的「口口口」代表「聖父、聖子、聖靈三位一體」。「靈」字的意思是三位巫師作法，向三位一體的聖父、聖子、聖靈祈雨，頃刻大雨淋淋，故謂之「靈」。

23.「亂」字

《聖經‧創世紀》中說：那時，天下人的口音言語都是一樣。他們往東邊遷移的時候，在示拿地遇見一片平原，就住在那裏。他們彼此商量說，來罷，我們要做磚，把磚燒透了。他們就拿磚當石頭，又拿石漆當灰泥。他們說，來罷，我們要建造一座城和一座塔，塔頂通天，為要傳揚我們的名，免得我們分散在全地上。耶和華降臨要看看世人所建造的城和塔。耶和華說，看哪，他們成為一樣

的人民，都是一樣的言語，如今既作起這事來，以後他們要做的事，就沒有不成就的了。我們下去，在那裏變亂他們的口音，使他們的言語，彼此不通。於是耶和華使他們從那裏分散在全地上。他們就停工不造那城了。因為耶和華在那裏變亂天下人的言語，使眾人分散在全地上，所以那城叫巴別。」因此，基督教人士解釋說，「乱」字偏旁為「舌」。「乚」是「兒」的右腿。「亂」字表示上帝變亂了天下人的言語。其實，「亂」字的繁體「乚」當中並不包含「舌」，倒是「變」字當中包含「言」字。因此，很可能是《創世紀》的作者根據漢字「變」的構造創造了「巴別塔」神話。

24.「遷」字

基督教人士解釋說，「遷」字由四個部件組成：大，巳，西，辶。「己」是「𢀩」的一半。「𢀩」是象徵權威的國璽。「𢀩」分為兩半，意指分裂，因此，「遷」字表示由於分裂而發生了向西方的大遷徙。

最後，我們談談古希伯來人是不是中國夏朝的遺民問題。

早在西元前 1800 年，就有一群希伯來人在亞伯拉罕的率領下遷居美索不達米亞平原西部。亞伯拉罕有兩房妻子。正妻叫撒拉，偏房叫夏甲。夏甲來自埃及。其子孫後來向南遷居阿拉伯半島。稍晚，撒拉的孫子雅各帶領人們向西遷移，入居巴勒斯坦。以色列人的名稱正是從雅各（後來稱為以色列）派生出來的。西元前 1600 年之後不久，以色列人的某些部落同其他希伯來人一起遷入埃及，逃避饑荒。

他們似乎定居於尼羅河三角洲一帶，受到法老政府的奴役。約西元前1300-1250年，他們的子孫推舉堅毅不屈的摩西為新的領袖。摩西把他們從奴隸地位中解救出來，率領他們進入西奈半島，說服他們信仰一個神祇。

這個神祇的名子寫作「Jhwh」或「Yhwh」。它的讀音無人知道。它的含義也是一個謎。不過，學者們普遍認為，大概讀作「Jahweh」（希伯來語）。有時訛寫為「Jehovah」（耶和華）。從此，耶和華就成為西奈各地希伯來人的神。摩西以耶和華崇拜為核心，將信奉該神的各個部落集結成一個聯盟（別稱耶和華同盟會），最後逐漸攻佔巴勒斯坦，即迦南地。

因此，查明「耶和華」一詞的來源，就可以查明古希伯來人的身份。「Jhwh」讀作「Jahweh」不過是後世學者的看法。如果「Jhwh」中的「h」表示雙唇突出的話，「Jhwh」就應讀作「禹」。在希伯來語中，上帝還有另外兩個名字：「Elohim」和「Shaddai」。前者涵義似乎是「聖人」之意，後者恰恰同「夏代」讀音相似。

我們認為這絕不是偶然的，或許可以證明古希伯來人是夏王朝的遺民。我們還可以再舉出兩個旁證。

一個旁證是摩西十誡。摩西十誡有一誡就是「要孝順父母」。這十分明顯地是炎黃子孫的觀念，至今同西方人士的「親情」觀念還有所不同。

第二個旁證是猶太教的「原罪」觀念。原罪觀念從何而來？《聖經》解釋說：由於亞當和夏娃違背上帝旨意偷吃禁果，所以，他們的子孫生下來就有罪孽。但這只是一種神話式的解釋。從歷史唯物主義觀點來看，任何宗教觀

念都是一定歷史時期一定民族的社會思潮的反映。在我們看來，猶太教的原罪觀念正是夏王朝遺民的社會思潮的反映。夏桀王的荒淫無道給夏族遺民世世代代帶來災難，以致他們一生下來就有罪孽。猶太教認為人有罪孽，不要緊，只要向上帝懺悔，上帝就會原諒。《易經》認為，人有罪過，不要緊，只要誠心悔過，就可以無咎。這兩種觀念顯然同出一源。難道這還不足以證明古希伯來人是夏王朝的遺民嗎？還有，亞當顯然就是伏羲（太昊），夏娃顯然就是女媧，智慧樹顯然就是扶桑木。這不是很明白嗎？

歷史學家決不會同意我們的意見。他們要求提出確鑿的證據。這也是完全正確的。我們的意見只能算一種假說，或者說一家之言。在今天，要驗證這一假說是否真實，已經十分簡單，只要進行一番種族基因組學研究，就可以很快得出結果。

事實上，中國基因組學者在這一領域早已取得一些初步的研究成果。2000年10月15日的《光明日報》刊登了中國科學院遺傳研究所人類及動物實驗室的金鋒博士和王瀝博士對記者的談話。他們說：「我們研究室分別對山東省臨淄地區的2000年前和2500年前的古代人群進行了分子遺傳學研究，結果發現不僅這兩個古代人群之間遺傳結構不同，他們與現代當地的山東人也有很大差別。從已有的資料看，這兩個墓葬群的群體遺傳結構與現代中亞和西亞人較為接近，而且，與2000年前的相比，2500年前的人群結構更加偏向西亞。」❶

此外，中國科學院發育生物學研究所研究員莫鑫泉先生也在2000年10月10日向媒體公開表示，他在用分子生物方

263

法（m＋DNA）研究中華民族的起源。他要問一問中華民族的源頭在哪裏？56個民族的最早祖先是誰？56個民族之間的親緣（遺傳）關係如何？中華民族與世界民族的關係如何？以及中華民族的外延如何，即中華民族與印第安人和東南亞民族間的遺傳關係如何？❷這真是一個天大的喜訊！我希望有更多基因組學家參加到這個中華民族探源工程中來。

最後，我們想附帶地在這裏針對夏商周斷代工程所確定的「夏商周年表」，提出一點商榷意見。我們首先要指出，夏商周斷代工程具有偉大的意義。它是中國歷史上第一次把歷史學和自然科學界眾多專家團結起來，為一個共同目標而奮鬥的科研工程。它所取得的令人振奮的成果被科學界一致推舉為1999年中國十大科學成就之一。它所提供的最早的古史紀年要比《史記》的記錄向前推進了近800年。但是，作為一個學術問題，我還是想提出一點小小的商榷意見，供學術界參考。

根據世界史記載，西元前1800年左右，有一群希伯來人在亞伯拉罕的領導下出現在兩河流域美索不達米亞平原西部。他們來自何方，誰也不知道。而中國古代文獻《烈女傳》和《帝王世紀》中卻有夏桀攜嬖妾未喜「乘桴游於海」的記載。據此，我們認定，古希伯來人應該也是漂流海外的中國夏王朝的遺民。這些當然都是假說。但是，如果這些假說證明屬實的話，那麼，「夏商周斷代工程」所確定的夏王朝覆滅年代（西元前1600年）就有問題。

問題出在哪裏呢？我們認為，問題就在於參加夏商周斷代工程的中國歷史學家們只是用中國史的座標去看待夏

264

商周斷代問題，而沒有用世界史的座標去看待夏商周斷代問題，因而視野窄狹，缺乏全球眼光。

今後，我們勢必還要繼續實施中華民族探源工程。為此，我們願意在此提出一個小小的建議：在今後啟動中華民族探源工程的時候，我們務必要組織一部分世界史專家和各學科專家，對中國易卦文化、稻作文化和薩滿文化在全世界的傳播情況，進行一番認真的調查研究。為此，就必須進行六方面的研究。

1. 中國易卦文化的研究。如果不研究易卦文化，考古學家即使發現各種實物和圖像，也看不出其文化內涵；

2. 考古學研究；

3. 易卦文化、稻作文化和薩滿文化及其語言（黔台語）在全球傳播的研究；

4. 中國遠古文字演進的研究；

5. 歷史文物紋飾學研究；

6. 中華民族基因組學研究。此種研究尤其需要在正確理論指導下進行，並採取客觀態度，以免受到「西方中心論」的毒害。如果你受到「西方中心論」的毒害，你就會走上邪路，得出種種荒唐的結論。

【註釋】

❶見何春叔：「用DNA研究古代的歷史」一文，載2000年10月　日的《光明日報》。

❷《書評周刊》通訊「圖書說分量，專家論短長（科學家篇）」，載《光明日報》，2000年10月10日。

第十五章　古典形態東方辯證法的根本性優缺點及其合理內核

　　我們首先來討論古典形態東方辯證法的根本性優缺點。

　　近年來，有不少眼光犀利的學者指出，古典形態東方辯證法（即所謂易學）的根本缺陷在於未能建立整套公理系統，因而缺乏邏輯基礎。例如，姜念濤先生就在《科學家的思維方法》一書中一針見血地指出：「我們的基礎理論，諸如『陰陽說』呀，『元氣說』呀，都長期停留在一種渾沌的、含糊的、無法加以證明和檢驗的水準上，始終沒有產生像歐幾里德幾何那樣嚴密的、清晰的、可以加以證明和檢驗的邏輯體系。」❶

　　這就是說，古典形態東方辯證法始終不具有公理系統的結構性、邏輯簡單性、嚴謹性、預見性、可檢驗性、可證明性等特徵。它只具有常識、經驗、推測和思辨等特徵，是一種未經分化的古代自然哲學，人生哲學和社會哲學的混合物，是一種巫術成分和科學成分紛然並陳的大雜燴。這就是古典形態東方辯證法的根本缺陷。

　　2004 年年底，「2004 文化高峰論壇」在北京舉行。在論壇上，諾貝爾物理學獎獲得者楊振寧先生在演講中指出：「《易經》影響了中華文化的思維方式」；「這個影響是近代科學沒有在中國萌芽的重要原因之一」。其理由有五：

1.中國傳統是「入世」的，而不是「出世的」，換句話說是比較注重實際的，而不注重抽象的理論框架；

2.科學制度；

3.觀念上認為技術不重要，是「奇技淫巧」；

4.中國傳統中沒有推演的思維方式；

5.有「天人合一」的觀念。❷

楊振寧先生所說的「中華文化的思維方式」就是「陰陽之道」的思維方式，也就是古代辯證邏輯的思維方式。但是，這種辯證邏輯並沒有經過演繹邏輯的嚴密刻畫，因而是一種含混的、渾沌的、不可證明、不可驗證的、同巫術思維方式混合在一起的辯證邏輯。

對於大多數人來說，它是一種半辯證、半經驗的思維方式；對於有些人來說，它甚至是一種半巫術、半經驗的思維方式。從這樣的思維方式中，自然產生不出近代科學來。這就是古代形態東方辯證法的根本性缺陷給我們民族所帶來的嚴重後果。

古典形態東方辯證法的根本缺陷是時代背景的限制和文化背景的限制造成的。時代背景的限制是指當時科學不夠昌明；文化背景的限制是指在一種古代文化中，一旦辯證理性占了優勢，形式理性就必然要受到抑制。反之，一旦形式理性占了優勢，辯證理性就要受到抑制。一種傾向掩蓋另一種傾向，在任何時候，都是一條不可抗拒的規律。戰國時代，百家爭鳴，中國學術界出現欣欣向榮的局面。致力於研究形式邏輯的墨學一度成為顯學，但不久就逐漸衰微。從此以後，中國歷代絕大多數學者都缺乏嚴密的形式邏輯思維能力。古典形態東方辯證法的這一根本性

理論缺陷註定要由三千年以後的學者借助現代知識體系和馬克思主義唯物辯證法的幫助來加以克服。

在看到古典形態東方辯法的根本缺陷的同時，我們還應該看到它還有一項根本性的優點：它從一開始就是符號化了的；它有兩個反映辯證邏輯的符號系統——伏羲八卦和伏羲六十四卦。這項優點，同它的缺陷相比，帶有更根本的性質。

我們所以這樣說，有三項理由。我們的第一個理由是，切不可小看這兩個反映辯證邏輯的符號系統。其中內在地蘊涵著一系列辯證邏輯原理；正是靠了這一系列辯證邏輯原理，中華民族才創造出光輝燦爛、博大精深的古代文明來。小的細目不說，我們在這裏只講一講中國古代文化史上的五大事件。

（1）中國古代偉大的思想家孔子接受了古典形態的東方辯證法，把它引向政治學領域，建立了儒家的倫理政治學；

（2）中國古代偉大的哲學家文王姬昌率先宣導並主持編寫了世界第一部文明寶典《易經》，把中華易學引向哲理階段；

（3）中國古代另一位偉大的哲學家老子接受了古典形態的東方辯證法，寫出了舉世聞名的哲學寶典《道德經》；

（4）中國古代偉大的軍事學家孫武接受了古典形態的東方辯證法，把它引向軍事學領域，寫出了至今依然光芒四射的《孫子兵法》；

（5）中國古代的醫學家接受了古典形態的東方辯證

法，把它引向醫學領域，寫出了至今仍在指導中醫實踐的千古醫學名著《黃帝內經》。

除此之外，古典形態的東方辯證法還在數學、天文學、農學、技術、語言、思維、文學、藝術等領域中，產生了廣泛深遠的影響，以致最後決定了中華民族的邏輯心理結構和審美心理結構，成為中國文化的深層核心。總之，我們決不可低估古典形態東方辯證法對中國文化和世界文化的偉大貢獻。

我們之所以認為古典形態東方辯證法的優點比它的缺陷更具有根本性質，第二個理由是：只要伏羲八卦和伏羲六十四卦這兩個辯證邏輯符號系統存在，後人就遲早能在這兩個符號系統及其蘊涵的辯證邏輯原理的基礎上，建立起一整套辯證邏輯公理系統來。

我們的第三個理由是：只要伏羲八卦和伏羲六十四卦存在，後人總有一天能夠從中挖掘出更多更深刻的辯證邏輯原理來。因為這種符號系統，同用文字表述的辯證邏輯著作比起來，總是蘊涵著更多更深刻的辯證邏輯原理。打一個譬喻來說就是，辯證邏輯符號系統，同別的符號系統不同，千年萬年之後還會說話。

關於古典形態東方辯證法的根本性優缺點，我們的論述就到此為止。下面談談它的合理內核。

經過研究，我們認為，古典形態東方辯證法的合理內核由四大部分組成：

（1）伏羲八卦和伏羲六十四卦這兩個符號系統；（2）「陰陽之道」的五條基礎原理和一系列命題；（3）十大宇宙最高原理；（4）八大社會文化理論。

這一合理內核都將由現代形態的東方辯證法加以繼承，因此，在本章中，我們不準備對這一合理內核詳加討論，只準備列出這一合理內核的綱目，並在必要時作一些簡要說明。

一、伏羲八卦和伏羲六十四卦

這是古典形態東方辯證法精華之中的精華。其中全是精華，不含任何糟粕。我們現已查明，伏羲八卦反映的是事物內部矛盾運動規律；伏羲六十四卦反映的是事物外部矛盾運動的規律。從編碼來看，古代傳下來的這兩個卦體都屬於理想世界，但只要有了理想世界的卦體，我們也就有可能推導出它們在現實世界的相應卦體和反映生命過程中的反演現象的反演卦體。

二、十大宇宙最高原理

即對稱原理、陰陽平衡原理、陰陽互補原理、生成原理、有無相生原理、循環原理、感應原理、和諧穩定原理、自相似原理和整體原理等。

三、「陰陽之道」的五條基本原理和一系列命題

陰陽之道的五條基本原理也是古典形態東方辯證法精華中的精華。東方辯證法的公理系統就建立在這五條基礎原理之上。

五條基礎原理：

1. 太極原理，即「一分為二」的原理；

2. 陰陽互根和陰陽互為消長的原理；

3. 時空統一三維原理；

4. 天道左旋原理；

5. 陰畜陽原理，即陰性優先原理。

除了以上五條基本原理以外，歷代哲人還根據「陰陽模式」和四象模式提出一系列辯證命題。這裏不一一列舉。

四、八大社會文化理論

1. 中庸之道；

2. 天人合一理論；

3. 矛盾分析法：《孫子兵法》就是矛盾分析法在古代的光輝範例；

4. 反演推斷法；

5. 趨吉避凶理論；

6. 與時偕行理論；

7. 協和萬邦理論；

8. 和諧社會理論。

【註釋】

❶姜念濤：《科學家的思維方法》，雲南人民出版社，1984年。

❷見2004年11月19日的《光明日報》通訊「科學家與人文學者的溝通很重要」。

附錄一　《易經》基本知識

（一）八　卦

　　八卦是一個符號系統，由八個元素組成，故稱八卦。按照「乾（ㄑㄧㄢˊ），兌，離，震，巽（ㄒㄩㄣˋ），坎，艮（ㄍㄣˋ），坤」順序組成的八卦，傳統上稱為伏羲八卦。八卦的八個元素，分別叫「卦」；由八個元素組成的整個符號系統，習慣上也稱為「卦」。

　　這八元素又分別由兩種基本符號「━」和「--」構成。符號「━」稱為陽爻；符號「--」，稱為陰爻。每個元素都由三個基本符號組成。這三個符號組成的畫面，就叫卦畫。

　　要想記住這八個元素的名稱和卦畫，可以背誦宋代朱熹所編寫的八卦取象歌：

　　乾三連（☰）；坤六斷（☷）。
　　震仰盂（☳）；艮覆碗（☶）。
　　離中虛（☲）；坎中滿（☵）。
　　兌上缺（☱）；巽下斷（☴）。

　　伏羲八卦符合二進位。二進位的加法運算規則是「逢二進一」。

如果我們取「－－」為「0」，取「－」為1，則伏羲八卦的編碼為：

卦名	卦畫	二進制編碼	十進制編碼
坤	☷	000	0
艮	☶	001	1
坎	☵	010	2
巽	☴	011	3
震	☳	100	4
離	☲	101	5
兌	☱	110	6
乾	☰	111	7

這樣編碼的伏羲八卦，叫做伏羲八卦的陰卦。

如果我們取「－」為「0」，取「－－」為1，則伏羲八卦的編碼如下：

卦名	卦畫	二進制編碼	十進制編碼
乾	☰	000	0
兌	☱	001	1
離	☲	010	2
震	☳	011	3
巽	☴	100	4
坎	☵	101	5
艮	☶	110	6
坤	☷	111	7

這樣編碼的伏羲八卦，叫做伏羲八卦的陽卦。伏羲八卦是陰卦和陽卦之和。為什麼呢？因為伏羲八卦反映的是內部矛盾運動規律。內部矛盾的發展要經歷一個否定之否定的過程。因此，伏羲八卦需要先走一個陰卦，再走一個陽卦，才能完成坤——乾——坤這樣一個完整的循環。

（二）八卦各元素的性質及其象徵的實物

古人認為，八卦各元素都象徵一定的性質和一定的實物。現列表如下：

卦名	性質	所象徵的事物
乾	健	天；父
坤	順	地；母
震	動	雷；長男
巽	入	風；長女；木
坎	陷	水；中男；月
離	麗	火；中女；日
艮	止	山；少男
兌	悅	澤；少女

八卦各元素所象徵的事物，同六十四卦各卦卦象有關，需要記住，或隨時查表。

（三）六十四卦

要談六十四卦，需要先從四象談起，下面是伏羲64卦四象的名稱和卦畫：

太陰 ⚏　　少陽 ⚎　　太陽 ⚍　　太陽 ⚌

從理論上來說，六十四卦是由四象三三相疊而構成的，這種構成說有數理邏輯根據，也符合《易經》本義。但是，古人有時也把六十四卦看作是由八卦符號兩兩相疊而構成的。這樣構成的六十四卦叫「邵雍64卦」。它反映的仍是內部矛盾運動規律，可用於研究涵蓋宇觀與宏觀兩個層次的現象或涵蓋宏觀與微觀兩個層次的現象以及人類精神現象。所以，「邵雍64卦」也需要先走一個陰卦，再走一個乾卦，才能完成坤——乾——坤這樣一個否定之否定過程。

六十四卦的排列順序有很多種。六十四卦在伏羲64卦中有一種排列順序；在《易經》中有一種排列順序；在《雜卦》中有一種排列順序；此外，還有連山卦的排列順序和歸藏卦的排列順序等等。其中，只有伏羲64卦（及太昊64卦）的排列順序有數理邏輯根據，其他各種排列順序都沒有數理邏輯根據。

伏羲64卦反映的是外部矛盾的運動規律。外部矛盾的發展不需經歷一個否定之否定過程，所以，伏羲64卦只取一個陰卦（或者只取一個陽卦）。

伏羲64卦符合四進制，並有陰卦和陽卦之分。六十四卦各卦卦名和卦畫很難記住，可以不必專門記住，逐漸熟悉即可。

（四）卦與爻

在《易經》中，六十四卦的每一卦都有卦名、卦碼、卦象和卦辭。

顧名思義，卦名就是每一卦的名稱。卦名往往摘自所

援引的歌謠，或根據卦象或卦爻辭內容確定。卦名同卦象和卦爻辭都有一定聯想式的聯繫。

卦碼就是以陰陽爻表示的二進制數碼。

卦象就是以陰陽爻表示的各卦二進制數碼所呈現的畫面。卦象有兩類：實物卦象和象徵卦象。實物卦象指二進制數碼所呈現的畫面酷似什麼實物，如頤卦酷似「口中有齒」。象徵性卦象是上下卦象徵的事物所組成的畫面，如井卦巽下坎上，呈「木上有水」之象。

卦辭是指每卦後面所附的辭句。卦辭可分兩部分：卦辭正文（象辭）和吉凶判語（兆辭）。吉凶判語可以放在卦辭正文的前面或後面。用現代人的眼光來看，《易經》64卦各卦同所附的卦爻辭並沒有任何邏輯上的必然聯繫。

在六十四卦中，每一卦都由六個爻組成。每一爻都有爻題（爻名）、爻碼、爻象和爻辭。

爻題就是爻的名稱。爻題由兩個字組成。一個字說明這個爻是陰爻還是陽爻。陰爻用「六」表示；陽爻用「九」表示。還有一個字說明這個爻是第幾爻，分別用「初」、「二」、「三」、「四」、「五」「上」表示。順序是自下而上排列。例如：

上九 ……… ▬▬

六五 ……… ▬▬ ▬▬

九四 ……… ▬▬

六三 ……… ▬▬ ▬▬

九二 ……… ▬▬

初六 ……… ▬▬ ▬▬

由爻題的具體情況，可以判斷，這一卦是未濟卦。

爻碼是指每一卦六個爻的三進制數碼。每一卦各爻的具體爻碼是在該卦的卦碼的基礎上進行六次三進制加法運算而形成的。

爻像是指各爻三進制數碼所呈現的畫面。

爻辭是指各爻後面所附的辭句。爻辭也可以分為兩部分：爻辭正文（象辭）和吉凶判語（兆辭）。

此外，還有吉凶碼。卦碼和爻碼的最末一位數字稱為吉凶碼。這是《易經》判斷吉凶悔吝的主要根據之一。

最後談談「卦」「爻」兩詞的來歷。卦字從圭從卜，當與土圭測日影之法有關：「卜」當代表土圭及所繫的鉛錘。土圭測日影的技術與曆法有關，八卦最初也用於曆法。久而久之，八卦系統就被稱為卦，連八卦系統的八個元素也被稱為卦。「爻」，當是繇的假借字，繇即謠。由於爻辭引用了古代歌謠，或者用歌謠體撰寫，所以就把爻畫稱做爻。這就是「卦…爻」兩詞的來歷。有了以上基本知識，讀者就可以閱讀我們所譯注的《易經》最新白話譯文了。

這裏附帶說一下，「附錄二」中的《易經》文本，以阮刻《十三經注疏》本為準，個別古漢字改用相應的現代漢字。「附錄三」中的《繫辭傳》和《說卦傳》以朱熹本為準。

附錄二 《易經》今譯今注

目　錄

上　經

下　經

279

【譯者聲明】要想把《易經》卦爻辭譯得準確，符合本意，就必須對遠古時代的社會情況和風俗制度，有充分瞭解。我們參考了古今各種注釋，對遠古時代的社會情況和卦爻辭，進行了長期研究，反覆思考，力求向讀者提供一個迄今為止最接近原意的現代譯文。

總之，我們盡了我們的最大努力，但是，由於年代久遠，許多細節都湮沒在歷史的迷霧中，種種誤讀的可能性依然存在。我們真誠地歡迎讀者批評指正。

上　經

乾卦（一）

				吉凶碼		
1	1	1	1	1	1	卦碼
1	1	1	1	1	2	初爻
1	1	1	1	2	0	二爻
1	1	1	1	2	1	三爻
1	1	1	1	2	2	四爻
1	1	1	2	0	0	五爻
1	1	1	2	0	1	六爻

☰乾：元亨，利貞。

【註釋】李鼎祚《周易集解》引子夏傳曰：「元，始也；亨，通也；利，和也；貞，正也。」這種解釋基本正確。

根據我們的研究，「元、亨、利、貞」代表易道三進制頭四個數碼；也相當於二進制的頭四個數碼和十進制的頭四個數碼。

	元		亨		利		貞
三進制	0		-		--		0
	0		0		0		-
	0		0		0		0
二進制	0		1		0		1
	0		0		1		1
	0		0		0		0
十進制	0		1		2		3

　　但是，「元亨利貞」，作為卦辭，需斷句為「元亨，利貞」，才有意義。

　　【譯文】開頭亨通。利於堅守正道。

　　【卦名簡介】本卦卦名原作「鍵」，取「天行健」之意。通行本改「鍵」為「乾」，使本卦意義更加豐富。《說文》：「乾，上出也。從乙」；「乙，象春草木冤屈而出。」這反映了改編者衝破阻力、壓制和迫害，積極向上、熱愛生活、渴望成功的心態。因此，乾卦象徵積極向上，但要防止驕傲跋扈。

281

　　【卦辭說明】烏恩溥先生在《周易——古代中國的世界圖式》一書中說：「乾卦就其卦爻辭所反映的星象來說，當屬木星。」木星在古代通稱「歲星」，有時又稱「太乙」等。古代把木星和東方七宿都稱為「蒼龍」。《淮南子‧天文訓》中說：「東方木也。其帝太皞，其佐句芒，執規而治春，其神為歲星，其獸蒼龍，其音角，其日甲乙。」我們認為，烏先生此說可信。

　　本卦的「元亨，利貞」占斷是綜合六爻的吉凶判斷作出的。卦碼中的「1」代表「龍」。

初九：潛龍❶勿用。

【註譯】❶在這裏，「龍」比譬積極進取的領袖人物和學者，可以統稱為「君子」。

【譯文】此時，君子尚處在發展的第一階段，最好像蛟龍一樣潛藏水底，韜晦待時，不宜顯山露水，過度張揚。

【爻辭說明】本爻吉凶碼為「2」，代表兇險。「勿用」兩詞中即含有兇險之意。

九二：見龍在田，利見大人。

【譯文】蛟龍初現於田野，利於晉見大人物。

【爻辭說明】據烏恩溥先生說，田指天田星。天田共有二星。屬角宿。《石氏星經》說：「左角為天田，右角為天門也。」古人認為，天田星清晨見於東方，即是春天降臨的標誌。

本爻吉凶碼為「0」，既代表「吉」，又代表「田」和「大人」。所以，2-0代表「利見大人」。

九三：君子終日乾乾❶，夕惕若❷，厲，無咎。

【註釋】❶乾乾：自強不息，進取不已；❷惕：警惕；若：語助詞。

【譯文】在這個階段，君子白天進取不已，夜晚自我警惕。雖有危險，也能轉危為安。

【爻辭說明】本爻吉凶碼為「1」。「1」代表悔吝，也代表「龍」。君子能自我警惕，故「厲，無咎」。

九四：或躍在淵，無咎。

【譯文】在這一發展階段，蛟龍有時可能躍出水淵，獲得施展才能的機會。平安無事。

【爻辭說明】本爻吉凶碼為「2」，代表兇險。如能自

我警惕，則可逢凶化吉，又據烏恩溥先生說：「或躍在淵，是指歲星十月在辰的星象。」

九五：飛龍在天，利見大人。

【譯文】在這一發展階段，君子躍居高位，得以施展才華，大展宏圖。利於會見大人物。

【爻辭說明】本爻吉凶碼為「0」。「0」既代表吉祥，也代表大人。2-0代表「利見大人」。又據烏恩溥先生說：「龍指歲星，天為天門……龍度天門乃得天時之象也，故利於晉見大人也。」

上九：亢龍有悔。

【譯文】龍飛到極高處，難免驕傲跋扈，故動則有悔氣，快要倒楣了。

【爻辭說明】本爻吉凶碼為「1」，故「亢龍有悔」。又據烏恩溥先生說：亢指亢宿；亢宿主疾，故亢龍有悔。

用九：見群龍無首，吉。

【譯文】群星燦爛，英雄輩出，故吉。

【爻爻說明】「用九」是指：如筮得之數全為九，則以「用九」爻辭為占。

坤卦（二）

☷☷坤：元亨，利牝馬之貞。君子有攸往，先迷，後得主，利。西南得朋，東北喪朋❶。安貞，吉。

【註釋】❶周族在西南，商族在東北。通觀64卦中「朋」字的用法，可知，在這裏，朋，當指朋友，而非朋貝。

2	2	2	2	2	1
2	2	2	2	2	2
0	0	0	0	0	0
0	0	0	0	0	1
0	0	0	0	0	2
0	0	0	0	1	0
0	0	0	0	1	1
0	0	0	0	1	2

【譯文】開頭亨通，利於堅守陰柔的正道。君子奮發進取。先是領先獨行，結果迷失道路，後來才找有陽剛之氣的領路人。朝西南方向走，會得到朋友；朝東北方向走，會失去朋友。安守正道則吉。

【卦名簡介】根據我們的研究，我們的先人先是在母系氏族社會用符號「∧」代表太陽（即後來的「天」），用符號「—」代表大地。到了父系氏族社會，我們的先人才把這兩個符號互相調換，用「—」代表天。用「--」代表地。所以。本卦卦名最早是「〣」，帛書即寫作「川」。後來，為了避免與作河流解的「川」字相混淆，通行本改作「坤」。《說文》：「坤，地也。」坤卦內涵是：輔佐人員宜於服從領袖人物。但最後也要提防與領袖人物發生流血衝突。

【卦辭說明】據烏恩溥先生說，坤卦與天駟星，即房宿的星象有關。《爾雅》：「天駟，房。」郭璞注：「龍為天馬，故房四星，謂之天駟。」原來，房四星是太陽道和太陰道的分界線。天駟而稱「牝馬」，正是分陰、分陽的標記。烏先生此說可信。

卦辭中的「先迷」指初六爻碼000000。「0」代表樹林；000000代表，迷失道路。「後得主」指六二爻碼000001。其中「1」代表「龍」：即「主」。本卦吉凶判語係根據六個爻爻碼綜合得出，故有「安貞，吉」的斷語。言外之意是「不安貞則凶」。

初六：履霜，堅冰至。

【譯文】我們既然走上陰柔的正道，就必須準備面對嚴峻的考驗，就像我們踏上霜道。就必須準備面對嚴冬一樣。

【爻辭說明】本爻爻碼為000000。其中最後一個「0」代表「履霜」，前面五個「0」代表「堅冰」。

六二：直、方、大。不習❶，無不利。

【註釋】❶不習，《左傳》杜預注中說：「不習謂卜不吉。」

【譯文】平直、方正、廣大是大地的特點。只要我們按直、方、大的原則辦事，即令占卜不吉，也沒有什麼不利。

【爻辭說明】本爻吉凶碼為「1」。此處吉凶判語根據情理，作了變通。

六三：含章❶可貞。或從王事，無成有終。

【註釋】❶章，指文采、美德和才華。

【譯文】只要充實自己的美德和才華，就可以恪守正道。跟隨君王辦事，即便不能取得多大成就，還是會有好結果的。

【爻辭說明】本爻吉凶碼為「2」，本來預示兇險。此處判語根據情理作了變通。「或從王事」指六四爻碼000010中的「10」。「10」代表「王」。

六四：括囊❶，無咎無譽。

【註釋】❶囊指口袋，括指束住。

【譯文】只要我們守口如瓶，即令無法獲得上級的讚譽，也可以平安無事。

【爻辭說明】本爻吉凶碼為「0」，在這裏代表「囊」，也代表「無咎」。

六五：黃裳❶，元吉❷。

【註釋】❶黃裳：下體之服，其色玄黃。❷元，始也；元吉：開頭吉祥。

【譯文】君子雖居高層，仍能像黃裳一樣，謙居下位，開頭吉祥。

【爻辭說明】本爻吉凶碼為「1」。「1」代表悔吝。此處判語根據事理。作了變通。

上六：龍戰於野，其血玄黃。

【譯文】君子過分柔順，必然助長君主陽剛戾氣，最後必然君臣相爭，釀成流血局面。

【爻辭說明】本爻吉凶碼為「2」。「2」代表陰陽相戰和兇險。此處未作吉凶判斷，但既有「龍戰於野，其血玄黃」之語，其兇險可知。

用六：利永貞。

【譯文】利於永遠堅守陰柔之道。

【爻辭說明】「用六」是指：如筮得之數全為六，則以「用六」爻辭為占。

屯卦（三）

☵☳屯❶，元亨，利貞，勿用有攸往，利建侯。

1	2	2	2	1	2
1	2	2	2	2	0
1	2	2	2	2	1
1	2	2	2	2	2
2	0	0	0	0	0
2	0	0	0	0	1
2	0	0	0	0	2
2	0	0	0	1	0
2	0	0	0	1	1
2	0	0	0	1	2
2	0	0	0	2	0
2	0	0	0	2	1
2	0	0	0	2	2

【註釋】❶《說文解字》：「屯，難也。像草木之初生，屯然而難。從中貫一，屈曲之也。一，地也。」

【譯文】開頭亨通，利於堅守正道。不可出行，利於加強自身實力建立王侯基業。

【卦名簡介】本卦卦象震下坎上，有「動乎難中」之象。卦名取自爻辭所引用的古歌。古歌相當完整，歌詠求婚見拒始末，與卦象相符，故係於本卦之下。屯卦內涵為：創業之初，困苦艱難，不如意之事，常十有八九。

【卦辭說明】本卦的「利貞，勿用有攸往」占斷係綜合六爻吉凶判斷而得出。初九吉凶碼「0」代表「吉祥」，又代表王侯，大人；故2→0代表「利建侯」。

初九，磐桓❶，利居貞，利建侯。

【爻辭說明】❶「磐桓」，即桓表，今稱華表，比喻

營造城郭宮室。

【譯文】營造城郭宮室，利於在家堅守正道，利於建立王侯基業。

【爻辭說明】吉凶碼「0」代表王侯。

六二：屯如邅如❶，乘馬班如❷，匪寇婚媾。女子貞，不字，十年乃字。

【爻辭說明】❶屯邅，表示艱難的連綿詞。如，形音詞詞尾。❷班，借為般，迴旋。

【譯文】處境艱難，騎乘盤旋不前，不是賊寇，而是前來求親。女子貞靜自守，不願嫁人，十年乃嫁。

【爻辭說明】本爻吉凶碼「1」表示「悔吝」，又表示「不字」（孤單一人）。下爻吉凶嗎「2」代表「婚配」；下爻末二碼「22」隔十行爻碼才重新出現，故稱「十年乃字」。

六三：即鹿無虞❶，惟❷入於林中，君子幾❸不如舍，往吝。

【註釋】❶「無虞」帛書易經作「母華」即不得喧嘩之意。❷惟：思忖。❸幾，幾乎。

【譯文】追逐小鹿時不得喧嘩，恐怕深入山林，連住所也回不去。所以，深入山林會有危險。

【爻辭說明】本爻爻碼為：122222。其中「2」代表人追小鹿，也代表兇險。下爻吉凶碼「0」代表樹林。2→0代表鹿入山林。

六四：乘馬班如，求婚媾，往吉，無不利。

【譯文】乘馬徘徊，前來求親，大膽前去，吉祥如意。

【爻辭說明】本爻爻碼：200000。其中「2」代表

婚配。五個「0」代表求親隊伍。吉凶碼「0」代表大吉大利。

九五：屯其膏，小貞吉，大貞凶。

【譯文】囤積財富而不廣施恩譯，則小事占問吉祥，大事占問兇險。

【爻辭說明】本爻爻碼為200001。其中四個「0」代表「儲具」，又代表「膏」。本爻吉凶碼「1」代表「小貞吉」，下爻吉凶碼「2」代表「大貞凶」。

上六：乘馬班如，泣血漣如。

【譯文】乘馬徘徊，前來搶婚，被搶女子，血淚如注。

【爻辭說明】本爻吉凶碼「2」代表兇險。

蒙卦（四）

2	1	2	2	2	1
2	1	2	2	2	2
2	2	0	0	0	0
2	2	0	0	0	1
2	2	0	0	0	2
2	2	0	0	1	0
2	2	0	0	1	1
2	2	0	0	1	2

289

䷃蒙：亨，匪我求童蒙，童蒙求我。初筮，告，再三瀆，瀆則不告。利貞。

【譯文】童蒙愚昧無知，可以教化，故亨通。啟蒙教育不是老師求教於蒙童，而是蒙童求教於老師。所以，啟

蒙就像占筮，初次請教，理應回答。再三詢問同一同題，則證明蒙童求教之心不誠，理應不再回答。利於堅守正道。

【卦名簡介】本卦坎下艮上，有「山下出泉、草木叢生」之象。蒙，指山上蒙茸的草，引申為蒙昧無知的人。卦名與卦象相符。蒙卦內涵是：啟蒙教育要注意方法。

【卦辭說明】本卦吉凶碼為「1」；初六吉凶碼為「2」。1→2代表童蒙求師。故有「匪我求童蒙，童蒙求我」之語。

初六：發蒙，利用刑人❶，用說❷桎梏❸。以往❹，吝。

【註釋】❶刑人。犯罪之人。❷說，同脫。❸桎梏，枷鎖。陸德明說：「在足曰桎，在手曰梏。」❹以往，外出。

【譯文】開啟民智，可以利用犯人，脫去他們的枷鎖，對他們進行教育。但允許他們外出，則不利。

【爻辭說明】下爻吉凶碼為「0」，本爻吉凶碼為「2」，代表枷鎖。2→0，代表脫去枷鎖。

九二：包蒙，吉。納婦吉，子克❶家。

【註釋】❶克，成也。克家，猶言成家。

【譯文】啟蒙教育要有教無類，包括自己的妻子和子女。能如此，則娶婦吉，子女也能成家立業。

【爻辭說明】本爻爻碼：220000。其中四個「0」代表教育對象多，吉凶碼為「0」，代表吉祥。

六三：勿用取女，見金夫❶，不有躬❷，無攸利。

【註釋】❶金夫，武夫。❷躬，身體。

【譯文】不可搶奪女子為妻，否則要遇到武夫，小命

難保，沒有什麼好處。

【爻辭說明】下爻吉凶碼為「2」表示兇險，也表示「取妻」。

六四：困蒙，吝。

【譯文】為愚昧無知所困，必然舉步維艱。

【爻辭說明】本爻爻碼為220002。其中3個「0」代表為愚昧無知所困的教育對象。本爻吉凶碼為「2」，本來代表兇險，吉凶判語根據事理，略有變通。

六五：童蒙，吉。

【譯文】兒童蒙昧無知，還可以教育。故吉。

【爻辭說明】吉凶碼「0」代表吉祥。

上九：擊蒙。**不利為寇，利禦寇。**

【譯文】對蒙昧無知的人給予當頭棒喝，使他們明白：侵犯別人，對自己不利；抵禦侵犯，則對自己有利。

【爻辭說明】下爻吉凶碼「2」代表「寇來」。

需卦（五）

1	1	1	2	1	2
1	1	1	2	2	0
1	1	1	2	2	1
1	1	1	2	2	2
1	1	2	0	0	0
1	1	2	0	0	1
1	1	2	0	0	2

☰☵需❶：有孚，光，亨，貞吉。**利涉大川。**

【註釋】❶需，等待。需，從雨，從而。而即頭。

雨在頭上，只好駐足等待。等待什麼？從六爻爻辭來看，是等待交易機會。

【譯文】只要有誠心，就有光明，亨通，貞問則吉。利於冒險渡河。

【卦名簡介】本卦乾下坎上，呈「天上有雲」之象。卦象與需字內涵一致。需卦的內涵是：（交易）機會需要等待。

【卦辭說明】初九吉凶碼為「0」，九二吉凶碼為「1」。「0」代表「河流」；0→1代表渡過河來，即「利涉大川」。

初九：需於郊，利用恒，無咎。

【譯文】在郊野等待交易，宜於有恒心，沒有災害。

【爻辭說明】本爻吉凶碼為「0」，代表吉祥，也代表郊野。

九二：需於沙，小於言❶，終吉。

【註釋】❶言，閑言。

【譯文】在沙灘中等待交易。受到呵責，終得吉祥。

九三：需於泥，致寇至。

【譯文】在泥潭之地等待交易，招致強盜的襲擊。

【爻辭說明】本爻吉凶碼為「2」，代表兇險，也代表「寇來」。

六四：需於血，出自穴。

【譯文】從洞穴中走出來，在血污之地等待交易。

【爻辭說明】本爻吉凶碼為「0」，代表矛盾解決，交易成功，也代表洞穴。洞穴指遠古先民的半地下居所。

九五：需於酒食，貞吉。

【譯文】在有酒有肴的地方等待交易，占問則吉。

【爻辭說明】本爻吉凶碼為「1」，代表悔吝。上處吉凶判語有所變通。

上六：入於穴，有不速之客三人來，敬之，終吉。

【譯文】進入洞穴，有不招自來的三個客人來到，以禮敬之。最後還是逢凶化吉。

【爻辭說明】本爻吉凶碼為「2」，下爻吉凶碼為「0」。「0」代表洞穴，也代表三人。2→0，「逢凶化吉」。

訟卦（六）

2	1	2	1	1	1
2	1	2	1	1	2
2	1	2	1	2	0
2	1	2	1	2	1
2	1	2	1	2	2
2	1	2	2	0	0
2	1	2	2	0	2

☰☵訟：有孚，窒惕❶。中吉，終凶。利見大人，不利涉大川。

【註釋】❶窒惕，猶言戒懼警惕。

【譯文】爭訟時，既要誠信，也要警惕戒懼。中途吉利，最後兇險。利於會見大人物，不利於冒險渡河。

【卦名簡介】本卦坎下乾上，呈「天下有難」之象。本卦內涵：勿爭訟，訟必凶。本卦卦象與本卦內涵相符。

【卦辭說明】初六吉凶碼為「2」，九二吉凶碼為「0」。2→0代表「利見大人」，也代表「墜入河中（不利於涉大川）」。卦辭往往綜合頭三爻爻象撰寫。本卦吉凶判語係根據六爻吉凶判語綜合作出。

初六：不永所事，小有言，終吉。

【譯文】沒有堅持爭訟，小有閑言，終能逢凶化吉。

【爻辭說明】本爻吉凶判語有所變通。

九二：不克訟，歸而逋❶。其邑人❷，三百戶。無眚❸。

【註釋】❶逋：逃亡。❷邑人：指邑中人口。❸眚：災禍。

【譯文】敗訴歸來，被迫逃亡。但其邑人三百戶，沒有災禍。

【爻辭說明】本爻吉凶碼為「0」，代表「吉祥」，也代表「其邑人三百戶」。

六三：食舊德❶，貞厲，終吉。或從王事，無成。

【註釋】❶德：同得。

【譯文】靠先人恩澤生活，占問危險，最後逢凶化吉。如果追隨君王做事，也不會有什麼成就。

【爻辭說明】本爻吉凶判語有變通。上爻吉凶碼為「0」，代表「王事」。

九四：不克訟，復即❶命。渝❷，安貞，吉。

【註釋】❶即，服從；❷渝：改變。

【譯文】爭訟失敗，歸來服從王命。改變初衷，安守正道，吉祥。

【爻辭說明】本爻吉凶碼為「2」，代表兇險，但安守

正道則吉。

　　九五：訟，元吉。

　　【譯文】爭訟，開頭吉祥。

　　【爻辭說明】本爻吉凶碼「0」，代表吉祥。

　　上九：或錫之帶❶，終朝三褫❷之。

　　【註釋】❶錫，賜；帶，用皮革製成的腰帶，大夫以上官員，始得繫之。❷褫，剝奪。

　　【譯文】君王也可能賜予勳帶，但一天之內，會三次賜予，三次剝奪。

　　【爻辭說明】上爻吉凶碼為「0」，「0」代表勳帶。本爻吉凶碼為「1」。0－I，代表「三次賜予，三次剝奪」。

師卦（七）

2	1	2	2	2	2
2	2	0	0	0	0
2	2	0	0	0	1
2	2	0	0	0	2
2	2	0	0	1	0
2	2	0	0	1	1
2	2	0	0	1	2

　　☷☵**師：貞，丈人❶吉，無咎。**

　　【註釋】❶丈人，執掌軍樂律管之大師（高級官員）。丈，古文作從手持杖形，執杖指揮，也即仗本字。

　　【譯文】治軍要恪守正道，由老成持重、富有經驗的人任總指揮。如此則吉祥，沒有災殃。

【卦名簡介】本卦坎下坤上，有「一陽馭五陰」之象。本卦卦象與本卦內容一致。師卦內涵為：師出以律。

【卦辭說明】初六吉凶碼為「0」。2→0代表逢凶化吉，故吉凶判語為「吉，無咎」。

初六：師出以律❶，否臧❷凶。

【註釋】❶律，音律。古時出師必先吹律，律和，則知士卒同心。❷臧，善也，良好；否，不。

【譯文】整軍出戰，驗之六律而不善，前景兇險。

【爻辭說明】本爻爻碼為「220000」。其中「0000」代表紀律嚴明的陣列。

九二：在師中，吉，無咎。王三錫命。

【譯文】主師在軍中。吉利，沒有災難。君王三次傳令嘉獎。

【爻辭說明】本爻吉凶碼為「1」，代表主帥。上爻吉凶碼為「0」，代表「君王」，又代表「三」。0→1，代表君王三次傳令嘉獎。

六三：師或輿❶屍，凶。

【註釋】❶輿，車輛，這裏用作動詞，表示載運。

【譯文】軍隊出征，車輛載屍而歸；陣亡者必為高級官員，兇險之兆。

【爻辭說明】本爻吉凶碼為「2」。「2」代表車與屍，又代表「兇險」。

六四：師左次❶，無咎。

【註釋】❶次，駐紮。《左傳》：「凡師一宿為舍，再宿為信，過信為次。」左次，猶言長時間在左邊紮營。

【譯文】軍隊在左邊紮營，沒有危險。

【爻辭說明】本爻吉凶碼為「0」。「0」代表吉祥，又代表營帳。

六五：田有禽❶，利執言❷，無咎。長子帥師，弟子輿屍，貞凶。

【註釋】❶禽，禽獸。❷言，據郭沫若先生考證，「言」的本義為「大簫」。

【譯文】田獵獲禽獸，利於獻祭於廟，執簫奏樂，平安無事。但如果長子指揮軍隊，次子載屍而歸，則占問兇險。

【爻辭說明】上爻吉凶碼為「0」，代表「田」。本爻吉凶碼為「1」。0→1，代表「田有禽」，又代表「長子帥師」。下爻吉凶碼為「2」，代表「凶」，代表「輿屍」。古俗把田獵看作一次軍事行動。這裏對比兩者之不同點。

上六：大君有命，開國承家。小人勿用。

【譯文】君王論功行賞，分卦諸侯，各享封國；分封官爵，各享采邑。平頭百姓，不能封官重用。

【爻辭說明】本爻吉凶碼為「2」，代表君臣各得其所。吉凶判語，有所變通。

比卦（八）

比❶：吉。原筮❷，元永貞，無咎。不寧方❸來，後夫凶。

【註釋】❶《錄傳》說：「比，吉也。比，輔也，下順從也。」❷原筮・初筮。❸方，方國。不寧方，不願臣服的邦國。

	2	2	2	1	2
	2	2	2	2	0
	2	2	2	2	1
	2	2	2	2	2
1	0	0	0	0	0
1	0	0	0	0	1
1	0	0	0	0	2

【譯文】實行親輔之道，吉利。初筮結果，只要從開頭就始終恪守正道，便沒有災禍。原來不願臣服的邦國紛紛來朝，遲遲不來者，凶。「後夫凶」暗指防風氏被大禹擊殺的教訓。

【卦名簡介】本卦坤下坎上。呈五陰輔一陽之象，本卦卦象與本卦內容一致，比卦的內涵是：要注意內外團結問題。

【卦辭說明】本卦吉凶判語係六爻吉凶判語的綜合。

初六：有孚，比之，無咎。有孚，盈缶❶，終來❷有它❸，吉。

【註釋】❶缶，瓦器。❷來，招來之意。❸它，異邦，即前文「不寧方。」

【譯文】既然他有誠信之心，對他採了以親和態度，就沒有錯。既然他有誠信之心，就請斟上美酒吧。因為終於招撫了不寧之邦。吉祥。

【爻辭說明】本爻吉凶碼為「0」。「0」代表吉祥，也代表「有孚」和「缶」。

六二：比之自內，貞吉。

【譯文】保持內部團結。占問則吉。

【爻辭說明】吉凶碼「1」代表親輔對象。此碼仍在六位數碼之內，故稱「比之自內」，吉凶判語有所變通。

六三：比之匪人。

【譯文】所親輔之人不是正人君子。

【爻辭說明】本爻吉凶碼為「2」，「2」代表「不和」，此處代表「小人」。

六四：外比之，貞吉。

【譯文】對外也實行親輔政策。占問則吉。

【爻辭說明】本爻爻碼為「（1）000000」。親輔對象在六位數碼之外，故有「外比之」之語。吉凶碼為「0」。故貞吉。

九五：顯比。王用三驅，失前禽。邑人不誡。吉。

【譯文】廣泛宣傳親輔之道。君王用三面包圍的方法狩獵，網開一面，放走正面奔跑的禽獸。因此，獵區百姓感到君主仁慈，對君主狩獵，並不害怕。這是吉兆。

【爻辭說明】本爻爻碼為「000001」，其中前五個「0」代表網，最後的數碼「1」，代表親輔對象，即正面奔跑的禽獸，故其意為「網開一面」。吉凶判語有變通。

上六：比之無首，凶。

【譯文】小人朋比為奸，勾心鬥角，無法形成一個團結的中心，這是非常危險的事。

【爻辭說明】本爻爻碼為「000002」。其中「2」代表「小人朋比為奸」，沒有中心領袖。吉凶碼為「2」，故凶。

小畜卦（九）

1	1	1	2	1	1
1	1	1	2	1	2
1	1	1	2	2	0
1	1	1	2	2	1
1	1	1	2	2	2
1	1	2	2	0	0
1	1	2	2	0	1
1	1	2	2	0	2

☴小畜：亨。密雲不雨，自我西郊。

【譯文】農業上有積累，亨通。彤彤密雲，自我西郊而來，但並沒有下雨。

【卦名簡介】本卦乾下巽上，呈「一陰畜五陽」之象，與小畜卦內容有意義上的聯繫。在漁獵社會晚期，農業開始萌生，但仍以漁獵經濟為主，故農業積累叫「小畜」，牧業積累叫「大畜」。小畜卦內容主要是講農業生產。

【卦辭說明】本卦吉凶判語係根據六爻吉凶判語綜合得出。

初九：復自道。何其咎？吉。

【譯文】回到自家原來的（農業生產）道路上來，有什麼不好？吉祥。

【爻辭說明】初九吉凶碼為「2」，九二吉凶碼為「0」。2–0代表「復自道」。本爻吉凶判語有所變通。

九二：牽復，吉。

【譯文】在志同道合者牽引下，復歸正道，吉利。

【爻辭說明】上爻吉凶碼為「2」，代表「志同道合者」，故日「牽復」。

九三：輿說輻❶，夫妻反目。

【註釋】❶輿，即車；說，通脫；輻，當作輹，車下縛木，代指車輪。

【譯文】車身脫落車輪，夫妻反目不和。

【爻辭說明】九三吉凶碼為「1」，六四吉凶碼為「2」。1→2代表「輿脫輻」和「夫妻反目」。

六四：有孚，血❶去，惕❷出，無咎。

【註釋】❶血，通恤，憂患。❷惕，憂懼。

【譯文】心懷誠信，就可免去憂患和恐懼，平安無事。

【爻辭說明】六四吉凶碼為「2」，九五吉凶碼為「0」，2→0代表「有孚，無咎」。

九五：有孚攣❶如，富以其鄰。

【註釋】❶攣，通戀，惠愛。

【譯文】在農業生產中，只要有誠信惠愛之心，就可以因鄰族守望相助，而富裕起來。

【爻辭說明】本爻吉凶碼為「0」，代表「有孚攣如」；2→0代表「富以其鄰」。在農業生產中需要鄰里守望相助；在遊牧生活中，不同氏族往往互相掠奪。

上九：既雨既處❶，尚德載❷。女貞厲。月幾望❸，君子征凶。

【註釋】❶既，已經；處，停止。❷德，同得；載，通栽。❸望，滿月；幾，幾乎。

【譯文】雨下過了，也停止了。還來得及栽種。但時

令畢竟晚了，幹農活的婦女占問，有兇險。夏曆十五剛過，君子出征，兇險。

【爻辭說明】九五吉凶碼為「0」；上九吉凶碼為「1」，下爻吉凶碼為「2」。0→1代表「月幾望」。1─2代表「婦貞厲」和「君子征凶」。

履卦（十）

1	1	2	1	1	1
1	1	2	1	1	2
1	1	2	1	2	0
1	1	2	1	2	1
1	1	2	1	2	2
1	1	2	2	0	0
1	1	2	2	0	1

☰☱履：履虎尾，不咥人。亨。

【譯文】踩住老虎尾巴，老虎也咬不住人。亨通。

【卦名簡介】取「履虎尾」之首字作卦名。

【爻辭說明】胡樸安先生在《周易古史觀》一書中說：「履卦可當上古爭位之文讀，次序井然：初爻言履虎以決帝位之開始；二爻言履虎之場所及參加者之態度；三、四爻言爭決之時，三爻履虎而傷，徒有勇者失敗。四爻履虎而不傷，智勇兼優者勝；五爻以三、四爻決定履帝之人；上爻履帝位後之所為。履卦以履虎尾決帝位，上古此種行為，在中國任何古書中所缺乏記載者，而在《易》中得之。」胡先生之言，確為真知灼見，令人欽佩。

履卦的內涵是：待人處世，要心胸坦蕩，小心謹慎；

與人競爭，要智勇雙全，不可徒逞血氣之勇。

初九：素履❶往，無咎。

【註釋】❶古人通常穿「葛履」，即輕便履。高亨先生認為，「素履」當作「葛履」。

【譯文】穿輕便履前往，不會出事。

九二：履道坦坦，幽人貞吉。

【譯文】心胸坦蕩，不求聞達之人，只要堅守正道，自然吉祥。

【爻辭說明】本爻吉凶碼為「0」，「0」既代表「履道坦坦」，也代表吉祥。

六三：眇❶能視，跛能履，履虎尾，咥人。凶，武人為於大君。

【註釋】❶《易篹言》：「眇，一目少也。」

【譯文】辦事，要量力而行。如果以為獨眼也能遠視，跛足也能遠行，那麼，一旦真的踩著老虎尾巴，老虎也是會咬人的。徒有血氣之勇的人，要想爭帝位，兇險。

九四：履虎尾，愬愬❶，終吉。

【註釋】❶愬愬，驚懼貌。

【譯文】踩住老虎尾巴，心中有所驚懼。身處險境，謹慎行事，終以吉祥。

【爻辭說明】吉凶判語，有所變通。

九五：夬❶履，貞厲。

【註釋】夬❶，斷也。

【譯文】決定誰履帝位。履帝位者未來面臨重重困難，占問危險。

【爻辭說明】吉凶判語，有所變通。

上九：視履考祥，其旋❶元吉。

【註釋】❶旋，轉也。

【譯文】只要能經常審視自己的所作所為，考察未來的吉凶禍福，凶兆也能轉化為「開頭吉祥」的佳兆。

泰卦（十一）

1	1	1	2	2	2
1	1	2	0	0	0
1	1	2	0	0	1
1	1	2	0	0	2
1	1	2	0	1	0
1	1	2	0	1	1
1	1	2	0	1	2

☰☷泰：小往大來❶，吉，亨。

【註釋】❶陰為小，陽為大；內為來，外為往。小往大來，指泰卦結構內陽外陰。

【譯文】內卦為陽，外卦為陰，吉祥，亨通。

【卦名簡介】本卦乾下坤上，呈「陽氣上升，陰氣下降，天地交而萬物通」之象。故泰卦象徵好運。

【泰否兩卦卦辭說明】茅草是不值錢的東西，但卻是古代祭祀不可缺少的用品。因此，在古代，拔茅獻茅就成為一件大事。老百姓要向諸侯獻茅草，諸侯要向王室獻茅草。進獻不及時，或茅草品質不高，都要受到懲罰。《易經》就以拔茅獻茅的具體過程來象徵好運和否運的相互轉化。

初九：拔茅茹，以其匯❶。徵吉。

【註釋】❶匯。茂盛也。

【譯文】挑選根葉茂盛的茅草，連根拔出來。有所行動，吉利。

【爻辭說明】本爻吉凶碼「0」既代表茅草，也代表吉祥。

九二：包荒❶。用馮河❷，不遐遺❸，朋亡❹，得尚❺於中行。

【註釋】❶包荒，即匏瓜，今稱葫蘆。❷馮，音憑，徒步涉水。❸遐，遠也。❹帛書本作「弗亡」今據帛書本翻譯。❺尚，讚賞。

【譯文】腰繫大葫蘆渡河，沒有把茅草遺留在對岸。沒有丟失任何茅草。中途就因為運送茅草有功而受到了讚賞。

【爻辭說明】初九吉凶碼為「0」。「0」既代表葫蘆，也代表河流，也代表賞賜。九二吉凶碼為「1」。0—1既代表「馮河」，也代表「得尚於中行」。

九三：無平不陂❶，無往不復，堅貞無咎。勿恤❷其孚❸，於食有福。

【註釋】❶陂，斜坡。❷恤，憂愁。❸孚，原指俘虜，這是指歸順者。

【譯文】平地終將變成坡地；離去的終將歸來；好運也終將變成否運。即令如此，只要在艱難困苦中堅持正道，也可以平安無事。不必為歸順者擔憂，對他們也會賜以酒食。

【爻辭說明】九三吉凶碼為「2」，九四吉凶碼為

「0」。2→0代表「無平不陂，無往不復」，也代表「其孚」和「於食有福」。

六四：翩翩❶，不富，以其鄰，不戒以孚。

【註釋】❶《詩・桑柔》「有翩」傳：「翩翩，在路不息也。」

【譯文】來來往往，奔波不停，也沒有能富起來。只因為心懷誠信，對鄰族未存戒心，以致受到鄰族的掠奪。

【爻辭說明】六四吉凶碼為「0」，六五吉凶碼為「1」。0→1代表「不富以其鄰」，也代表「不戒以孚」。

六五：帝乙歸妹❶，以祉，元吉。

【註釋】❶帝乙是殷紂王之父；歸妹，指嫁女，暗指帝乙嫁女給文王的故事。

【譯文】帝乙嫁女，為的是求得福祉。開頭吉利。

【爻辭說明】吉凶判語有所變通。

上六：城覆於隍❶。勿用師。自邑告命，貞吝。

【註釋】❶隍：城壕，無水稱隍，有水稱池。

【譯文】城牆一角倒塌在城壕內。邑中傳來命令：不得進攻。占問前途艱難。

【爻辭說明】上六吉凶碼為「2」。下爻吉凶碼為「0」。2→0代表「城覆於隍。」吉凶判語，有所變通。

否卦（十二）

☰☷否：否之匪人❶，不利君子貞，大往小來。

【註釋】❶「之匪人」三字，衍文。

【譯文】占問者為君子（諸侯），則不利。內卦為

2	2	2	1	1	1
2	2	2	1	1	2
2	2	2	1	2	0
2	2	2	1	2	1
2	2	2	1	2	2
2	2	2	2	0	0
2	2	2	2	0	1

陰，外卦為陽。

【卦名簡介】本卦坤下乾上，呈「天地不交而萬物不通」之象。故否卦象徵否運。

初六：拔茅茹，以其匯。貞吉，亨。

【譯文】挑選根葉茂盛的茅草，連根拔出來。占問吉利，亨通。

【爻辭說明】吉凶判語有所變通。

六二：包承❶，小人吉，大人否❷亨。

【註釋】❶包，包捆；《說文》：「承，奉也。」奉即捧，呈獻。❷否，不也。

【譯文】百姓向諸侯呈獻茅草。百姓不再操心；諸侯前面還有艱難。因為諸侯還擔心茅草是否能及時運到京城以及王室對茅草品質是否滿意。

【爻辭說明】吉凶判語有所變通。

六三：包羞❶。

【註釋】❶《說文》：「羞，進獻也。」

【譯文】諸侯向王室進獻茅草。

九四：有命，無咎。疇離❶祉。

【註釋】❶疇，通儔，同類，朋輩。離，通儷，配

偶。

【譯文】王室傳令嘉獎，平安無事。諸侯夫婦都得到福祉。

【爻辭說明】此處吉凶判語，有所變通。本爻吉凶碼為「2」，「2」代表夫婦。

九五：休否，大人吉。其亡其亡，繫於苞桑❶。

【註釋】❶苞桑，即桑根，當指桑林之會。古代實行「高禖」祭祀。祭祀結束後，「奔者不禁」，大規模野合，以求繁衍種族。殷商的高禖祭禮叫「桑林」，齊稱「社」，燕稱「祖」，楚稱「高唐」。

【譯文】否運結束，諸侯吉祥。命運的轉化需要有契機，有歌為證：「快要滅亡了，快要滅亡了，種族的存亡繫於桑林之會。」

【爻辭說明】到本爻(222200)為止，否卦卦象(222111)基本結束，故稱「休否」。「其亡其亡，繫於苞桑」兩句顯然摘自古歌。

上九：傾否，先否後喜。

【譯文】否運被徹底推翻，否極泰來。

【爻辭說明】到本爻(222201)為止，否卦卦象(222111)已經被徹底推翻，故稱「傾否」。

同人卦（十三）

≣同人：同❶人於野，利涉大川，利君子貞。

【註釋】❶《說文》「同，會合也」。

【譯文】聚合族人於田野。利於冒險渡河，利於君子占問。

1	2	1	1	1	1
1	2	1	1	1	2
1	2	1	1	2	0
1	2	1	1	2	1
1	2	1	1	2	2
1	2	1	2	0	0
1	2	1	2	0	1

　　【卦名簡介】本卦離下乾上，呈「天日同明，相與同居」之象。本卦卦爻辭引證古歌，以團結抗敵為主題。卦象與卦爻辭內容一致。卦名摘自古歌。

　　【卦辭說明】上一爻吉凶碼為「0」。本卦吉凶碼為「1」。0→1代表「利涉大川」和「利君子貞」。

　　初九：同人於門。無咎。

　　【譯文】聚合族人於門口。平安無事。

　　【爻辭說明】根據「吉凶以情遷」原則，本爻吉凶判語有所變通。

　　六二：同人於宗❶。吝。

　　【註釋】❶宗，當指宗廟。

　　【譯文】聚合族人於宗廟。前途還有艱難。

　　【爻辭說明】本爻吉凶碼為「0」，代表宗廟。吉凶判語，有所變通。

　　九三：伏戎於莽❶，升其高陵，三歲不興❷。

　　【註釋】❶戎，軍隊；莽，叢林。❷興，興起。

　　【譯文】設伏兵於叢林中，又登上制高點，但三年也未能取勝。

　　【爻辭說明】六二吉凶碼為「0」。本爻吉凶碼為

「1」。「0→1」代表「伏戎於莽，升其高陵」，也代表「三歲不興」。

九四：乘其墉❶，弗克攻。吉。

【註釋】❶乘，登；墉，城牆。

【譯文】登上城牆，一時未能取勝。只要繼續進攻，必能取勝，吉祥。

【爻辭說明】吉凶判語‧有所變通。下爻吉凶碼為「0」，代表城牆。

九五：同人先號眺，而後笑，大師克相遇。

【譯文】同心同德的將士們起先痛哭號啕，後來破涕為笑，因為支援部隊趕來，終於戰勝敵人。兩支部隊執律管的「大師」也互相見面了。

上九：同人於郊，無悔。

【譯文】兩軍會師在郊外，沒有什麼晦氣。

【爻辭說明】吉凶判語，有所變通。

大有（十四）

1	1	1	1	2	1
1	1	1	1	2	2
1	1	1	2	0	0
1	1	1	2	0	1
1	1	1	2	0	2
1	1	1	2	1	0
1	1	1	2	1	1

☰ 大有❶：元亨。

【註釋】❶大有，大豐收。

【譯文】大豐收，開頭亨通。

【卦名簡介】本卦乾下離上，呈現「麗日在天，有利豐收」之象。卦象與卦爻辭內容一致。卦名則是根據爻辭內容而制定的。

【卦辭說明】本卦吉凶判語說：「開頭亨通」。這是一種辯證觀點，說明古人已經認識到，大豐收未必不是災難。

初九：無交害。匪咎，艱則無咎。

【譯文】收割時期不要互相侵害。互不侵害並不是什麼過失。只有艱難自守，才能平安無事。

【爻辭說明】互不侵害是農業生產的基本條件之一。爻辭諄諄告誡「無交害」，說明在農業剛剛萌發的時候，各氏族之間還有互相掠奪的惡習。吉凶判語有所變通。

九二：大車以載，有攸往，無咎。

【譯文】收割的莊稼用大車裝運。如有所往，平安無事。

九三：公用亨❶於天子，小人弗克。

【註釋】❶亨，同享。

【譯文】豐收以後，公侯向天子進貢，百姓則沒有這種資格。

九四：匪其彭❶，無咎。

【註釋】❶匪通非；彭：通尪，男巫，祈神求雨者。

【譯文】豐收不是靠了巫師的神通。沒有災殃。

【爻辭說明】吉凶判語有所變通。

六五：厥❶孚交如，威如。吉。

【註釋】❶《爾雅・釋言》：「厥，其也。」

【譯文】應當互相信任，以誠相待，如此，則可保持

雙方的尊嚴。吉祥。

上九：自天祐之，吉無不利。

【譯文】豐收是靠了上天保佑，吉祥而無不利。

【爻辭說明】吉凶判語，有所變通。

謙卦（十五）

2	2	1	2	2	2
2	2	2	0	0	0
2	2	2	0	0	1
2	2	2	0	0	2
2	2	2	0	1	0
2	2	2	0	1	1
2	2	2	0	1	2

☷☶謙：亨，君子有終。

【譯文】君子謙遜自守，事事亨通。最後自然會有好結果。

【卦名簡介】本卦艮下坤上，呈「山處地下，謙遜退讓」之象。卦象與卦爻辭內容一致。謙，通鶼，古代傳說中的比翼鳥。《爾雅·釋地》：「南方有比翼鳥焉，不比不飛，其名謂之鶼鶼。」《易經》作者利用「謙，鶼」諧音的特點，借助比翼鳥形象，來討論謙遜之道。可謂用心巧妙。由此可見，爻辭可能引用了古歌。

【卦辭說明】本卦吉凶判語，係六爻吉凶判語的綜合。

初六：謙謙，君子用涉大川，吉。

【譯文】謙而又謙，君子抱謙遜小心的態度冒險渡河，吉祥。

【爻辭說明】謙謙當為鶼鶼，鳥鳴聲。本爻吉凶碼為「0」。六二吉凶碼為「1」。0→1本來代表「利涉大川」。君子如抱小心謹慎態度。冒險渡河，仍然吉祥。

六二：鳴❶謙，貞吉。

【註釋】❶鳴。假借為明，即明智。

【譯文】明智而又謙遜，占問吉祥。

【爻辭說明】鳴謙，當為鳴鶼，即聲聲和鳴的比翼鳥。吉凶判語，有所變通。

九三：勞謙，君子有終，吉。

【譯文】勤勞而謙遜，君子終究會有好的結果，吉祥。

【爻辭說明】勞，慰勉之義。勞謙，當為勞鶼，雌雄互相慰勉的比翼鳥。吉凶判語有所變通。

六四：無不利，撝❶謙。

【註釋】❶撝，假借為揮。《說文》：「揮，奮也。」

【譯文】只要奮勇前進而又謙虛謹慎，就無往而不利。

【爻辭說明】揮，同麾，鳥翼，舉翅招引。撝謙，當為揮鶼，即舉翅招引的比翼鳥。

六五：不富以其鄰，利用侵伐。無不利。

【譯文】其所以沒有富裕起來，是因為遭到鄰族的掠奪。應當面對鄰族進行討伐，沒有什麼不利。

上六：鳴❶謙，利用行師，征邑國。

【註釋】❶鳴：假借為明，明智。

【譯文】明智而又謙遜，利於出兵征伐邑國。

【爻辭說明】鳴謙，當為鳴鶼。本爻吉凶碼為「2」，下爻吉凶碼為「0」。2→0代表「征邑國」。吉凶判語，

有所變通。

豫卦（十六）

2	2	2	1	2	2
2	2	2	2	0	0
2	2	2	2	0	1
2	2	2	2	0	2
2	2	2	2	1	0
2	2	2	2	1	1
2	2	2	2	1	2

☳☷豫：利建侯行師。

【譯文】預作準備，有利於建立王侯基業和出兵打仗。

【卦名簡介】本卦坤下震上，呈「雷出於地，萬物萌動」之象。卦名與卦爻辭內容一致。豫，大象。《說文》：「豫，象之大者。」《彖傳》：「豫，順以動」。《易經》作者利用豫字語義雙關的特點，借助大象形象，來討論「凡事豫則立，不豫則廢」的道理。由此可見，爻辭引用了古歌。卦名即摘自古歌。

【卦辭說明】本卦吉凶碼為「2」。初六吉凶碼為「0」。2→0代表「利建侯行師」。

初六：鳴豫，凶。

【譯文】在豫作準備的過程中，大事宣揚，兇險。

【爻辭說明】鳴豫，本義當指聲聲鳴叫的大象。吉凶判語，有所變通。

六二：介❶於石，不終日。貞吉。

【註釋】❶介：夾也。

【譯文】獲罪被囚，幸而不到一天就獲得解救。占問吉祥。

【爻辭說明】吉凶判語，有所變通。本爻爻辭暗指文王被囚獲釋。這也是周族伐紂的重要準備工作。

六三：盱❶豫，悔。遲，有悔。

【註釋】❶盱，同迂，遲緩。

【譯文】準備工作拖拖拉拉，將招致悔恨。誤了正事，有晦氣。

【爻辭說明】盱，睢盱，張目仰視。盱豫，本義指舉目張望的大象。

九四：由❶豫，大有得。勿疑朋盍簪❷。

【註釋】❶由，同甶。《說文》：「甶甶也。」段注：「行平易也。」❷盍，何不；簪，疾速。《周義正易》王注：「簪，疾也。」

【譯文】準備工作順利，取得很大成績。用不著懷疑朋友為何來得不快。

【爻辭說明】由豫，本義當指悠哉遊哉的大象。

六五：貞疾，恒不死。

【譯文】只要採取預防措施，占同疾病，長久不死。

上六：冥❶豫，成有渝。無咎。

【註釋】❶冥，昏暗。

【譯文】如果準備工作帶有盲目性，事情即使成功了，也會有變故。幡然悔悟，則平安無事。

【爻辭說明】冥，通瞑，閉目。冥豫，本義指閉目養神的大象。吉凶判語，有所變通。

隨卦（十七）

1	2	2	1	1	2
1	2	2	1	2	0
1	2	2	1	2	1
1	2	2	1	2	2
1	2	2	2	0	2
1	2	2	2	0	1
1	2	2	2	0	2

☲☲ 隨：元亨，利貞，無咎。

【譯文】開頭亨通，利於堅守正道。平安無事。

【卦名簡介】本卦震下兌上，呈「澤中有雷，澤隨雷動」之象。卦象與卦爻辭內容一致。本卦爻辭引用了古歌。卦名即摘自古歌。隨卦內涵是：在為人處世的過程中，要注意追隨有豐富經驗的長輩，尤其要注意不可盲目追隨他人。

初九：官有渝❶，貞吉。出門交有功。

【註釋】❶官，古館字；渝，變動。

【譯文】館舍有所變動。占問吉祥。出門與人交往，可以獲得成功。

六二：繫小子❶，失丈夫❷。

【註釋】❶繫，捆住，此處作維繫解。小子，當指小夥子。❷丈夫，指經驗豐富的老前輩。

【譯文】與小夥子交往，則失去經驗豐富的老前輩。

【爻辭說明】下爻吉凶碼為「2」，本爻吉凶碼為「1」。1→2代表「繫小子，失丈夫」。（1代表丈夫，2代表小

子）。

六三：繫丈夫，失小子。隨有求，得。利居貞。

【譯文】與經驗豐富的老前輩交往，則失去小夥子。追隨前輩，有所追求，必有收穫。利於安守正道。

【爻辭說明】六二吉凶碼為「1」，本爻吉凶碼為「2」。2→1代表「繫丈夫，失小子」。吉凶判語，有所變通。

九四：隨有獲，貞凶。有孚，在道，以明❶，何咎？

【註釋】❶明，明智。

【譯文】如果盲目追隨他人，而有所收穫，則占問兇險。如果出於明智選擇，心懷誠信，堅守正道，有何過錯？

【爻辭說明】在古歌中，「有孚在道，以明」的本義是「俘虜在路上，天色已明」。本爻吉凶碼為「0」，在爻辭中代表誠信，在古歌中代表俘虜。

九五：孚於嘉❶，吉。

【註釋】❶嘉，善也。

【譯文】靠嘉言善行樹立威信，吉祥。

【爻辭說明】吉凶判語，有所變通。

上六：拘繫之，乃從維❶之。王用亨於西山。

【註釋】❶維，維繫，維護。

【譯文】即令所追隨的前輩受到拘禁，仍苦苦相隨。其追隨之心和君王在西山祭祀神靈時一樣真誠。

【爻辭說明】下爻吉凶碼為「0」，既代表被拘禁者，也代表祭壇。本爻沒有吉凶判語，但言外之意，則甚明顯。

蠱卦（十八）

2	1	1	2	2	1
2	1	1	2	2	2
2	1	2	0	0	0
2	1	2	0	0	1
2	1	2	0	0	2
2	1	2	0	1	0
2	1	2	0	1	1

蠱：元亨，利涉大川。先甲三日，後甲三日。

【譯文】開頭亨通。利於冒險渡河。先甲三日為辛日，後甲三日為丁日。

【卦名簡介】本卦巽下艮上，呈「天下有風，風波四起」之象。卦爻辭則以曆法風波為主題。卦象與卦爻辭內容一致。蠱卦內涵是，對前輩的錯誤，要勇於糾正。糾正是正確的，不加糾正，任其擴大，以致造成不堪設想的惡果，則是錯誤的。

【卦辭說明】按蠱字，《說文》說是「腹中蟲也」，可引申為蠱害、蠱亂、蠱惑等義。在本卦中，「蠱」指曆法錯誤。原來，我們的先祖伏羲氏，根據伏羲八卦，把一年分為八季，每季45天，共計360天。而回歸年的實際長度卻是365.2422天。因此，就產生了曆法危機。女媧氏，煉五色石子補天，實際上，就是在每年360天以外，再加上五、六天過年日。結果，怎樣選定歲首（冬至日）就成為一件大事。古人研究的結果是，歲首應在戊、己、庚三天當中選定。根據實測，在這三天當中，哪一天日影最

長，哪一天就是歲首。在大多數情況下，都應以己日為歲首。先甲三日是辛日，後甲三日是丁日。辛日和丁日所限定的範圍正好是「戊、己、庚」三天。請看下圖：

甲乙丙丁戊己庚辛壬癸

初六：幹❶父之蠱。有子考❷，無咎。厲，終吉。

【註釋】❶幹，匡正。❷考，孝也。金文考孝通用。

【譯文】匡正父輩的錯誤。這是子孫孝順的表現，不算什麼過錯。但有危險，最後還是吉祥。

九二：幹母之蠱，不可貞。

【譯文】匡正母輩的錯誤，不可貞問。

【爻辭說明】在母系氏族社會，母輩的錯誤是不容糾正的。只有她們自己可以糾正自己的錯誤。

九三：幹父之蠱，小有悔，無大咎。

【譯文】匡正父輩的錯誤，小有晦氣，沒有大的災殃。

六四：裕父之蠱，往見吝。

【譯文】把父輩的錯誤加以擴大，前途不妙。

六五：幹父之蠱，用譽。

【譯文】匡正父輩的錯誤，足以博得讚譽。

上九：不事王侯，高尚其事。

【譯文】即令不能為王侯工作，曆法研究也是一項高尚的事業。

【爻辭說明】在古代，研究曆法是一項父子承襲的特殊職業。王侯有時使用他們，有時也不加使用。下爻吉凶碼為「0」，本爻吉凶碼為「2」。2→0代表「不事王侯」。

臨卦（十九）

1	1	2	2	2	2
1	2	0	0	0	0
1	2	0	0	0	1
1	2	0	0	0	2
1	2	0	0	1	0
1	2	0	0	1	1
1	2	0	0	1	2

☵☵臨：元亨，利貞。至於八月有凶。

【譯文】開頭亨通。利於堅守正道。到了八月，有兇險。

【卦名簡介】本卦兌下坤上，呈「澤卑地高，高下相臨」之象。卦爻辭則討論君侯監臨之道。卦象和卦爻辭內容在意義上有聯繫。卦名取自爻辭。

【卦辭說明】初九吉凶碼為「0」。「0」為萬物根源。九二吉凶碼為「1」。「1」為整數之始。從九二爻開始，下數至第八行。其吉凶碼為「2」，代表兇險。故有「至於八月有凶」之語。

另據北京中醫藥大學裴雪重教授研究，「八月有凶」是指閏八月年有凶。他用數理統計的方法，研究了中國兩千年的歷史情況，發現從西元2年至西元1995年。中國的58個閏八月年都有較大的災難，而且兩個相鄰的閏八月年相隔的年數，與太陽黑子11年活動週期及地球物理現象8年出現一次極值的週期，十分吻合。因此，他認為，太陽活動有一個600年的大週期和一個22年的小週期。大週期

造成「災難世紀」，小週期造成「災難年」。災難世紀裏的閏八月年叫「日重效應日」。日重效應日一般都有更大的災難，如1900年，長江、黃河兩大水系同時氾濫，黃河改道；1976年，唐山發生大地震，1995年，全國發生大水災。他這篇論文發表在1986年的《科學》雜誌上。

初九：咸❶臨，貞吉。

【註釋】❶咸，同感。

【譯文】以感化手段統治，占問吉祥。

【爻辭說明】這是儒家「仁政」、「王道」的先聲。

九二：咸臨，吉無不利。

【譯文】以感化政策治民，吉祥而順利。

【爻辭說明】吉凶判語，有所變通。

六三：甘❶臨，無攸利；既憂之，無咎。

【註釋】❶甘，甜言蜜語。

【譯文】以粉飾太平的語言，沒有什麼好處。如有悔悟，災禍可以消除。

六四：至❶臨，無咎。

【註釋】❶至，猶言親臨。

【譯文】親自理國治民，沒有害處。

【爻辭說明】本爻爻碼為120010。最後兩個數碼為「10」。「10」代表「王」。這證明「至臨」應理解為「親臨」。

六五：知❶臨。大君之宜，吉。

【註釋】❶知，智慧、明智，引申為賢明之士。

【譯文】依靠賢明之士治國。這才是偉大明君的治國方略。吉祥。

【爻辭說明】吉凶判語，有所變通。

上六：敦臨，吉，無咎。

【譯文】以敦厚之道治民。吉祥，沒有災殃。

【爻辭說明】吉凶判語，有所變通。

觀卦（二十）

2	2	2	2	1	1
2	2	2	2	1	2
2	2	2	2	2	0
2	2	2	2	2	1
2	2	2	2	2	2
0	0	0	0	0	0
0	0	0	0	0	1
0	0	0	0	0	2

☰☷觀：盥而不薦❶，有孚顒若❷。

【註釋】❶盥，通灌。《周義本義》：「盥，將祭而潔手也」；「薦，奉酒食以祭也。」「盥而不薦」，本義指只進行潔手程式，不進行奉酒食程式，在這裏指利用盛水的盥器，在圭表上找準水平。❷顒，嚴正之貌。

【譯文】利用盥器，在圭表上找準水平。態度要誠信嚴肅。

【卦名簡介】本卦坤下巽上，呈「觀闕之象」。卦爻辭則以古代的天文觀察為主題。卦象和卦爻辭內容有意義上的聯繫。

初六：童❶觀，小人❷無咎，君子❸吝。

【註釋】❶童應是瞳的同聲假借字。《說文新附·日

部》：「瞳，瞳曨，日欲明也。」❷小人指老百姓。❸君子指掌管天文的政府官員。

【譯文】在黎明時分就要觀察日出方位。這是國家大事，與老百姓無關；掌管天文的政府官員要謹慎從事，不然對他們不利。

六二：闚❶觀，利女貞❷。

【註釋】❶闚、窺、規、規四字；古相通。窺，從穴，規聲，當指從儀器的小孔中觀察；闚，從門，從規，當指利用觀象臺觀察；規，從圭，從見，當指利用圭表觀察日影。❷在母系氏族社會，掌管天文的政府官員，多為女性，故有「利女貞」的判語。

【譯文】在觀象臺的小屋內觀察日出方位。掌管天文的女官利於堅守正道。

六三：觀我❶生，進退❷。

【註釋】❶我指太陽。❷進退，指日出方位的變動。

【譯文】觀察日出方位及其變動情況。

【爻辭說明】本爻吉凶碼為「I」，代表太陽。

六四：觀國之光❶，利用賓❷於王。

【註釋】❶光，指日月星。❷賓，假借為儐，指迎日大禮。

【譯文】日月星的觀察，關係到國計民生。國王利於在冬至日舉行迎日大禮。

【爻辭說明】殷墟甲骨文卜辭中記載：「乙巳卜，王賓日」、「庚子卜貞，王賓日。亡尤」。（見何新《中國遠古神話與歷史新探》，黑龍江教育出版社，1988年）可見，商代和商代以前十分重視迎日大禮。本爻吉凶碼

「2」代表王與賓雙方。

九五：觀我生，君子無咎。

【譯文】觀察日出方位。主管天文的官員，可以平安無事。

【爻辭說明】0→1代表「我生」。本文吉凶碼為「0」，故君子無咎。

上九：觀其❶生，君子無咎。

【註釋】❶「我」，代表太陽；「其」，代表日影。這說明《易經》編撰者並非沒有陰陽觀念。

【譯文】觀察日影的變動，主管天文的官員可以平安無事。

【爻辭說明】本爻吉凶碼為「2」代表日影。0→2代表「其生」。本爻爻辭說明，到這個時代，土圭之法已經發明出來。我們不知道土圭之法到底是在什麼時候出現的，不過，首先發現觀卦以天文觀察為主題的是田合祿先生。我們引用了田先生的研究成果，謹在此向他表示謝意。

噬嗑卦（二十一）

1	2	2	1	2	1
1	2	2	1	2	2
1	2	2	2	0	0
1	2	2	2	0	1
1	2	2	2	0	2
1	2	2	2	1	0
1	2	2	2	1	1

☰☰ 噬嗑：亨，利用獄。

【譯文】利於運用「監獄」這一國家工具。亨通。

【卦名簡介】本卦震下離上，呈「口中有物，齧而合之」之象。卦象與卦名有意義上的聯繫。而卦名又摘自一首以囚徒生活為主題的古歌。因此，卦名卦象又進一步與「監獄」有了聯繫。

初九：屨校❶，滅❷趾，無咎。

【註釋】❶屨，通婁，拖也：校，刑具。❷滅，沒也。

【譯文】拖著腳鐐，蓋住了腳趾，平安無事。

【爻辭說明】本爻吉凶碼為「2」，代表腳鐐。吉凶判語，有所變通。

六二：噬膚❶滅鼻，無咎。

【註釋】❶膚，禽獸腹皮。

【譯文】吞食獸皮，糊住了口鼻，平安無事。

【爻辭說明】本爻吉凶碼「0」，代表獸皮，也代表「無咎」。

六三：噬臘肉，遇毒，小吝，無咎。

【譯文】吃了陳年乾肉，中了矢毒，小災小難。平安無事。

九四：噬乾，得金矢。利堅貞，吉。

【譯文】啃了帶骨的乾肉，咬到肉中的箭頭。利於在困苦中堅守正道，吉祥。

【爻辭說明】本爻吉凶碼為「2」。六五吉凶碼為「0」。2→0代表「得金矢」。吉凶判語，有所變通。

六五：噬乾肉，得黃金。貞厲，無咎。

【譯文】咀嚼乾肉的筋骨，嗑上箭頭的銅鏃。占問危

325

險，平安無事。

【爻辭說明】本爻吉凶碼「0」，代表「得黃金」。

上九：何❶校滅耳，凶。

【註釋】❶何，通荷。

【譯文】肩上帶著木枷，遮住了耳朵。兇險。

【爻辭說明】1→2代表兇險。

賁卦（二十二）

1	2	1	2	2	1
1	2	1	2	2	2
1	2	2	0	0	0
1	2	2	0	0	1
1	2	2	0	0	2
1	2	2	0	1	0
1	2	2	0	1	1

賁：亨，小利有攸往。

【譯文】亨通。修飾、文采之事只有小用。

【卦名簡介】本卦離下艮上，呈「山下有火，文采斑爛」之象。賁字，通斑，黃底白文，又作文飾解。本卦是一首納彩求親之歌，也說明了，古代先民的美學思想。由此可見，「白馬王子」觀念起源很早。另，田合祿先生說：《說文》：「賁，飾也，從貝，卉聲。」賁象徵心宿三星。心宿大火主農業。此說也通。

初九：賁其趾，舍車而徒。

【譯文】斑白的馬足，人們棄車步行。

【爻辭說明】本爻吉凶碼為「2」，六二吉凶碼為「0」。

「2」代表「趾」。2→0代表「棄車而徒」。

六二：賁其鬚。

【譯文】斑白的馬鬃。

【爻辭說明】本爻吉凶碼「0」代表鬍鬚馬鬃。

九三：賁如濡如❶，永貞吉。

【註釋】❶濡，潤澤。

【譯文】馬毛斑白而潤澤。占問，永遠吉祥。

六四：賁如皤❶如，白馬翰❷如，匪寇婚媾。

【註釋】❶皤，白色。❷翰，馬頭高仰。

【譯文】白毛、白鬃、白尾的白馬飛奔而來，不是來侵犯，再是來求親。

六五：賁於丘園❶。束❷帛戔戔❸，吝，終吉。

【註釋】❶丘園，當指山丘果園。❷束，帛的數量單位，每束十疋。❸戔戔，形容堆積的樣子。

【譯文】馬兒來到山坡果園，納彩的錦帛堆積如山。起初不大順利，最後吉祥。

【爻辭說明】本爻吉凶碼為「0」。「0」代表「束帛戔戔」。又代表「吉祥」。

上九：白賁，無咎。

【譯文】白馬樸實無華。平安無事。

剝卦（二十三）

☷☶剝，不利有攸往。

【譯文】不利於出行。

【卦名簡介】本卦坤下艮上，呈「自下而上，層層剝落」之象。故卦名為剝。本卦宗旨，在於闡明，在正道剝

	2	2	2	2	1
	2	2	2	2	2
1	0	0	0	0	0
1	0	0	0	0	1
1	0	0	0	0	2
1	0	0	0	1	0
1	0	0	0	1	1

落之際，不宜有所行動，並揭示剝極必復的真理。剝卦一、二、三、四爻實行減法運算；最後兩爻實行加法運算，意味深長。

初六：剝床❶以足，蔑❷貞，凶。

【註釋】❶床，假借為牆。床的古字為「片」。段玉裁說：「反片為爿，讀音牆。」❷蔑，通無，通勿。

【譯文】牆腳剝落了。不必占問，兇險。

【爻辭說明】六二吉凶碼為「0」，本爻吉凶碼為「2」。0→2代表「剝床以足」。

六二：剝床以辨❶。蔑貞，凶。

【註釋】❶辨，借為蹁。蹁，膝蓋。

【爻辭說明】六三吉凶碼為「1」，本爻吉凶碼為「0」。1→0代表「剝床以辨」。吉凶判語，有所變通。

六三：剝之，無咎。

【譯文】繼續剝落，平安無事。

【爻辭說明】六四吉凶碼為「2」，本爻吉凶碼為「1」。2→1代表「無咎」。

六四：剝床以膚❶，凶。

【註釋】❶膚，本義為皮膚，此處譬牆面。

【譯文】整個牆面都剝落了，兇險。

【爻辭說明】六五吉凶碼為「0」，本爻吉凶碼為「2」。0→2代表「剝床以膚」。

六五：貫魚❶以宮人寵，無不利。

【註釋】❶貫魚，把魚穿成一串。

【譯文】徵召咸串的民間女子入官，供君王寵倖。事無不利。

【爻辭說明】本爻爻碼為：000010。前四個「0」代表「貫魚以宮人」。「10」代表王，即「入宮待寢」。吉凶碼「0」代表「無不利」。

上九：碩果不食，君子得輿，小人剝廬。

【譯文】平民百姓有碩大的果實而不得食用。君子可得到華麗的車子，小民則被奪去遮蔽風雨的草棚。

【爻辭說明】六五吉凶碼「0」，代表碩果；0→1代表「碩果不食」。本爻吉凶碼「1」，代表君子；下爻吉凶碼「2」，代表「輿」，1→2代表「君子得輿」，「2」代表「小人」，又代表「廬」，2→1代表「剝廬」。

復卦（二十四）

復：亨，出入無疾。朋來，無咎。反覆其道，七日來復。利有攸往。

【譯文】迷途浪子歸來，亨通。出入沒有疾病。朋友來了，平安無事。天道反覆，七日來歸。利於有所作為。

【卦名簡介】本卦震下坤上，呈「一陽初現」之象，故卦名為「復」。復卦內涵在於：「生命剝落不盡，一陽終將來復。」

1	2	2	2	2	1
1	2	2	2	2	2
2	0	0	0	0	0
2	0	0	0	0	1
2	0	0	0	0	2
2	0	0	0	1	0
2	0	0	0	1	1
2	0	0	0	1	2
2	0	0	0	2	0

【卦辭說明】本卦吉凶碼為「2」；上爻吉凶碼為「1」；下爻凶碼為「0」。2→1代表「出無疾」；2→0代表「入無疾」；1→2代表「朋來」。從初九吉凶碼「0」算起，向下數7行，「0」再次出現——這就代表「反覆其道，七日來復，利有攸往」。

初九：不遠復，無祗❶悔，元吉。

【註釋】❶祗，大。

【譯文】迷途不遠就能回頭，沒有多大的晦氣，開頭吉祥。

【爻辭說明】本卦吉凶碼為「2」，本爻吉凶碼為「0」。2→0代表「不遠復，無祗悔，元吉。」

六二：休❶復，吉。

【註釋】❶休，喜也。

【譯文】興高采烈地回來。吉祥。

【爻辭說明】吉凶判語，有所變通。

六三：頻❶復，厲，無咎。

【註釋】❶頻，戚也。

【譯文】愁眉不展地回來，有危險，平安無事。

【爻辭說明】本爻吉凶碼為「2」，下爻吉凶碼為「0」。2→0代表「厲，無咎」。

六四：中行獨復。

【譯文】中途獨自返回。

【爻辭說明】本爻吉凶碼為「0」。這個「0」處在初九吉凶碼「0」和第七爻吉凶碼「0」之間的中點上，故有「中行獨復」之語。

六五：敦❶復，無悔。

【註釋】❶敦，督促。

【譯文】在貴人的指點督促下回來，沒有什麼大不利。

【爻辭說明】本爻吉凶碼為「1」，上爻吉凶碼為「0」。1→0代表「敦復」。

上六：迷復，凶。有眚❶。用行師，終有大敗，以其國君。凶，至於十年不克征。

【註釋】❶《周易釋文》引《子夏傳》：「傷害日災，妖祥日眚。」

【譯文】迷途難返，兇險，有大災大難。出兵打仗。終有大敗。其所以兇險，是由於君王違反君道的緣故。結果元氣大傷，以至十年之內再也無力出征取勝。

【爻辭說明】六四吉凶碼為「10」；六五吉凶碼為「1」；上六吉凶碼為「2」。1→2代表「迷復。凶」，又代表「國王走入歧途」。至於為什麼說「至於十年不克征」？這完全是按照爻碼推算出來的。解釋起來，要費一些筆墨。上六爻碼為「200012」。末二位數為「12」。第七爻爻碼為「200020」。末二位數為「20」。按照吉凶判

斷規則，本來到第七爻，就可以出征取勝。現因打了敗仗，錯過了這一時機，必須等「20」再次出現時，才有可能出征取勝。我們從上六爻算起，下數到第11行，「20」才重新出現。這就是說，只有到第11個年頭，才有可能出征取勝。言外之意，也就是「十年不克征」了。

無妄卦（二十五）

1	2	2	1	1	1
1	2	2	1	1	2
1	2	2	1	2	0
1	2	2	1	2	1
1	2	2	1	2	2
1	2	2	2	0	0
1	2	2	2	0	1

☳☰無妄：元亨，利貞。其匪正❶，有眚，不利有攸往。

【註釋】❶其，語助詞。正，正當。

【譯文】開頭亨通，利於堅守正道。行為不正則有災殃，不利於有所作為。

【卦名簡介】本卦震下乾上，呈「雷震天下，物皆無妄」之象。無妄者，不胡作非為也。故卦名「無妄」。無妄卦的宗旨是教導人們不要胡作非為。

初九：無妄，往吉。

【譯文】沒有胡作非為。有所作為，吉祥。

【爻辭說明】吉凶判語，有所變通。

六二：不耕獲❶，不菑畬❷，則利有攸往。

【註釋】❶「不耕獲」，即「不耕不獲」。這是一種省略式句法結構。❷《爾雅・釋地》：「田一歲曰菑，二歲曰新田，三歲曰畬。」菑，生田；畬，熟田。「不菑畬」，即「不菑不畬」。

【譯文】不耕田，就沒收穫，不開荒，就得不到熟田。如果是這樣，則利於有所作為。

六三：無妄之災。或繫之牛，行人之得，邑人之災。

【譯文】有時候，我們並沒有胡作非為，也會遇到災殃。有人把牛繫在樹上，過路人順手把牛牽走了，邑人卻倒了霉。

九四：可貞，無咎。

【譯文】恪守正道，可以占問，平安無事。

【爻辭說明】吉凶判語，有所變通。

九五：無妄之疾，勿藥有喜。

【譯文】沒有胡作非為而患上疾病，不用服藥就可以痊癒。

上九：無妄行，有眚，無攸利。

【譯文】不要妄行。妄行則有災殃，沒有什麼好處。

大畜卦（二十六）

大畜：利貞，不家食，吉，利涉大川。

【譯文】利於堅守正道。家畜不食於家，而食於野，吉利。利於冒險渡河。

【卦名簡介】本卦乾下艮上。呈「二陰畜四陽」之象。卦名大畜，與小畜相對而言。小畜指農業積累，大畜則指

1	1	1	2	2	1
1	1	1	2	2	2
1	1	2	0	0	0
1	1	2	0	0	1
1	1	2	0	0	2
1	1	2	0	1	0
1	1	2	0	1	1

牧業積累。卦象與卦爻辭內容有意義上的聯繫。

【卦辭說明】本卦吉凶碼為「1」；上一爻吉凶碼為「0」。0→1代表「利涉大川。

初九：有厲，利己❶。

【註釋】❶己，祭祀。

【譯文】有疫病，利於祭祀。

九二：輿說輹❶。

【註釋】❶輹指車輻，即連接車輛和車轂的直條。

【譯文】車輻脫落，車輪掉了。

【爻辭說明】初九吉凶碼為「2」，本爻吉凶碼為「0」。2→0代表「輿說輹」。

九三：良馬逐❶，利艱貞，日閑輿衛❷，利有攸往。

【註釋】❶逐，交配。❷日，當為日。閑，通嫻，熟練。輿衛，駕車防衛技術。

【譯文】良馬追逐交配，利於在艱難中堅守正道。天天練習駕車防衛技術，以防鄰族前來搶奪。有備無患，利於有所作為。

六四：童牛之牿❶，元吉。

【註釋】❶童牛，剛長角的牛；牿，牛角上所縛之橫

木。

【譯文】在剛長出的牛角上套上木牿，以防傷人。開頭吉利。

六五：豶豕❶之牙，吉。

【註釋】❶豶，本義為奔。豶豕，奔突的大豬。牙，通庌，豬圈。

【譯文】把喜歡奔突的大豬關進豬圈，吉利。

上九：何❶天之衢❷。亨

【註釋】❶何，通荷，承受。❷衢，通庥，庇護也。

【譯文】六畜興旺，全賴上天保佑。

頤卦卦（二十七）

1	2	2	2	2	1
1	2	2	2	2	2
2	0	0	0	0	0
2	0	0	0	0	1
2	0	0	0	0	2
2	0	0	0	1	0
2	0	0	0	1	1

☲☶頤：貞吉。觀頤，自求口實❶。

【註釋】❶口實，口糧，自求口實，猶言自食其力。

【譯文】自己養活自己，占問吉祥。觀人美餐，不如自謀生路，自食其力。

【封名簡介】本卦震下艮上，呈「口中有齒」之象，故卦名為頤。《爾雅・釋詁》：「頤，養也。」卦象和卦名有意義上的聯繫。頤卦的宗旨在於說明：謀生正道是自

食其力。

初九：舍爾靈龜，觀我朵頤❶，凶。

【註釋】❶朵頤，像花朵一樣鼓起的腮幫子。

【譯文】捨棄你的寶物靈龜，卻羨慕我口中之食，凶險。

六二：顛頤，拂經❶於丘。頤征❷，凶。

【註釋】❶經，《廣雅・釋言》：「徑也」，指阡陌。拂經，指墾荒開田。❷頤征，指為了生計而搶劫別人。

【譯文】謀生之道毀於一旦之後，就在山坡上開荒種地。如果為了生計而去搶劫別人，那就太凶險了。

【爻辭說明】本卦卦碼為：122221。卦象為「口中有齒」。而本爻爻碼為：「200000」。至此，原來的「口中有齒」的卦象已被完全破壞，故稱「顛頤」。爻碼中的五個「0」，代表山丘，也代表良田，故稱「拂經於丘」。本爻吉凶判斷根據事理而有所變通。

六三：拂❶頤，貞凶。十年勿用，無攸利。

【註釋】❶拂，抹去、違反之意。

【譯文】違反謀生正道，去掠奪他族食物，占問凶險。十年之內都不能有所作為，沒有什麼好處。

【爻辭說明】本爻爻碼為：200001，抹去了「口中有齒」的卦象，故凶。爻碼中末二位數為「01」，下數十個爻碼才重新出現，故稱「十年勿用」。

六四：顛頤，吉。虎視眈眈，其欲逐逐❶，無咎。

【註釋】❶逐逐，迫切之意。

【譯文】頤養之道被顛倒過來，由「以下養上」變為

「以上養下」，吉利。即令失去生計的民眾，像餓虎覓食般地尋找食物，他們也會獲得上面的救濟，平安無事。

【爻辭說明】本卦卦碼的：122221。本爻爻碼為：200002。兩相比較，在某種意義上可以說是正好相反，故稱「顛頤」。本爻吉凶判語，根據情理有所變通。

六五：拂經，居貞，吉。不可涉大川。

【譯文】開荒種地，在家安守正道，吉祥。不可冒險渡河。

【爻辭說明】本爻吉凶碼「0」，代表河流，也代表「過涉滅頂」。故2→0代表「不可涉大川」。

上九：由❶頤，厲，吉。利涉大川。

【註釋】❶由，遵循。

【譯文】遵循謀生正道，先有危險，最終吉祥。有利冒險渡河。

【爻辭說明】上爻吉碼為「0」代表大川。0→1代表渡過河來，故「利涉大川」。

大過卦（二十八）

☰☰大過：棟橈❶，利有攸往，亨。

【註釋】❶棟，指房屋的中樑，一般用喬木樹幹製作而成。棟橈，是指棟樑兩端彎曲，除本義外，又用來比喻老夫老婦軀幹彎曲、背部隆起的老邁之態。

【譯文】出現過正危局之時，利於有所作為。亨通。

【卦名簡介】本卦巽下兌上，呈「兩端柔弱，棟樑彎曲」之象，卦名「大過」，與「小過」相對而言。「過」字有兩重意義：（1）往見、相遇之意，在本卦中指男女

2	1	1	1	1	2
2	1	1	1	2	0
2	1	1	1	2	1
2	1	1	1	2	2
2	1	1	2	0	0
2	1	1	2	0	1
2	1	1	2	0	2
2	1	1	2	1	0

偶合：（2）過正、過分、過失之意。棟橈就是「過正」；老夫娶妻，老婦出嫁都有些過分，但不算「過正」。《易經》作者利用「過」字的雙關意義，撰寫了本卦的卦爻辭，意在說明，出現過正危局之時，需要有才智過人之士，出來力挽狂。但矯枉過正也要有一定限度，不然就有「過涉滅頂」之災。

初六：藉❶用白茅，無咎。

【註釋】❶藉，席也。

【譯文】就像祭祀時用白茅鋪墊一樣，遇事恭敬戒慎，可保無災無難。

【爻辭說明】本爻吉凶碼「0」代表白茅，也代表。無咎」。

九二：枯楊生稊，老夫得其女妻，無不利。

【註釋】稊，借為荑，新芽。

【譯文】枯楊發了芽，老頭子娶了女嬌娃，沒有什麼不利。

九三：棟橈，凶。

【註釋】棟樑彎曲下來，兇險。

九四：棟隆，吉，有它❶，吝。

【註釋】❶有它，有二心，有意外。

【譯文】棟樑隆起‧能負重荷，吉利。如有意外，前途依然艱難。

九五：枯楊生華，老婦得其士夫，無咎，無譽。

【譯文】枯楊開了花，老婦人嫁給少年郎，既沒有災殃，也沒有榮光。

上六：過涉滅頂，凶，無咎。

【譯文】涉水過深、淹沒頭頂，兇險，但仍可匡正，所以平安無事：

【爻辭說明】12→0代表「過涉滅頂，凶，無咎」。

坎卦（二十九）

2	1	2	2	1	2
2	1	2	2	2	0
2	1	2	2	2	1
2	1	2	2	2	2
2	2	0	0	0	0
2	2	0	0	0	1
2	2	0	0	0	2

坎：習❶坎，有孚維心，亨。行有尚❷。

【註釋】❶習。重也。❷尚，嘉許，讚賞。

【譯文】在重重險境之中，只要堅定信心，自然亨通。如有所為，也會得到人們的讚賞。

【卦名簡介】本卦坎下坎上，呈「坎中有坎」之象，故名坎卦。卦象與卦名一致。坎卦宗旨在於向人們昭示：

身處重重逆境之中，必須堅定信心，繼續努力，不可灰心喪氣，自我埋沒。

初六：習坎，入於坎窞❶，凶。

【註釋】❶窞（ㄉㄢˋ），坎中之坎，上穴下臼都是坎坑。

【譯文】兩坎相重，陷入坎中之坎，兇險。

【爻辭說明】本爻吉凶碼「0」，代表坎坑。

九二：坎有險，求小得。

【譯文】坑坑坎坎，道路艱險，只能希望小有所得。

六三：來之❶坎，坎險且枕❷。入於坎窞，勿用。

【註釋】❶之，通是，此也。❷枕，當作沈，深也。

【譯文】來到陷坎面前，陷坎既險又深，以致落人雙重陷坑之中。切勿輕舉妄動。

六四：樽酒❶，簋貳❷，用缶❸。納約自牖❹，終無咎。

【註釋】❶樽，酒壺。❷簋，盛飯的圓盒。❸缶（ㄈㄡˇ），瓦器。❹約，猶取也；牖，窗戶。

【譯文】一壺酒，兩盒飯，都用瓦盆盛著，從天窗口送入。最後還是平安無事。

【爻辭說明】本爻爻碼為：220000。其中四個「0」分別代表「樽」、「簋」、「缶」、「牖」。

九五：坎不盈。祇❶既平。無咎。

【註釋】❶祇，當為坻，小丘也。

【譯文】用小土丘的泥土來填小土坑，小土丘鏟平了，小土坑還沒有填滿。出獄的道路雖然沒有鋪平，人還是平安無事。

上六：繫用徽纆❶，置於叢棘❷。三歲不得，凶。

【註釋】❶徽纆，繩索。❷叢棘，指監獄。古代監獄週邊設置荊棘，以防犯人越獄，因此常用叢棘代指監獄。

【譯文】被人用繩索捆綁著，投入監獄，三年不得自由。兇險。

【爻辭說明】本爻吉凶碼為「1」。下爻吉凶碼為「2」。1→2代表「被人投入監獄，三年不得自由」。下下爻吉凶碼「0」代表「3」。

離卦（三十）

1	2	1	1	2	1
1	2	1	1	2	2
1	2	1	2	0	0
1	2	1	2	0	1
1	2	1	2	0	2
1	2	1	2	1	0
1	2	1	2	1	1

☲離：利貞，亨。畜牝牛，吉。

【譯文】利於堅守正道。亨通。養母牛，吉祥。

【卦名簡介】本卦離下離上，呈「重離」之象。故卦名為「離」。《易經》作者利用「離」與「鸝」諧音的特點，撰寫了本卦卦爻辭，意在說明，安不忘危，人們不可因為出現好兆頭，就放鬆警惕。按黃鸝是吉祥之鳥。黃鸝出現，是吉祥之兆。武王代紂時，軍旗上就繪有黃鸝圖案。卦辭中還指出，要爭取戰爭的勝利，就必須有堅實的經濟基礎。「畜牝牛吉」就是這個意思。

初九：履錯然，敬❶之，無咎。

【註釋】❶敬，通儆，警戒。

【譯文】聽到紛至沓來的腳步聲，加強戒備。平安無事。

【爻辭說明】本爻吉凶碼「2」，代表「履錯然」。凡履必成雙。

六二：黃離，元吉。

【註釋】黃離❶，黃鸝。

【譯文】❶黃鸝飛翔，開頭吉祥。

【爻辭說明】本爻吉凶碼「0」，代表黃鸝，也代表吉祥。

九三：日昃❶之離，不鼓缶而歌，則大耊之嗟❷，凶。

【註釋】❶日昃，指太陽偏西。❷大耊，指老人；嗟，歎息。

【譯文】黃昏時分，黃鸝飛翔，人們沒有敲擊瓦器，來號召大家做好戰鬥準備，反而歌舞昇平。老人們在一旁搖頭歎息。有凶。

九四：突如其來如，焚如，死如，棄如。

【譯文】敵人突然自天而降，見房就燒，見人就殺，見孩子就摔。

六五：出涕沱若❶，戚❷嗟若。吉。

【註釋】❶涕，淚水；若，通然，形容詞尾；沱若，淚水湧流的樣子；❷戚，悲傷。

【譯文】人們痛哭流涕，人們悲傷歎息。但是，只要接受教訓，還是吉祥的。

【爻辭說明】本爻吉凶碼「0」，既代表「出涕沱若，

戚嗟若」，又代表「吉祥」。

上九：王用出征，有嘉❶；斬首❷，獲匪其醜❸，無咎。

【註釋】❶嘉，喜事。❷斬，絕其首；首，魁首。❸匪，同彼；醜，眾也。

【譯文】喜訊傳來：君王親自出征，殺死敵方頭目，俘獲敵人無數。平安無事。

【爻辭說明】上爻吉凶碼為「10」。10-1代表「王用出征」。

下　經

咸卦（三十一）

2	2	1	1	1	2
2	2	1	1	2	0
2	2	1	1	2	1
2	2	1	1	2	2
2	2	1	2	0	0
2	2	1	2	0	1
2	2	1	2	0	2

咸：亨，利貞。取❶女，吉。

【註釋】❶取，通娶。

【譯文】亨通，利於堅守正道。娶女，吉祥。

【卦名簡介】本卦艮下兌上，呈「少男少女，相悅合歡」之象。故卦名為「咸」。咸，通感，感應也。卦象與卦爻辭內容符合。咸卦宗旨在於以男女合歡為例，闡明萬

物相互感應之理。

初六：**咸其拇❶**。

【註釋】❶拇，通姆，大姆腳趾。

【譯文】觸動其大姆腳趾。

【爻辭說明】本爻吉凶碼「0」代表大姆腳趾。

六二：**咸其腓❶，凶。居吉。**

【註釋】❶腓，小腿。

【譯文】觸動其小腿，兇險。安穩不動，吉祥。

九三：**咸其股❶。執其隨❷，往吝。**

【註釋】❶股，大腿。❷隨，通睢，臀部。

【譯文】撫摩其大腿，手握其臀部。再往下去有所不利。

九四：**貞吉，悔亡。憧憧❶往來，朋從爾思。**

【註釋】❶憧憧，心慌意亂的樣子。

【譯文】占問吉祥，晦氣消亡。心思不定，想來想去，友伴終究順從了你的心願。

九五：**咸其脢❶，無悔。**

【註釋】❶脢，頸項，脖子。

【譯文】吻其脖子。相見恨晚，沒有什麼晦氣可言。

上六：**咸其輔❶頰舌。**

【註釋】❶輔，通與「頰」義近。

【譯文】親其面頰，親其舌。

恒卦（三十二）

䷟恒：**亨，無咎。利貞，利有攸往。**

【譯文】亨通，平安無事。利於堅守正道，利於有所

2	1	1	1	2	2
2	1	1	2	0	0
2	1	1	2	0	1
2	1	1	2	0	2
2	1	1	2	1	0
2	1	1	2	1	1
2	1	1	2	1	2

作為。

【卦名簡介】本卦巽下震上，呈「長男長女，恩愛持久」之象。故卦名「恒」。恒卦宗旨在於闡明：恒與不恒，何者為宜，需要具體問題具體分析。恒卦為第32卦。按公度年計算 $32 \times 360° = 11520°$，「當萬物之數」，故謂之「恒」。

初六：浚恒❶。貞凶，無攸利。

【註釋】❶浚，深挖追求之意。

【譯文】疏河浚井，挖掘不止，占問兇險，沒有什麼好處。

【爻辭說明】本爻吉凶判語，有所變通。

九二：悔亡。

【譯文】在一般情況下，持之以恆，晦氣消亡。

九三：不恒其德❶，或承之羞❷，貞吝。

【註釋】❶德，通得。❷羞，通饈，美味。

【譯文】田獵所得不恒常，有人送來美味，占問不利。

九四：田無禽❶。

【註釋】❶禽，禽獸。

【譯文】狩獵時沒有獵到禽獸。

【爻辭說明】本爻吉凶碼「0」代表禽獸。

六五：恒其德？貞婦人吉，夫子凶。

【譯文】生產所得能否恒常？負責採集的婦女占問吉利，負責田獵的男子占問兇險。

上六：振恒。凶。

【譯文】躁動不已，兇險。

遯卦（三十三）

2	2	1	1	1	1
2	2	1	1	1	2
2	2	1	1	2	0
2	2	1	1	2	1
2	2	1	1	2	2
2	2	1	2	0	0
2	2	1	2	0	1

遯：亨，小利貞。

【譯文】隱遁，亨通。恪守此道，小有利益。

【卦名簡介】本卦艮下乾上，形象略似小豬，故名遯卦。遯字有雙重意義：（一）遯，本作逐，通豚，小豬。（二）遯，退避。《說文》：「遯，逃也。」《易經》作者。利用遯字一語雙關的特點，引證了一首以小豬為主題的古歌，來討論退避之道。故遯卦宗旨在於闡明隱退待時之道。

初六：遯尾；厲，勿用有攸往。

【譯文】退避不及，落在末尾。有危險，不可有所作為。

【爻辭說明】「遯尾」本義原是「小豬尾巴」。

六二：執❶之，用黃牛之革，莫之勝說❷。

【註釋】❶執之，捉住。❷說，通脫。

【譯文】好像被牛皮繩捆住一樣，無處脫身。

【爻辭說明】本爻爻辭的本義是：用牛皮繩捆住它，不讓它跑掉。吉凶碼「0」代表黃牛。

九三：繫❶遯，有疾，厲；畜臣妾，吉。

【註釋】❶繫，拘繫，拖累。

【譯文】拖家帶口，不能毅然退隱，因而生病，情況危險。蓄養奴婢，養病在家，可保平安。

【爻辭說明】繫遯，原義是「拴住小豬」。

九四：好遯。君子吉，小人否。

【譯文】喜好隱遁，對貴族來說就是不願做官，潔身自好，故吉；對庶民來說，就是逃亡在外，故不吉。

【爻辭說明】「好遯」原意是「多好的小豬」。九三吉凶碼「1」，代表君子；九四吉凶碼「2」，代表小人。

九五：嘉❶遯，貞吉。

【註釋】❶嘉。有嘉許之意，又有美好之意。

【譯文】退隱以時，值得嘉許。占問吉祥。

【爻辭說明】「嘉遯」原意是「多美的小豬」。

上九：肥❶遯。無不利。

【註釋】❶肥，盛也。

【譯文】鼎盛之時，急流勇退。無所不利。

【爻辭說明】「肥遯」原意是「多肥的小豬」。

347

大壯卦（三十四）

1	1	1	1	2	2
1	1	1	2	0	0
1	1	1	2	0	1
1	1	1	2	0	2
1	1	1	2	1	0
1	1	1	2	1	1
1	1	1	2	1	2

☳☰大壯：利貞。

【譯文】利於恪守正道。

【卦名簡介】本卦乾下震上，形象酷似山羊。本卦卦名摘自一首以羝羊觸藩為主題的古歌，意思是說山羊又大又壯。大壯卦的主旨，是要以羝羊觸藩為例，來說明「小人用壯，君子用罔」的道理。

初九：壯於趾❶，征凶。有孚。

【註釋】❶趾，當指足。

【譯文】羝羊觸藩的力量來自雙足。像羝羊一樣恃強出征，凶。但能建立威信。

【爻辭說明】本爻吉凶碼「0」代表羝羊的雙足。吉凶判語有所變通。

九二：貞吉。

【譯文】有力量而不恃強，占問吉祥。

九三：小人用壯❶，君子用罔❷。貞厲。羝羊觸藩❸，羸❹其角。

【註釋】❶壯，強壯的力量。❷罔，同網。❸羝羊，

公羊；觸，抵也；藩，圍籬也。❹羸，拘繫。

【譯文】庶民百姓才憑體力恃強逞兇，君子要用羅網。占問有危險。羝羊正在頂撞圍籬，快把它的雙角捆起來。

九四：貞吉，悔亡；藩決不羸，壯於大輿之輹。

【譯文】只要懂得這番道理，占問吉祥，晦氣消亡。圍籬所以被頂壞，是因為沒有把羝羊的雙角捆起來，也是因為它的四條腿的力量比車輛輪子的力量還要大的緣故。

【爻辭說明】本爻吉凶碼「0」既代表羝羊的腿，也代表「大輿之輹」。

六五：喪羊於易❶，無悔。

【註釋】❶易，忽略，粗心大意。

【譯文】由於圍籬被頂壞，羊兒跑了。這是由於疏忽大意的緣故。只要吸取經驗教訓，就沒有什麼晦氣可言。

上六：羝羊觸藩，不能退，不能遂❶，無攸利，艱則吉。

【註釋】❶遂，前進。

【譯文】羝羊頂撞圍籬，一旦把角掛在籬上，就會陷入進退維谷境地。這樣，沒有什麼好處。艱苦自守。則吉祥。

晉卦（三十五）

☰☷晉：康侯❶用錫❷馬蕃庶❸，晝日三接❹。

【註釋】❶康侯，周武王弟，名封。❷錫，通賜。❸蕃，繁殖；庶，眾多。❹接，交配。

【譯文】康侯用君王賜給的良馬繁殖了許多馬匹，一日三次交配。

【卦名簡介】本卦坤下離上。呈「日在地上，節節上

2	2	2	1	2	1
2	2	2	1	2	2
2	2	2	2	0	0
2	2	2	2	0	1
2	2	2	2	0	2
2	2	2	2	1	0
2	2	2	2	1	1

升」之象。故卦名為晉。晉者，進也。晉卦的宗旨在於闡明，進軍取勝之道在於預做準備，並要獲得上級和群眾的支持。

初六：晉如摧❶如，貞吉。罔❷孚，裕無咎。

【註釋】❶摧，通退。❷罔，即亡，無。

【譯文】進進退退，占問吉祥。一時不能獲得信任，放寬胸懷，自然無事。

【爻辭說明】六二爻吉凶碼為「0」。減法運算。0→2，代表「罔孚」。

六二：晉如，愁如，貞吉。受茲❶介❷福於其王母。

【註釋】❶茲，此。❷介，大。

【譯文】在進軍途中，憂心忡忡，占問吉祥。蒙王母褒獎，受此大福。

【爻辭說明】本爻吉凶碼「0」代表王母。

六三：眾允，悔亡。

【譯文】眾人支持，晦氣消亡。

九四：晉如鼫鼠❶，貞厲。

【註釋】❶鼫鼠，田鼠。

【譯文】進攻過程中膽小如鼠，猶豫不決。占問兇險。

六五：悔亡。失得勿恤。往吉，無不利。

【譯文】晦氣消亡。不要患得患失。前進吉祥，沒有什麼不利。

上九：晉其角，維❶用伐邑。厲，吉，無咎。貞吝。

【註釋】❶維，通惟，思考。

【譯文】像野獸伸出獸角一樣，派出先頭部隊，準備征伐鄰邑。逢凶化，平安無事。不過，征伐畢竟不是光彩的事，所以，占問艱難。

明夷卦（三十六）

1	2	1	2	2	2
1	2	2	0	0	0
1	2	2	0	0	1
1	2	2	0	0	2
1	2	2	0	1	0
1	2	2	0	1	1
1	2	2	0	1	2

䷣明夷：利艱貞。

【譯文】黑暗時期，利於韜光養晦，苦守正道。

【卦名簡介】本卦離下坤上，呈「明入於地」之象，故卦名為明鳥。明夷，就是太陽受到損傷的意思。爻辭把受到侵蝕的太陽神話化，視之為明夷鳥。實際上，爻辭中所描繪的現象是日出時分的一次日食現象。明夷卦宗旨在於說明：黑暗時期，宜於韜光養晦。

初九：明夷於❶飛，垂其翼。君子於行，三日不食。有攸往，主人有言❷。

【註釋】❶於，在，正在。❷言，閒言碎語，責備。

【譯文】明夷鳥在飛翔，雙翼垂了下來；君子出行，三天沒有吃飯，繼續前進，還受到寄宿主人的惡語譏諷。

【爻辭說明】本爻吉凶碼「0」代表「垂其翼」，又代表「三日不食」。

六二：明夷，夷於左股，用拯馬壯❶，吉。

【註釋】❶拯，救，在這裏指報信救人。

【譯文】明夷鳥受傷，傷在左腿。因為要乘馬報信拯救明夷鳥，馬很壯實，所以吉祥。

【爻辭說明】「夷於左股」指太陽左側邊緣開始受到侵蝕，即初虧。吉凶判語，有所變通。

九三：明夷❶於南狩❷，得其大首，不可疾貞。

【註釋】❶帛書本，「夷」字又重複一次。❷春秋兩季，日出正東方，落於正西方。冬季日出東南方，落於西南方，稱為太陽神南巡。夏季，日出東北方‧落於西北方，稱為太陽神北巡。

【譯文】明夷鳥受傷，傷在南巡之時。南巡中，黑狗子奪去了明夷鳥的大腦袋。不可急於占問。

【爻辭說明】「得其大首」指「蝕既」。

六四：入於左腹，獲明夷之心，於出門庭。

【譯文】黑狗子侵入左腹，奪得明夷鳥之心，揚長而去。

【爻辭說明】「獲明夷之心」，指蝕甚。本爻吉凶碼「0」代表「明夷之心」。

六五：箕子之明夷，利貞。

【譯文】箕子和明夷鳥一樣，受到傷害，身處逆境。

利於堅守正道。

　　上六：**不明，晦。初登於天，後入於地。**

　　【譯文】天空晦暗不明，明夷鳥先是飛上天空，一會兒就沒於地下。

家人卦（三十七）

1	2	1	2	1	1
1	2	1	2	1	2
1	2	1	2	2	0
1	2	1	2	2	1
1	2	1	2	2	2
1	2	2	0	0	0
1	2	2	0	0	1

　　☲☴家人：**利女貞。**

　　【譯文】女子利於堅守正道。

　　【卦名簡介】本卦離下巽上，呈「風自火出，煙囪冒煙」之象，故卦名為家人。家人卦宗旨在於闡明治家之道。

　　初九：**閑有家❶。悔亡。**

　　【註釋】❶閑，欄也。有，通於。

　　【譯文】在家設欄防盜，晦氣消亡。

　　六二：**無攸遂❶，在中饋。貞吉。**

　　【註釋】❶遂，成也。

　　【譯文】在家中不管大事，只管料理飲食，因而也沒有多大成就。占問，吉祥。

　　九三：**家人嗃嗃❶，悔，厲，吉。婦子嘻嘻，終吝。**

353

【註釋】❶嗃嗃，通嗷嗷。

【譯文】治家嚴厲。家人嗷嗷叫苦，有晦氣，有危險，但這樣做有利於促進子女上進，所以，最後還是吉祥。如果治家不嚴，妻室兒女只知嬉戲作樂，家道終將敗落。

六四：富家。大吉。

【譯文】富裕之家，大吉大利。

【爻辭說明】吉凶判語，有所變通。

九五：王假有家❶，勿恤，吉。

【註釋】❶假，寬厚也。

【譯文】君王以寬厚態度對待家人，不要憂愁，吉祥。

【爻辭說明】本爻吉凶碼「0」代表吉祥。

上九：有孚威如，終吉。

【譯文】家長有誠信，又威嚴，最終還是吉祥。

睽卦（三十八）

1	1	2	1	2	1
1	1	2	1	2	2
1	1	2	2	0	0
1	1	2	2	0	1
1	1	2	2	0	2
1	1	2	2	1	0
1	1	2	2	1	1

☲☱睽：小事吉。

【譯文】小事吉利。

【卦名簡介】本卦兌下離上，呈「水火相剋，互相矛盾」之象。睽者，乖離也，指不順心的小事。睽卦的宗旨

在於闡明，遇到不順心的小事時，要善於調整心態。爻辭中有可能引用一首古歌。

初九：悔亡，喪馬勿逐，自復。見惡人，無咎。

【譯文】丟失馬匹，不必去追尋，它自己會回來。遇見惡人。不必理睬他，自然平安無事。晦氣也自然消亡。

【爻辭說明】吉凶判語，有所變通。

九二：遇主於巷，無咎。

【譯文】在裏巷中碰到主人，恭維幾句，自然無事。

【爻辭說明】本爻吉凶碼「0」代表主人。

六三：見輿曳❶，其牛掣❷，其人天且劓❸。無初有終。

【註釋】❶曳，拉。❷掣，牽制。❸天，黥刑，即刺額的刑罰；劓，割鼻的刑

【譯文】看見車被牛拉著，牛被人牽著，人被刺了額，割了鼻子。這是惡兆，但不必介意。雖無善初，卻有善終。

九四：睽❶孤，遇元❷夫，交孚。厲，無咎。

【註釋】❶睽，乖離，外出。❷元，據聞一多先生說，應讀如兀。兀夫，指受刑被斷了足的跛子。

【譯文】孤獨外出時，遇到一個被斷足的跛子。一起被抓住但不必介意，經過解釋自然平安無事。

【爻辭說明】本爻吉凶碼「2」代表「遇元夫」。

六五：悔亡。厥宗❶噬膚，往，何咎？

【註釋】❶厥，通其。宗，同族，宗廟。

【譯文】如善於調整心態，自然晦氣消亡。族人在吃肉。一起結伴前行，有何過錯？

【爻辭說明】本爻吉凶碼「0」代表宗廟。

上九：睽孤，見豕負塗❶，載鬼一車。先張之弧❷，後說之弧。匪寇，婚媾。往遇雨則吉。

【註釋】❶塗，泥漿。❷弧，弓。

【譯文】孤獨外出時，看見一頭豬滿身泥漿，又遇見一輛車，車上載滿猙獰可怕的鬼怪。先是張弓搭箭，後來又放下弓箭。他們不是前來侵犯，而是前來求婚。如前往，遇雨則吉。

【爻辭說明】本爻吉凶碼為「1」，下爻吉凶碼為「2」。1→2代表婚媾。「雨」代表陰陽合順，故遇雨則吉。

蹇卦（三十九）

2	2	1	2	1	2
2	2	1	2	2	0
2	2	1	2	2	1
2	2	1	2	2	2
2	2	2	0	0	0
2	2	2	0	0	1
2	2	2	0	0	2

☶☵蹇：利西南，不利東北。利見大人，貞吉。

【譯文】利西南行，不利東北行。利於會見大人物。貞問吉祥。

【卦名簡介】本卦艮下坎上，呈「山高水險，行走艱難」之象。故卦名為蹇。蹇，本義為跛，引申為行路艱難。蹇卦宗旨在於用人心歸周為例，說明在事業舉步艱難之際，應正確選擇領袖人物並追隨其後，而後始有光明前

途。

【卦辭說明】本卦吉凶碼為「2」。初六吉凶碼「0」代表大人。2→0代表「利見大人」。

初六：往蹇，來譽。

【譯文】離開友方，必遇艱難：回到友方，必獲美譽。

【爻辭說明】0—2代表「往蹇」。2—0代表「來譽」。

六二：王臣蹇蹇，匪躬之故。

【譯文】王臣經歷艱難困苦，並不是為了本身的私利。

【爻辭說明】「0」代表王，「1」代表大臣。

九三：往蹇，來反。

【譯文】離開友方，必遇艱難；回到友方，艱難處境必有改變。

【爻辭說明】本卦卦碼為221212。本爻爻碼為：221222。到了本爻，上卦坎卦卦象已經轉化為坤卦卦象，形勢已經從「艱難局面」返回「順利局面」。

六四：往蹇，來連。

【譯文】離開友方，必遇艱難；回到友方，可與領袖人物聯合。

【爻辭說明】本爻吉凶碼為「0」代表領袖人物。0→2代表「往蹇」，2→0代表「來連」。

九五：大蹇，朋來。

【譯文】大難臨頭，必能得到友方幫助。

【爻辭說明】1→2代表「大蹇」。又代表「朋來」。

上六：往蹇，來碩。吉。利見大人。

【譯文】離開友方，必遇艱難；回到友方，必能幹出

一番大事業。吉祥，利於會見大人物。

【爻辭說明】1→2代表「往蹇」；2→0代表「來碩」。又代表「利見大人」。

解卦（四十）

2	1	2	1	2	2
2	1	2	2	0	0
2	1	2	2	0	1
2	1	2	2	0	2
2	1	2	2	1	0
2	1	2	2	1	1
2	1	2	2	1	2

䷧解：利西南。無所往，其來復吉；有攸往，夙❶吉。

【註釋】❶夙，早。

【譯文】利於西南行。沒有危難，以返回大本營為吉；出現危難，以早日著手解決為吉。

【卦名簡介】本卦坎下震上，呈「雷雨交作，刀物解困」之象。故卦名為解。解卦的宗旨在於闡明，要想排除各種危難，首先需要在朋友當中有很高威信並得到民眾的擁護，其次還要採取千方百計解決困難的態度。此卦當為追念蚩尤所立之卦（蚩尤被攔腰解為兩段）。

初六：無咎。

【譯文】沒有麻煩，平安無事。

九二：田獲三狐，得黃矢。貞吉。

【譯文】田獵中捉到三隻狐狸，得到青銅箭頭，解決

了缺乏箭頭的困難。由此可見，遇到危難，宜於積極設法解決，不可束手待斃。占問吉祥。

【爻辭說明】初六吉凶碼「0」代表「田獲三狐」和「得黃矢」。

六三：負且乘，致寇至。貞吝。

【譯文】背著包袱又坐上華貴的車輛，以至招來了強盜。由此可見，不少困難是自己招來的。占問艱難。

【爻辭說明】1→2代表「致寇至」。

九四：解而❶拇，朋至斯❷孚。

【註釋】❶而，通爾，你。拇，拇指。❷斯，猶乃。

【譯文】你手腳上的綁繩被解開了。朋友們趕來救你，這才證明你在朋友當中有很高的信譽。

【爻辭說明】六三吉凶碼為「2」，代表朋友；本爻吉凶碼「0」代表大拇指。

六五：君子維❶有解，吉。有孚於小人。

【註釋】❶維，捆綁。

【譯文】君子身上的捆綁被解開了，吉祥。這是因為君子得到老百姓擁護的緣故。

【爻辭說明】本爻吉凶碼「1」代表君子。0→1代表「君子維有解」。上六吉凶碼「2」代表小人。1→2代表君子「有孚於小人」。

上六：公用射隼❶於高墉❷之上，獲之，無不利。

【註釋】❶隼，鷹。❷高墉，城牆。

【譯文】只要得到朋友的幫助和民眾的擁護，又採取積極解決問題的態度，我們就可以排除我們面前的一切危難，就像公侯在高高的城牆上射鷹一樣百發百中，無往而

不利。

損卦（四十一）

1	1	2	2	2	1
1	1	2	2	2	2
1	2	0	0	0	0
1	2	0	0	0	1
1	2	0	0	0	2
1	2	0	0	1	0
1	2	0	0	1	1

☷☱損：有孚。元吉，無咎，可貞。利有攸往。曷❶之用，二簋❷可用享。

【註釋】❶曷，借為祕，饋食也。❷簋，盛飯的竹籃。

【譯文】心懷誠信。開頭吉利，平安無事，可以占問。利於有所作為。祭祀時，只要誠心誠意，即使把祭品減少到兩竹籃，神靈也會接受。

【卦名簡介】本卦兌下艮上，呈「大澤在下，浸蝕山根」之象。故名損卦。「損」「益」兩卦的宗旨在於闡明「在一定條件下，損和益可以相互轉化」。損卦意義，重在「損下益上」。各爻內容均涉及「損下益上」損卦翻過來就轉化為益卦。對於損和益的辯證關係，兩千多年前的孔子已經有深刻的理解。

現根據古籍引證如下：《淮南子‧人間訓》：「孔子讀《易》至《損》《益》，未嘗不憤然而歎曰：『益』『損』者，其王者之事與？事或欲以利之，適足以害之，或欲害之，乃反以利之。利害之反，禍福之門戶，不可不

察也。」

《說苑・敬慎》：「孔子讀《易》，至於《損》
《益》，則喟然而歎。子夏避席而問曰：夫子何為歎？孔
子曰：夫自損者益，曰益者缺。吾是以歎也！子夏曰：然
則學者不可以益乎？孔子曰：否！天之道，成者未嘗得久
也。夫學者以虛受之，故曰得。苟不知持滿，則天下之善
言不得入其耳矣。昔堯履天子之位，猶允恭以持之，虛靜
以待之，故百載以逾盛，迄今而益章。昆吾自臧而滿意，
窮高而不衰，故當時而虧敗，迄今而逾惡，是非『損一
益』之征與？吾故曰：謙也者，致恭以存其位者也。夫豐
明而動故能大，苟大則虧矣。吾戒之，故曰：天下之善言
不得入其耳矣！日中則昃，月盈則食，天道盈虛，與時消
息，是以聖人不敢當盛，升輿而遇三人則下，二人則軾，
調其盈虛，故能長久也。子夏曰：善！請終身誦之。」

初九：巳❶事遄往，無咎；酌損之。

【註釋】❶巳，通祀。

【譯文】祭祀大事，得趕快去參加，這樣才能平安無
事。祭品數量，可以酌情減損。

【爻辭說明】本爻吉凶判語，有所變通。

九二：利貞，征，凶。弗損，益之。

【譯文】利於堅守正道。如有征伐，兇險。對他族，
不要損害其利益，而要加以救助。

【爻辭說明】損卦應採取減法運算，故。0→2代表「征
凶」。0→2又代表「損」；0→1代表「益」。

六三：三人行則損一人，一人行則得其友。

【譯文】三人同行，必有一人走開；一人獨行，必然

361

邀人做伴。

【爻辭說明】「三人行則損一人」實際上是三進制減法運算規律：0→2；「一人行則得其友」，實際上是三進制加法運算規律：1→2。

六四：損其疾，使遄有喜❶。無咎。

【註釋】❶遄，速，快。有喜，痊癒。

【譯文】減輕其病情，使之早日痊癒。平安無事。

【爻辭說明】本爻吉凶碼為「2」。2→0代表「使遄有喜」。

六五：或益之，十朋之龜。弗克違。元吉。

【譯文】有人進獻價值十朋的靈龜。以這種大龜占問，不可違卜。開頭吉利。

【爻辭說明】本爻吉凶碼「0」代表「十朋之龜」。

上九：弗損，益之，無咎，貞吉。利有攸往，得臣無家❶。

【註釋】❶臣，奴隸。在中國古代，奴隸按家計算。「得臣無家」指得到單身奴隸。

【譯文】對流離失所的奴隸要加以救助，不要加以損害，平安無事。占問吉祥。利於有所行動，可以得到單身奴隸。

【爻辭說明】1→2代表「得臣無家」。

益卦（四十二）

益：利有攸往，利涉大川。

【譯文】利於出行，利於冒險渡河。

【卦名簡介】本卦震下巽上，呈「風雷激蕩，其勢愈

1	2	2	2	1	1
1	2	2	2	1	2
1	2	2	2	2	0
1	2	2	2	2	1
1	2	2	2	2	2
2	0	0	0	0	0
2	0	0	0	0	1

增」之象，故名益卦。益卦意義，重在「損上益下」。本卦各爻內容多與「損上益下」有關。益卦翻轉過來就轉化為損卦。

【卦辭說明】本卦上一爻吉凶碼為「0」。0→1代表「利涉大川」。

初九：利用為大作❶，元吉，無咎。

【註釋】❶大作，當指犁鋤類農具。

【譯文】利於製作犁鋤等傢俱，開頭吉祥，平安無事。

【爻辭說明】吉凶判語，有所變通。

六二：或益之十朋之龜。弗克違。永貞吉。王用亨於帝，吉。

【譯文】有人進獻價值十朋的靈龜。以這種大龜占問，不可違卜。貞問，永遠吉祥。君王舉行祭祀天帝的儀式，吉祥。

【爻辭說明】本爻吉凶碼「0」代表「十朋之龜」。

六三：益之，用凶事，無咎。有孚，中行告公用圭❶。

【註釋】❶圭，一種玉器，祭祀時要執圭，故以「用圭」指代祭祀。

【譯文】增加祭品，用於凶事，平安無事。有歸順者。

363

中途通知公侯舉行祭祀。

六四：中行告公，從，利用為依❶遷國。

【註釋】❶依，當指殷民。

【譯文】有人中途報告公侯，公侯也同意：為殷民遷國是有利的。

【爻辭說明】1→2代表「為依遷國」。

九五：有孚，惠心，勿問，元吉。有孚，惠我德❶。

【註釋】❶惠我德，以我的仁德為恩惠。

【譯文】對歸順者，當施以仁德，既往不咎。開頭吉祥。歸順者當對我感恩戴德。

【爻辭說明】本爻吉利碼「0」，代表「惠心勿問」。

上九：莫❶益之，或擊之。立心勿恒，凶。

【註釋】❶莫，沒有。

【譯文】沒有人幫助你，可能還有人襲擊你。如果意志不堅定，則有兇險。

【爻辭說明】1→2代表「凶」。

夬卦（四十三）

1	1	1	1	1	2
1	1	1	1	2	0
1	1	1	1	2	1
1	1	1	1	2	2
1	1	1	2	0	0
1	1	1	2	0	1
1	1	1	2	0	2

夬：揚於王庭，孚號：有厲。告自邑：不利即戎，利有攸往。

【譯文】在王庭上宣揚，竭誠呼號：有危險。邑中傳來通知：不利於馬上用兵，但利於有所行動。

【卦名簡介】本卦乾下兌上，呈「一陰游離於五陽之外」之象。卦名觀取自爻辭「君子夬夬獨行」。夬，快本字。「夬夬」形容快速疾行的樣子。卦象同卦名及爻辭內容一致。夬卦的目的是要說明：真理有時掌握在少數人手中。這時，少數派要恪守「中庸之道」。

初九：壯❶於前趾，往不勝❷，為咎。

【註釋】❶壯：傷也。❷勝，勝任。往丕勝，無法前往。

【譯文】前趾受傷，不能前往報警，感到內疚。

【爻辭說明】本爻吉凶碼「0」代表腳趾。

九二：惕號。莫❶夜有戎，勿恤。

【註釋】❶莫，即暮。

【譯文】警惕地呼號：夜晚有敵人來襲，不要擔心。

九三：壯於頄❶，有凶。君子夬夬獨行，遇雨若濡，有慍，無咎。

【註釋】❶頄，臉頰。

【譯文】臉頰受傷，有兇險。君子快速獨行，遇到大雨，全身濕透了，心裏很不痛快，但平安無事。

九四：臀無膚，其行次且❶。牽羊❷悔亡，聞言不信。

【註釋】❶次且：通趑趄，步履維艱的樣子。❷牽羊，指謝罪。《左傳》宣公十二年傳：「鄭伯肉袒牽羊以

逆。」

【譯文】報警時受到責打，臀部只剩得皮包骨頭，走起路來十分艱難。有人說，只要牽羊謝罪，就可以消災免禍。聽到這類話，不能相信。

【爻辭說明】本爻爻吉凶碼「0」，既代表臀部，也代表羊隻。

九五：莧陸❶夬夬，中行❷無咎。

【註釋】❶王夫之《周易裨疏》：「莧字當從等不從艸，音胡官切，山羊細角者也」。陸，借為踛，跳而馳。❷中行，路中間。

【譯文】細角山羊在路中間快速跳躍奔跑。採取中間路線，可以平安無事。

上六：無號，終有凶。

【譯文】再沒有人傳送警報了，災難終於發生了。

姤卦（四十四）

2	1	1	1	1	1
2	1	1	1	1	2
2	1	1	1	2	0
2	1	1	1	2	1
2	1	1	1	2	2
2	1	1	2	0	0
2	1	1	2	0	1

☰ 姤：女壯，勿用取女。

【譯文】女子遇男過多，個性太強，不可娶為妻室。

【卦名簡介】本卦巽下乾上，呈「一女遇五男」之象。

故卦名為姤，姤者遇也。古代，「姤」與「冓」通用。在殷周金文中，「冓」取象於象於兩魚相交，寫作冓（冓叔多父盤）。在本卦中，「姤」指男女相遇，婚配，交媾。

初六：繫於金柅❶，貞吉；有攸往，見凶。羸❷豕孚❸蹢躅❹。

【註釋】❶柅，剎車，制動器。金柅，金屬制動器。❷羸，古代與「婁」同音。羸豕即婁豬（發情之豬）。❸孚，信，守時，這裏指發情。❹蹢躅，來回走動。

【譯文】發情母豬繫在金屬制動器上，浮躁不安，來回走動，占問吉利。有所行動，則必見兇險。

九二：包❶有魚，無咎。不利賓❷。

【註釋】❶包，通庖，廚房。❷賓，通儐，接待賓客。魚象徵女人。廚中魚是為女人乞育而備，不能用來招待客人。

【譯文】廚房中有魚，平安無事，但不利於接待賓客。

【爻辭說明】本爻吉凶碼「0」代表魚。

九三：臀無膚，其行次且，厲，無大咎。

【譯文】臀部只剩得皮包骨頭，走起路來十分艱難。有危險，但沒有大的災殃。

九四：包無魚，起凶。

【譯文】女人不能生育，就像廚房中無魚，兇險由此開始。

【爻辭說明】無魚象徵「不育」，故凶。

九五：以杞包瓜，含章，有隕❶自天。

【註釋】❶隕，隕石。瓜指葫蘆，象徵女人。含章指女子懷孕。有隕自天指嬰兒分娩落地。

367

【譯文】女人身懷有孕，就像杞葉包著葫蘆。嬰兒一朝分娩，猶如隕石自天而降。

【爻辭說明】本爻吉凶碼「0」代表瓜，也代表隕石。

上九：姤其角，吝，無咎。

【譯文】男子被公羊（壯女）用角頂撞，艱難，但平安無事。

萃卦（四十五）

2	2	2	1	1	2
2	2	2	1	2	0
2	2	2	1	2	1
2	2	2	1	2	2
2	2	2	2	0	0
2	2	2	2	0	1
2	2	2	2	0	2

萃：亨。王假有廟。利見大人，亨，利貞。用大牲❶吉，利有攸往。

【註釋】❶大牲，牛。古代以牛為大牲。

【譯文】亨通。君王蒞臨宗廟，舉行祭祀。利於會見大人物，亨通，利於堅守正道。用牛牲祭祀，吉利。利於有所行動。

【卦名簡介】本卦坤下兌上，呈「地上有澤，水流彙聚」之象，卦象與卦名萃字的本義一致。萃，原為「彙聚」之意，在爻辭中假借為「悴」，有心力交瘁，形容憔悴之意。萃卦的宗旨是要說明領袖人物把誠信貫徹始終的必要性。

【卦辭說明】本卦吉凶碼為「2」。2→0代表「王假有廟」，又代表「利見大人」，又代表「用大牲吉」。

初六：有孚不終，乃亂乃萃。若號，一握❶為笑，勿恤。往，無咎。

【註釋】❶若，汝也；一握，聞一多謂同嗌喔，咿喔，笑聲。

【譯文】領袖人物必須把誠信貫徹始終，一旦失信於天下，必將引起混亂，使下屬人員心力交瘁，不勝其苦。如果你向上呼籲，只會遭到譏笑。不要憂愁。繼續盡職盡責，平安無事。

六二：引吉，無咎。孚乃利用禴❶。

【註釋】❶禴，殷人春祭，周人夏祭。

【譯文】得到貴人指引，吉利，平安無事。只要有誠信，可以舉行禴祭。

【爻辭說明】本吉凶碼為「1」。0→1代表得到貴人指引。

六三：萃如嗟如，無攸利。往，無咎，小吝。

【譯文】心力交瘁，憂愁嗟歎，沒有什麼好處。有所作為，平安無事，只有小的麻煩。

九四：大吉，無咎。

【譯文】盡職盡責，大吉大利，平安無事。

九五：萃有❶位，無咎。匪孚。元永貞，悔亡。

【註釋】❶有，於也。

【譯文】在本職崗位上心力交瘁，平安無事。其所以心力交瘁是因為領袖人物失信於人的緣故。從一開始，就要始終恪守正道。能如此，則晦消亡。

上六：齎咨❶涕洟❷，無咎。

【註釋】❶齎咨，即咨嗟，歎息。❷涕，眼淚；洟，鼻涕。

【譯文】歎息流涕，憂心忡忡，但平安無事。

【爻辭說明】吉凶判語，有所變通。

升卦（四十六）

2	1	1	2	2	2
2	1	2	0	0	0
2	1	2	0	0	1
2	1	2	0	0	2
2	1	2	0	1	0
2	1	2	0	1	1
2	1	2	0	1	2

升：元亨，用見大人，勿恤，南征，吉。

【譯文】晉升之時，開頭亨通，利於會見大人物，不必憂愁，南征，吉利。

【卦名簡介】本卦巽下坤上，呈「地中生木，節節上升」之象。故卦名為升。升卦的主旨是要闡明輔佐人員晉升之道。

【卦辭說明】本卦吉凶碼為「2」。2→0代表「用見大人」，又代表「南征吉」。

初六：允升。大吉。

【譯文】在貴人支持下，獲得晉升，大吉大利。

【爻辭說明】本爻吉凶碼為「0」。「0」代表貴人。

九二：孚乃利用禴，無咎。

【譯文】只要有誠信，利於舉行禴祭，平安無事。

九三：升虛❶邑。

【註釋】❶虛，同墟，山丘。

【譯文】升到高丘之上的城邑。

六四：王用亨於岐山，吉，無咎。

【譯文】君王在岐山舉行祭祀，吉利，平安無事。

六五：貞吉，升階❶。

【註釋】❶階，梯級。

【譯文】一級一級晉升，貞問吉祥。

上六：冥❶升，利用不息之貞。

【註釋】❶冥，夜晚，昏暗。

【譯文】稀裏糊塗地得到晉升，利於勤勞不息地堅守正道。

【爻辭說明】本爻吉凶碼「2」代表兇險。本爻未作吉凶判斷，但其凶可知。

困卦（四十七）

2	1	2	1	1	2
2	1	2	1	2	0
2	1	2	1	2	1
2	1	2	1	2	2
2	1	2	2	0	0
2	1	2	2	0	1
2	1	2	2	0	2

☵☱困：亨，貞大人吉，無咎。有言不信。

【譯文】處於困境之時，亨通，占問王公貴族之事，

吉利，平安無事。身處困境，不論怎樣申辯，人家都不相信。

【卦名簡介】本卦坎下兌上，呈「大澤漏泄，水草窮困」之象。故卦名為困。本卦顯然援引了一首以囚徒生活為主題的古歌。本卦以囚徒生活比喻人生各種困境及其解脫方法。

初六：臀困於株木❶，入於幽谷❷，三歲不覿。

【註釋】❶株木，木棍，這裏指刑仗。❷幽谷，這裏指監獄。

【譯文】臀部被刑仗打傷，身子陷入黑暗的牢房，三年不見其人。

【爻辭說明】本爻吉凶碼「0」，既代表臀部，又代表三年。

九二：困於酒食，朱紱❶方來。利用亨祀。征，凶。無咎。

【註釋】❶紱，借為祓。《說文》：「祓，蠻夷衣；」朱祓，這裏代指囚衣。

【譯文】沒有酒肉可食，紅色囚衣剛剛送來。利於舉行祭祀，求神保佑。出征，兇險。但恪守正道，則平安無事。

【爻辭說明】1→2代表「征凶」。

六三：困於石❶，據於蒺藜❷。入於其宮❸，不見其妻；凶。

【註釋】❶石，嘉石，古代犯人坐在上面示眾反省之石。❷據，通居；蒺藜，一種有刺植物，植於牢獄周圍，以防犯人逃走，這裏代指牢獄。❸宮。古代泛指家室，尤

指婦女居室。

【譯文】困在反省示眾的嘉石之上，關在四周蒺藜叢生的牢獄中。回到家中，也沒有見到自己的妻子，兇險。

九四：來徐徐❶，困於金車❷。吝，有終。

【註釋】❶徐徐，遲行貌。❷金車，指囚車。

【譯文】被關在囚車中，慢慢走來，前面有艱難，但最後會有好的結果。

【爻辭說明】本爻吉凶碼「0」。代表囚車。

九五：劓刖❶，困於赤紱，乃徐有說❷，利用祭祀。

【註釋】❶劓，割鼻的刑罰；刖，斷足的刑罰。❷說，通脫，解脫。

【譯文】割鼻斷足，身披囚服，漸漸有所解脫。利於舉行祭祀，求神保佑。

上六：困於葛藟❶，於臲卼❷。曰❸動悔，有悔。征吉。

【註釋】❶葛藟，一種有刺的藤蔓植物，代指監獄。❷臲卼，小木椿。於字前面，似脫漏「據」字。❸曰，發語詞。

【譯文】被關在四周有葛藟和木椿的監獄裏，動輒得咎，有晦氣。有所行動，吉利。

【爻辭說明】2→0代表「征吉」。

井卦（四十八）

井：改邑不改井❶。無喪無得。往來井井。汔至❷，亦未繘❸井，羸❹其瓶，凶。

【註釋】❶「改邑不改井」，等於「改其邑，不改其

2	1	1	2	1	2
2	1	1	2	2	0
2	1	1	2	2	1
2	1	1	2	2	2
2	1	2	0	0	0
2	1	2	0	0	1
2	1	2	0	0	2

井」。❷汔，乾涸；至，通窒，淤塞。❸繘，汲水索，井繩。❹羸，通累，繫也。

【譯文】井址不可改，天道不可改。舊邑主調往他處，新邑主調來，對邑民來說，無所失，也無所得。人們經常往來井邊打水，以致水井乾涸淤塞，井上也不再裝有井繩和汲水瓶。兇險。

【卦名簡介】本卦巽下坎上，呈「木上有水」之象，故卦名為井。卦象與卦名一致。井有三義：水井，陷阱，井田。本卦描繪了水井、陷阱、井田有關的農民生活。值得指出的是，「木上有水」之象已為河北槁城台西村商代前期遺址的考古材料所證實：「發現一口保存較好的水井，井口呈圓形……井底發現有用四層圓木搭成的井字形井盤。」（《商周考古》，文物出版社）本卦當為追念共工所立之卦。井字即共字。

初六：井泥不食，舊井無禽。

【譯文】井水混濁，無法食用。陷阱坍塌，無法捕捉禽獸。

【爻辭解釋】本爻吉凶碼「0」，代表水井和陷阱。

九二：井谷射鮒❶，甕敝漏。

【註釋】❶井中積水成谷；射鮒‧射小魚。

【譯文】水井崩塌，積水成谷，簡直可以張弓射魚。水甕也破了，漏了，無法盛水。

九三：井渫❶不食，為我心惻，可用汲。王明，並受其福。

【註釋】❶渫，同泄。

【譯文】井水洩漏，無法汲用。新邑主為我們感到痛心。經過掏挖，井水終於可以汲用。邑主英明，大家都受到他的恩惠。

六四：井甃❶，無咎。

【註釋】❶甃，壘砌井壁。

【譯文】用磚石壘砌井壁，平安無事。

九五：井冽❶，寒泉，食。

【註釋】❶冽，水清也。

【譯文】水潔泉寒，清涼可口，可以食用。

上六：井收，勿幕。有孚，元吉。

【譯文】汲完水，把井繩和汲水瓶收拾好，但不要加蓋，以方便他人汲水。以誠信待人，開頭吉祥。

【爻辭說明】2→0代表「元吉」。

革卦（四十九）

革：己日乃革。元亨，利貞，悔亡。

【譯文】宣佈己日為新年，歲首，可以取得萬民的信任和支持，開頭亨通，利於堅持正道。晦氣消亡。

【卦名簡介】本卦離下兌上，呈「水火相剋，交互變革」之象。故卦名為革，卦名與卦象一致。《說文》：

1	2	1	1	1	2
1	2	1	1	2	0
1	2	1	1	2	1
1	2	1	1	2	2
1	2	1	2	0	0
1	2	1	2	0	1
1	2	1	2	0	2

「革，獸皮治去其毛，革更之。」可見，革的本義是變更，即除舊佈新。革卦內容是論述曆法改革乃至一般改革的意義和條件。革卦編號「49」也是有意義的。因為1個回歸年中正好包含49.475個月亮特徵點。

初九：鞏用黃牛之革。

【譯文】捆東西，要使用牛皮繩，才捆得牢靠。確定歲首，要把變動範圍縮得小小的。才顯得準確。

【爻辭說明】本爻吉凶碼「0」，代表黃牛。

六二：己日乃革之。征吉，無咎。

【譯文】以己日為歲首，推出新年曆，革除舊年曆。有所行動，吉利，沒有災殃。

九三：征凶，貞厲。革言三就。有孚。

【譯文】過去，曆法混亂，有所行動，總有兇險，占問總是危險。自從宣佈歲首不出「戊，己，庚」三天，就取得了萬民的信任。

九四：悔亡。有孚。改命吉。

【譯文】晦氣消亡。取得萬民信任。每年推出新年曆，吉利。

九五：大人虎變，未佔有孚。

【譯文】如果君王出面改革曆法，變得像老虎一樣威嚴雄威，那麼，不用占問，肯定會得萬民的信任。

上六：**君子豹變，小人革面，征凶，居貞吉。**

【譯文】如果有一定權勢的諸侯王公和無權無勢的百姓庶民出面宣導改革，有所行動，一定兇險，利於在家安守正道。

鼎卦（五十）

2	1	1	1	2	1
2	1	1	1	2	2
2	1	1	2	0	0
2	1	1	2	0	1
2	1	1	2	0	2
2	1	1	2	1	0
2	1	1	2	1	1

鼎：**元吉，亨。**

【譯文】開頭吉利，亨通。

【卦名簡介】本卦巽下離上，形狀似鼎。卦象與卦名一致。鼎是古代用來烹煮食物的金屬器皿。革、鼎兩卦都象徵革故鼎新。革卦重在革故，鼎卦重在鼎新。

初六：**鼎顛趾，利出❶否？得妾以其子❷。無咎。**

【註釋】❶出，通黜。逐出夫家，遣回娘家。❷子，女子。這裏指妻子。

【譯文】鼎足朝天，我是否該休妻回家？我所以能得到這些妾妃，是因為她嫁給我的緣故。平安無事。

【爻辭說明】本爻爻碼為211122。爻象好像鼎足朝上

之鼎。本爻吉凶碼「2」代表娶妻。

九二：**鼎有實❶，我仇❷有疾，不我能即❸。吉。**

【註釋】❶實，指鼎中食物。❷仇，或作逑，配偶。❸即，就，到來，來一起用餐。《說文》：「即，即食也。」

【譯文】鼎中有食物，然而我的妻子有病，不能和我一起來享用。吉利。

【爻辭說明】本爻吉凶碼「0」，代表「鼎有實」。

九三：**鼎耳革❶，其行塞❷，雉膏❸不食。方雨，虧❹，悔，終吉。**

【註釋】❶革，革除，脫落。❷塞，停止。❸雉膏，肥雞肉。❹虧，毀。

【譯文】鼎耳脫落，無法搬運。肥野雞肉，沒有人食用。剛好下了雨，毀了美味。真是晦氣，最後，經過重新煮沸，還是吃到野雞肉。

九四：**鼎足折，覆公餗❶，其形渥❷。凶。**

【註釋】❶餗（ㄙㄨˋ），美食；❷渥，齷齪。

【譯文】鼎腳折斷，把王公的美食傾倒在地，樣子十分齷齪。兇險。

六五：**鼎黃耳，金鉉❶，利貞。**

【註釋】❶鉉，抬鼎用的鼎杠。

【譯文】啟用了新鼎，新鼎帶有銅耳和銅鼎杠。利於堅守正道。

【爻辭說明】本爻吉凶碼「0」，代表銅耳。

上九：**鼎玉鉉。大吉，無不利。**

【譯文】新鼎配有鑲上美玉的鼎杠。大吉大利，無往

而不利。

震卦（五十一）

1	2	2	1	2	2
1	2	2	2	0	0
1	2	2	2	0	1
1	2	2	2	0	2
1	2	2	2	1	0
1	2	2	2	1	1
1	2	2	2	1	2

䷲震：亨。震來虩虩❶，笑言啞啞❷。震驚百里，不喪匕鬯❸。

【註釋】❶虩虩，恐懼驚顧之貌。❷啞啞，笑聲。❸匕，匙；匕鬯，一種香酒，這裏當指酒具。匕，當指酒勺。

【譯文】雷聲傳來，令人恐懼，鎮靜自若，談笑風生。雷聲震驚百里，手中酒勺並未因此失落。

【卦名簡介】本卦震下震上，呈「震來震往」之象。故卦名為震。卦象卦名一致。震卦的目的是要提醒人們注意：在震撼人的事件面前，要保持鎮靜，從容應付。

初九：震來虩虩，後笑言啞啞。吉。

【譯文】雷聲傳來，令人恐懼。後來，有了經驗，才依舊笑談風生。吉利。

六二：震來厲，億❶喪貝，躋❷於九陵，勿逐，七日得。

【註釋】❶億，通噫，嘆詞；❷躋，登。

【譯文】一聲炸雷，嘿，把貝幣都丟失了。翻了九座

379

山嶺去尋找。不必找了，七天以後，可以失而復得。

【爻辭說明】0→1代表「喪貝」。初九爻碼為122200。其中末二位數字「00」，經9行而重視。其中末位數字「0」經7行而重現。故有「躋於九陵，勿逐，七日得」之語。

六三：震蘇蘇❶，震行無眚❷。

【註釋】❶蘇蘇，通疏疏，稀疏之意。❷眚，災。

【譯文】雷聲稀疏下來。在雷聲中行走，沒有災禍。

九四：震遂❶泥。

【註釋】❶遂，通墜。

【譯文】雷把牆上的泥塊都震落下來。

【註釋】本爻吉凶碼「0」代表泥塊。

六五：震往來厲，意❶無喪，有事。

【註釋】❶意，猜想。

【譯文】雷電來來往往，兇猛異常。恐怕即令沒有什麼損失，也要出事。

上六：震索索❶，視矍矍❷。征凶。震不於其躬，於其鄰，無咎，婚媾有言。

【註釋】❶索索，驚懼不安的樣子。❷矍矍，帛書周易作「懼懼」。

【譯文】雷電交加，令人不安，目光驚懼四顧。有所行動，兇險。雷沒有打在自家身上，而打在鄰家，平安無事。如有婚媾之議，會引起閒言碎語。

【爻辭說明】本爻吉凶碼「2」代表婚媾。

艮卦（五十二）

2	2	1	2	2	1
2	2	1	2	2	2
2	2	2	0	0	0
2	2	2	0	0	1
2	2	2	0	0	2
2	2	2	0	1	0
2	2	2	0	1	1

☶☶艮：艮❶其背，不獲其身；行其庭，不見其人。無咎。

【註釋】❶《象傳》：「艮，止也。」在本卦中，艮作「止於」解。手腳皆可止，此處指手。

【譯文】手放在伊人背上，伊人卻沒有轉過身來。走入伊人庭院，卻不見伊人身影。平安無事。

【卦名簡介】本卦艮下艮上，故卦名為艮。艮卦以男女交歡過程為例，說明凡事不可急於求成，宜於時行則行、時止則止。

初六：艮其趾，無咎，利永貞。

【譯文】手放在伊人腳上，平安無事，利於永遠堅守正道。

【爻辭說明】本爻吉凶碼「2」代表手和腳。

六二：艮其腓❶，不拯❷其隨，其心不快。

【註釋】❶腓，小腿，腳肚；❷拯，舉也。

【譯文】手放在伊人小腿上，沒有舉起伊人臀部，伊人心中不快。

381

【爻辭說明】本爻吉凶碼「0」，代表腿肚子和臀部。

九三：艮其限❶，列其夤❷，厲薰❸心。

【註釋】❶限，腰部。❷列，裂；夤，脅部肌肉。❸薰，同熏。

【譯文】手放在伊人腰部，伊人脅部肌肉像撕裂開一般，心中像火燒火燎一般。

六四：艮其身❶，無咎。

【註釋】❶身，指胸部。

【譯文】手放到伊人胸部，沒有危險。

六五：艮其輔❶，言有序，悔亡。

【註釋】❶輔，唇部。

【譯文】接觸到伊人唇部，情話喁喁，晦氣消亡。

上九：敦艮，吉。

【譯文】兩人身心交融，吉祥。

漸卦（五十三）

2	2	1	2	1	1
2	2	1	2	1	2
2	2	1	2	2	0
2	2	1	2	2	1
2	2	1	2	2	2
2	2	2	0	0	0
2	2	2	0	0	1

☴☶漸：女歸❶，吉，利貞。

【註釋】❶歸，嫁也。以夫為家，故稱嫁為歸。

【譯文】女子出嫁，吉祥，利於堅守正道。

【卦名簡介】本卦艮下巽上，呈山上有木，日漸高大之象。卦象與卦名一致。卦名摘自一首古歌。《易經》作者引證這首古歌，其目的是要以一位婦女一生的經歷。說明事物的發展都有其階段性。

初六：鴻漸於干❶，小子❷厲，有言，無咎。

【註釋】❶鴻，大雁；漸，登上；干，岸。❷小子，孩子。

【譯文】大雁登上了河岸。小孩子頑皮，有危險，稍加斥責，但平安無事。

【爻辭說明】本爻吉凶碼「2」代表兩岸。

六二：鴻漸於磐❶，飲食衎衎❷，吉。

【註釋】❶磐，大石。❷衎衎，怡然自得。

【譯文】大雁登上河邊的岩石，有吃有喝，自得其樂。

【爻辭說明】本爻吉凶碼「0」，代表岩石。

九三：鴻漸於陸，夫征不復，婦孕不育，凶；利禦寇。

【譯文】大雁登上了岸邊高地。丈夫出征沒有回來，妻子生了兒子，沒能養活下來。兇險。但這有利於抗擊敵寇。

六四：鴻漸於木，或得其桷❶，無咎。

【註釋】❶桷，方形椽子。

【譯文】大雁登上岸邊木料，有的棲息在方形椽條上，平安無事。

九五：鴻漸於陵，婦三歲不孕，終莫之勝，吉。

【譯文】大雁登上山丘。妻子三年沒有懷孕，最後還是沒有人能取代她。

【爻辭說明】本爻吉凶碼「0」代表吉祥，也代表「三年未孕」。

上九：鴻漸於陸❶，其羽可用為儀❷，吉。

【註釋】❶江永、王引之、俞樾都認為此處「陸」，應作「阿」，山巒。❷儀，舞蹈中使用的羽飾。

【譯文】大雁登上山巒，它的羽毛可用作羽飾，足資榮光，足為楷模，吉祥。

歸妹卦（五十四）

1	1	2	1	2	2
1	1	2	2	0	0
1	1	2	2	0	1
1	1	2	2	0	2
1	1	2	2	1	0
1	1	2	2	1	1
1	1	2	2	1	2

☱☳歸妹：征凶，無攸利。

【譯文】有所行動，兇險，沒有什麼好處。

【卦名簡介】本卦兌下震上。呈「欣悅而動」之象。卦象與卦名有一定聯繫。卦名「歸妹」摘自一首以嫁女為主題的古歌。古歌中描寫了古代婦女的命運。

歸妹的編號「54」是一個意味深長的數字。請看下面的幾個數字：

1個近點月＝4個特徵點

1個近點月回歸週期＝4×15＝60個特徵點

1個回歸年＝53個特徵點

53個特徵點＋1（起點）＝54個特徵點

所以《彖傳》中說：「歸妹，天地之大義也。……歸

妹，人之終始也。」歸妹卦序54，是日月交會之象。

初九：**歸妹以娣❶，跛能履，征吉。**

【註釋】❶歸妹，指嫁女；娣，古代男子稱妹為「妹」，女子稱妹為「娣」。「歸妹以娣」，即古俗之「姐妹共夫婚姻」。

【譯文】姐姐出嫁，妹妹陪嫁，但娣地位低下，就像只能勉強行走的跛子一樣。如認清自己的地位，有所行動，吉利。

九二：**眇能視，利幽人之貞。**

【譯文】妹妹應該認識到，自己地位低下，就像只能勉強看見東西的獨眼瞎子一樣。利於堅守幽居之人的正道。

六三：**歸妹以須❶，反歸以娣。**

【註釋】❶須，通，嬃，即娣。

【譯文】妹妹跟著姐姐出嫁。婚事不成，又跟著姐姐回了家。

九四：**歸妹愆期，遲歸有時。**

【譯文】出嫁延期，嫁是要嫁，但須等待時日。

六五：**帝乙歸妹，其君之袂不如其娣之袂良。月幾望，吉。**

【譯文】帝乙嫁女，姐姐的衣裳不如妹妹的衣裳漂亮。滿月的十五剛過，這是吉利的日子。

【爻辭說明】上爻吉凶碼為「0」。0→1代表十五剛過。

上六：**女承筐❶無實，士刲❷羊無血。無攸利。**

【註釋】❶女，未婚女子；承，捧著。❷士，未婚男子；刲，刺殺。

【譯文】大姑娘捧著竹筐，筐子裏面沒有果品；小夥子刺殺山羊，山羊身上沒有出血。這是不能合歡育子之兆，沒有什麼好處。

【爻辭說明】「女承筐，士刲羊」，歸說以為指婚後祭祀，實屬勉強。黃玉順先生以為指模擬性舞蹈，比較合理，因為士、女實指未婚男女，並非指夫婦。

豐卦（五十五）

1	2	1	1	2	2
1	2	1	2	0	0
1	2	1	2	0	1
1	2	1	2	0	2
1	2	1	2	1	0
1	2	1	2	1	1
1	2	1	2	1	2

☲☳豐：亨❶，王假之❷。勿憂，宜日中。

【註釋】❶亨，同享，指舉行祭祀。❷假，寬假也。

【譯文】出現日食，亨通。君王以寬宏態度處之。勿憂，日中時分出現日食，是正常天文現象。

【卦名簡介】本卦離下震上，卦象與古豐字相似。卦名「豐」則摘自一首以日食為主題的古歌，豐卦內容是描繪古人眼中的日食現象，並言及古人對日食的態度。

初九：遇其配主❶，雖旬❷無咎。往有尚。

【註釋】❶配主，指與太陽神相匹配的神靈，我們姑且稱之為黑暗大神（俗稱黑狗子）。❷旬，十天為一旬。《易纂言》：「凡卜筮吉凶。以一旬之內為斷。過旬則再

卜再筮矣。」

【譯文】太陽神遇見了和他相匹配的大神黑暗大神。在十天之內，平安無事。如有所行動，會受到讚賞。

【爻辭說明】本爻吉碼「0」代表「配主」。本爻爻碼為121200。其中末二位數字「00」，隔十行才重新出現，故有「雖旬無咎」之語。本爻為日食過程的「初虧」階段。

六二：豐其蔀❶，日中見斗❷。往得疑疾，有孚發若❸。吉。

【註釋】❶豐，加大。蔀，小席。❷斗，北斗星。❸發，化解，若，它。

【譯文】黑暗大神把小席拼成大席。逐漸遮住太陽。正午時分，竟然見到了北斗星。有人外出，得了疑心病。只要心誠，就可加以化解。吉利。

【爻辭說明】本爻為日食過程的「蝕甚」階段。

九三：豐其沛❶，日中見沬❷，折其右肱❸，無咎。

【註釋】❶沛，通㸬，幡幔。❷沬，通昧，小星。❸肱，臂。

【譯文】黑暗大神把小幔拼綴成大幔，遮住了太陽。正午時分竟然見到了小星點。太陽神的右臂被折斷。平安無事。

【爻辭說明】本爻為日食過程的「蝕甚」階段。

九四：豐其蔀，日中見斗，遇其夷主❶。吉。

【註釋】❶夷主，指可以夷傷太陽神的黑暗大神。夷主和配主都是指黑暗大神。

【譯文】黑暗大神把小席拼綴成大席，逐漸遮住太陽。正午時分，竟然見到了北斗星。太陽神遇到了可以夷

傷它的黑暗大神，吉利。

【爻辭說明】本爻吉凶碼「0」代表「夷主」。本爻為日食過程的「生光」階段。

六五：來章❶，有慶譽。吉。

【註釋】❶章，光明。

【譯文】光明來了，一片慶賀和稱讚聲。吉利。

【爻辭說明】本爻為日食過程的「復圓」階段。

上六：豐其屋，蔀其家，闚其戶，闃❶其無人。三歲不覿❷，凶。

【註釋】❶闃，空。❷覿，見。

【譯文】黑暗大神把自己的房屋不斷擴張，用席子蓋著它的居所。從門縫往裏窺探，空無一人，三年不見人影。兇險。

【爻辭說明】本爻吉凶碼為「2」，下爻吉凶碼為「0」。1→0代表三年。本爻對日蝕過程作了全面回顧。

旅卦（五十六）

2	2	1	1	2	1
2	2	1	1	2	2
2	2	1	2	0	0
2	2	1	2	0	1
2	2	1	2	0	2
2	2	1	2	1	0
2	2	1	2	1	1

䷷旅：小亨，旅，貞吉。

【譯文】小有亨通，旅行，占問吉祥。

【卦名簡介】本卦艮下離上，呈「日落西山，旅客投宿」象。故卦名為旅。卦象，卦名和卦爻辭內容一致，旅卦內容是描寫商人旅途的遭遇，借喻人生之旅，禍福難測。

初六：旅瑣瑣❶，斯❷其所。取災。

【註釋】❶瑣瑣，猥瑣卑賤貌。❷斯，此。

【譯文】旅途風塵僕僕。這就是可以投宿的處所。外出經商，是自己找罪受。

六二：旅即次❶，懷其資，得童僕，貞❷。

【註釋】❶即，就，來到；次，客舍。❷貞：根據爻碼判斷，貞字後面漏「吉」字。

【譯文】商人在客舍住下，懷裏揣自自己的資財，又買到一名童僕。占問，吉利。

【爻辭說明】本爻吉凶碼「0」代表旅店，又代表童僕。

九三：旅焚其次，喪其童僕。貞厲。

【譯文】旅途中，旅店失火，跑掉了童僕。占問有危險。

九四：旅於處。得其資斧，我心不快。

【譯文】旅行到合適的地方，賺回了自己的資財。但是，心中悶悶不樂。

六五：射雉，一矢亡，終以譽命。

【譯文】用箭射雉雞，雉雞帶矢飛去，損失了一支箭，但最後獲得了善射的美名。

【爻辭說明】本爻吉凶碼「0」代表雉雞。

上九：鳥焚其巢，旅人先笑，後號眺。喪牛於易。凶。

【譯文】像鳥兒叫大火燒掉鳥巢一樣，旅人起先歡笑，後來痛哭嚎叫。又因粗心大意，丟失了牛兒。兇險。

【爻辭說明】六五吉凶碼為「0」。0→1代表「鳥焚其巢」和「喪牛於易」。

巽卦（五十七）

2	1	1	2	1	1
2	1	1	2	1	2
2	1	1	2	2	0
2	1	1	2	2	1
2	1	1	2	2	2
2	1	2	0	0	0
2	1	2	0	0	1

☴巽：小亨，利有攸往，利見大人。

【譯文】小有亨通，利於有所作為，利於會見大人物。

【卦名簡介】本卦巽下巽上，故卦為巽。按巽字，同「己巳」。《周易古經今注》說：「像二人跽伏之形，其本義當為伏也。」羅振玉曰：「己巳疑即古巽字。」其實，古字，本義當為歲首日。按天干計算，第六日為己日，按地支計算，第六日為巳日，故己日即巳日。己巳並列，即為己巳。因字形酷似二人並跪，這才產生「伏」、「順」等義。巽卦內容是討論曆法問題。

初六：進退，利武人之貞。

【譯文】歲首日變動不定，利於像軍人那樣果斷地作出決定。

九二：巽在床下，用史巫紛若❶。吉，無咎。

【註釋】❶紛若，紛然，眾多的樣子。

【譯文】曆法混亂，召集了一大批祝史、巫師來討論

這個問題。他們都匍匐在大王床前。吉祥，平安無事。

九三：頻❶巽。吝。

【註釋】❶頻，蹙眉也。

【譯文】他們都皺緊眉頭伏跪在床下，一籌莫展。前途艱難。

六四：悔亡。田獲三品。

【譯文】晦氣消亡。像田獵獲得三種野獸一樣，現在查明歲首日不出「戊、己、庚」三日。

【爻辭說明】2→0代表「田獲三品。」

九五：貞吉，悔亡，無不利，無初有終。先庚三日，後庚三日，吉。

【譯文】占問吉祥，晦氣消亡，沒有什麼不利。歲首不固定。歲尾卻是固定的。先庚三日為丁日，後庚三日為癸日。歲首不出戊、己、庚、辛、壬五日。吉利。

上九：巽在床下，喪其資斧。貞凶。

【譯文】祝史和巫師們匍匐在大王床前，喪失了他們的資本，占問兇險。

兌卦（五十八）

1	1	2	1	1	2
1	1	2	1	2	0
1	1	2	1	2	1
1	1	2	1	2	2
1	1	2	2	0	0
1	1	2	2	0	1
1	1	2	2	0	2

☱ 兌：亨，利貞。

【譯文】亨通，利於堅守正道。

【卦名簡介】本卦兌下兌上，故卦名為兌。兌，悅本字，從八從口從人，「合」，即開口歡笑之貌。兌卦的目的是要說明，尋求快樂需要以堅守正道為前提。

初九：和兌，吉。

【譯文】以對人誠信為快樂。吉利。

九二：孚兌，吉，悔亡。

【譯文】以同人們和睦相處為快樂。吉利。

【爻辭說明】吉凶判語，略有變通。

六三：來兌，凶。

【譯文】有人來到你身邊，多方討好於你。兇險。

【爻辭說明】1→2代表「來兌」。

九四：商兌未寧，介疾有喜。

【譯文】以同人們商量為快樂。局面雖然尚未安定下來，一場大病卻霍然而癒。

九五：孚於剝，有厲。

【譯文】靠剝損別人樹立威信，有危險。

上六：引兌。

【譯文】以接受他人的指引為快樂。

渙卦（五十九）

☴☵ 渙：亨，王假有廟，利涉大川，利貞。

【譯文】亨通。君王親臨宗廟，主持祭祀。利於冒險渡河。利於堅守正道。

【卦名簡介】本卦坎下巽上，呈「木漂水上，水流汜

2	1	2	2	1	1
2	1	2	2	1	2
2	1	2	2	2	0
2	1	2	2	2	1
2	1	2	2	2	2
2	2	0	0	0	0
2	2	0	0	0	1
2	2	0	0	0	2

濫」之象。故卦名為渙。卦象與卦名一致。渙卦描寫了洪水氾濫的景象，《易經》作者顯然援引了一首古歌。按照周天360°的公度法，每卦折合6°。渙卦為第59卦。59 × 6＝354，恰好是一個朔望年週期，離回歸年尚缺11天，故稱渙卦。渙者，離也。

【卦辭說明】本卦吉凶碼為「1」；上爻吉凶碼為「0」。0→1代表「王假有廟」，又代表「利涉大川」。

初六：用拯馬壯❶。吉。

【註釋】❶拯，救也。這裏指報信救人。

【譯文】因為要報信救人，馬壯實，所以吉祥。

【爻辭說明】本爻吉凶判語有所變通。

九二：渙奔其機❶。悔亡。

【註釋】❶機，通基，當指房基。

【譯文】洪水奔湧，沖毀房基。性命無虞，不幸中之萬幸。

【爻辭說明】本爻吉凶碼「0」代表房基，又代表「悔亡」。

六三：渙其躬❶。無悔。

【註釋】❶躬，身體。

【譯文】洪水沖到身上，倖免於難。尚可慶幸。

六四：渙其群。元吉。渙其丘，匪夷所思。

【譯文】洪水沖向人群，幸而人們一開始就聚集在丘上。洪水竟然又漫到山腰，絕非平常所能想像。

九五：渙汗❶，其大號。渙王居。無咎。

【註釋】❶渙汗，帛書周易作「渙其汗」。「汗」，「肝」通「閞」，指居所。

【譯文】洪水湧入人們居所，一片哭喊聲。洪水湧入了王城。幸好人員早已撤走，平安無事。

【爻辭說明】上爻吉凶碼「0」代表王城。

上九：渙其血❶，去逖出❷，無咎。

【註釋】❶血，通恤，護城河。❷逖，遠。

【譯文】洪水淹沒了護城河，趕快遠遠逃走吧。結果，平安無事。

【爻辭說明】吉凶判語，有所變通。

節卦（六十）

1	1	2	2	1	2
1	1	2	2	2	0
1	1	2	2	2	1
1	1	2	2	2	2
1	2	0	0	0	0
1	2	0	0	0	1
1	2	0	0	0	2

節：亨，苦節，不可貞。

【譯文】亨通，以自我節制為苦，不可占問。

【卦名簡介】本卦兌下坎上，呈「竹節」之象，故卦名為節。節字，本義指竹節，引申為節制、節操等義。卦象與卦名有一定聯繫。節卦的目的是要闡明自我節制的必要性。按照周天360度的公度法，每卦折合6度。60×6度＝360度。節者節制也。公度法本身就是一種節制方法。故節卦排在第六十卦。

初九：不出戶庭，無咎。

【譯文】不出家門，平安無事。在家不守節度，家人可以忍讓。

九二：不出門庭，凶。

【譯文】如不守節度，不出閭門，也有兇險。因為在閭門內，不守節度也可能得罪鄰居。

六三：不節若，則嗟若。無咎。

【譯文】如果不自我節制，終有一天會歎息不止。知過悔過，則可平安無事。

六四：安節，亨。

【譯文】安心自我節制，亨通。

九五：甘節，吉，往有尚。

【譯文】以自我節制為甘甜，吉祥。如有所作為，會得到人們的讚賞。

上六：苦節，貞凶。悔亡。

【譯文】以自我節制為苦，占問兇險。知過悔過，則晦氣消亡。

中孚卦（六十一）

1	1	2	2	1	1
1	1	2	2	1	2
1	1	2	2	2	0
1	1	2	2	2	1
1	1	2	2	2	2
1	2	0	0	0	0
1	2	0	0	0	1

☰☱中孚：豚魚❶吉。利涉大川，利貞。

【註釋】❶豚魚對信風很敏感，江湖水面起風時，豚魚就浮出水面，南風來，張口向南；北風來，張口向北。

【譯文】守信如豚魚，吉利。利於冒險渡河。利於堅守正道。

【卦名簡介】本卦兌上巽上，呈「木生澤中，蘆葦中空」之象。故卦名為中孚。孚者，虛心待人，別無私欲也。卦象和卦名一致。中孚卦的宗旨是要闡明「中心誠信」的意義，因為只有誠信待人，才能取得民眾的竭誠擁護。本卦為第61卦。按公度年計算折合60回歸年大數，故「中孚」排在第61卦，在帛書易作「中復」。這表示一個新的甲子週期開始。

【卦辭說明】本卦上爻吉凶碼為「0」；本卦吉凶碼為「1」，0代表「豚魚吉」；0→1代表「利涉大川」。

初九：虞❶吉。有它❷不燕❸。

【註釋】❶虞，安也。❷它，心生異心的方國。❸燕，通安。

【譯文】安守城信，吉利。有了心生異心的方國，就不得安寧。

【爻辭說明】本爻吉凶碼「2」代表外族來犯。

九二：鳴鶴在陰，其子和之。我有好爵❶，吾與爾靡之❷。

【註釋】❶爵，酒器，這裏代指酒。❷爾，你。靡，通縻，共用。

【譯文】老鶴在樹陰中鳴叫，小鶴應聲相和。我有美酒，願與你們共同享用。

【爻辭說明】本族酋長在戰鬥前夕，吟唱了這首古歌，把君臣比做老鶴與幼鶴以激勵士氣。

六三：得敵，或鼓或罷，或泣或歌。

【譯文】由於同心同德，終於戰勝了敵人。有的人擊鼓追擊，有的人回來報捷，有的人熱淚盈眶，有的人放聲歌唱。

六四：月幾望，馬匹亡。無咎。

【譯文】月兒快圓了，馬匹丟失了。平安無事。

【爻辭說明】本爻吉凶碼為「2」；下爻吉凶碼為「0」，2→0代表「月幾望」，又代表「馬匹亡」。

九五：有孚攣如❶，無咎。

【註釋】❶攣，通戀，惠愛。

【譯文】有誠信惠愛之心。平安無事。

上九：翰音❶登於天，貞凶。

【註釋】❶《禮記·曲禮》：「雞曰翰音」。

【譯文】雞兒飛上天。占問兇險。

小過卦（六十二）

2	2	1	1	2	2
2	2	1	2	0	0
2	2	1	2	0	1
2	2	1	2	0	2
2	2	1	2	1	0
2	2	1	2	1	1
2	2	1	2	1	2

䷽小過：亨，利貞。可小事，不可大事。飛鳥遺之音，不宜上，宜下。大吉。

【譯文】雖有小的過失，仍能亨通，利於堅守正道。但這只是指小事，而不是大事，在小事情上，小有過失，並無大礙；在大事情上，即令小有過失，也可能招致重大禍患。飛鳥要留下鳴叫聲，所以不宜往上飛，宜於向下飛。飛鳥上飛，容易被人們弋獵。飛鳥下飛，才容易隱藏。飛鳥下飛，大吉大利。

【卦名簡介】本卦艮下震上，狀似飛鳥。卦象與卦爻辭內容一致。本卦卦名為小過。小過與大過相對而言。在本卦中，過有兩重意義：（1）往見，相遇之意；（2）過失之意。小過卦以「飛鳥遺音，宜下不宜上」為譬喻，說明大臣最好同君王保持一定距離，以免有殺身之禍。

初六：飛❶鳥以凶。

【註釋】❶這裏的「飛」是謂語動詞，不是定語。

【譯文】鳥兒飛走，是因為有兇險。

【爻辭說明】本爻吉凶判語，有所變通。

六二：過其祖，遇其妣，不及其君，遇其臣。無咎。

【譯文】專誠前去見祖父，結果，遇見了祖母。專誠前去見君王，結果，沒有見到君王，卻遇見君王手下的大臣。平安無事。

九三：弗過防之，從❶或戕之。凶。

【註釋】❶從，追隨，在一起。

【譯文】不要專誠前去見君王，對他要存戒備之心。跟他在一起，有可能遭到殺身之禍。兇險。

九四：無咎，弗過遇之。往厲，必戒，勿用，永貞。

【譯文】不是專誠往見君王，而是不期而遇，平安無事。往見必有危險，必須保持警惕。切勿有所行動。永遠堅守正道。

六五：密雲不雨，自我西郊。公弋❶，取彼在穴。

【註釋】❶弋，射鳥。

【譯文】彤彤密雲，自我西郊而來，但還沒有下雨。公侯射鳥，儘管鳥兒帶矢逃入洞中，最後還是從洞中把鳥兒捉回。君王戕殺大臣，還不是像射鳥一樣輕而易舉？

上六：弗遇過之，飛鳥離之。凶，是謂災眚。

【譯文】如果你不是不期而遇，而是想要專程往見君王，那就請你像鳥兒一樣趕快飛走。兇險。這就叫做災禍。

既濟（六十三）

既濟：亨小，利貞，初吉，終亂。

【譯文】小有亨通，利於堅守正道。開始階段吉利，最後階段要出亂子。

【卦名簡介】本卦離下坎上，呈「水在火上，水火相

1	2	1	2	1	2
1	2	1	2	2	0
1	2	1	2	2	1
1	2	1	2	2	2
1	2	2	0	0	0
1	2	2	0	0	1
1	2	2	0	0	2

濟」之象，故名既濟。濟字有雙重意義：（1）本義是渡水。「既濟」指渡過河，引申為事情成功；「未濟」指未渡過河，引申為事情沒有成功。（2）通的意思，「水火既濟」，是指水火相通，水火相互作用，矛盾獲得解決。「水火未濟」是指水火不相通，水火不能相互作用，矛盾未獲得解決。既濟卦的意義在於，它指出舊的矛盾解決以後，又產生了新的矛盾。未濟卦的意義在於，它指出新的矛盾產生，還有待於解決。既濟和未濟兩卦的共同意義在於，它們指出矛盾不斷地解決。又不斷地產生，生生不已，永無止境。既濟和未濟兩卦卦爻辭中顯然援引了一首以小狐過河為主題的古歌。

【卦辭說明】本卦六爻爻辭表面上似乎各不相關，但始終有一條紅線貫串其間，那就是「初吉，終亂」。

初九：曳其輪❶，濡❷其尾。無咎。

【註釋】❶曳，拉，牽引，輪指小狐的四條蹄子。這裏把小狐比做一輛車子，它的四條蹄子就像四個車輪。❷濡，浸濕，弄濕。

【譯文】小狐過河，拖著自己的四條蹄子，浸濕了自己的尾巴。平安無事。

【爻辭說明】上爻吉凶碼為「2」；本爻吉凶碼為「0」。「0」代表河。2→0代表「曳其輪」，「濡其尾」。

六二：婦喪其茀❶，勿逐，七日得。

【註釋】❶茀，原指掃帚，比喻婦女髮縷。

【譯文】婦人丟掉髮縷。不要去尋找，第七天自然會失而復得。

【爻辭說明】上爻吉凶碼為「0」；本爻吉凶碼為「1」。0→1代表「喪其茀」。下數七爻，「2」又出現，故曰「七日得」。

九三：高宗伐鬼方，三年克之。小人勿用。

【譯文】高宗討伐鬼方，費時三年才打敗它。奴隸不得參與。

【爻辭說明】本爻吉凶碼為「2」，下爻吉凶碼為「0」。2→0代表「三年克之」。

六四：繻有衣袽❶，終日戒。

【註釋】❶繻（ㄖㄨˊ），當作濡，寒衣；袽，敗絮，借代破衣。

【譯文】就像穿著破衣過冬一樣，整天戰戰兢兢，保持戒備。

九五：東鄰殺牛以祭❶，不如西鄰之禴祭❷，實受其福。

【註釋】❶「以祭」二字據帛書《周易》補入。❷禴祭，周人夏祭，四季祭祀中最節儉的祭祀。

【譯文】東鄰殺牛舉行盛大祭祀，倒不如西鄰誠心薄祭，更能得到上天的保佑。

【爻辭說明】本爻吉凶碼為「1」。1→2代表祭祀。

上六：濡其首，厲。

【譯文】小狐過河，打濕了自己的頭頂，兇險。

未濟卦（六十四）

2	1	2	1	2	1
2	1	2	1	2	2
2	1	2	2	0	0
2	1	2	2	0	1
2	1	2	2	0	2
2	1	2	2	1	0
2	1	2	2	1	1

未濟：亨。小狐汔❶濟，濡其尾，無攸利。

【註釋】❶汔，近於，接近。

【譯文】亨通。小狐在快要渡過河的時候，浸濕了自己的尾巴，沒有什麼好處。

【卦名簡介】本卦坎下離上，呈「火在水上，水火不相濟」之象，故名未濟。

【卦辭說明】本卦以初六、九二、九三等爻爻辭點明「小狐渡河未濟」。以本卦上九爻辭同既濟上六爻辭相呼應。

初六：濡其尾，吝。

【譯文】小狐渡河，浸濕了自己的尾巴。前途艱難。

九二：曳其輪，貞吉。

【譯文】小狐渡河，拖著自己的爪子，占問吉祥。

【爻辭說明】本爻吉凶碼「0」代表「曳其輪」。

六三：未濟，征凶。利涉大川。

【譯文】沒有能渡過河。如有所行動，兇險。利於冒險渡河。

【爻辭說明】1→2代表「未濟」；0→1代表「利涉大川」。

九四：貞吉，悔亡。震用伐鬼方，三年有賞於大國。

【譯文】占問吉利，悔氣消亡，以威震之勢討伐鬼方，三年征服鬼方，受到大國的獎賞。

【爻辭說明】2→0代表「貞吉，悔亡」，又代表「三年有賞於大國」。

六五：貞吉，無悔。君子之光，有孚。吉。

【譯文】占問吉利，沒有悔氣。心懷誠信，這是君子的光榮。吉利。

上九：有孚於飲酒，無咎。濡其首，有孚失是❶。

【註釋】❶「是」字從日從正，通常指日中，中庸之道。

【譯文】為了樹立威信而飲酒，平安無事。如果像小狐過河一樣打濕了自己的頭頂，那麼，名為樹立威信，實際上就過分了。

附錄三 《繫辭傳》今譯

《繫辭傳》上

第一章

【原文】天尊地卑，乾坤定矣。卑高以陳，貴賤位矣。動靜有常，剛柔斷矣。方以類聚，物以群分，吉凶生矣。在天成象，在地成形，變化見矣。是故，剛柔相摩，八卦相蕩。鼓之以雷霆，潤之以風雨，日月運行，一寒一暑，乾道成男，坤道成女。乾知大始，坤作成物。乾以易知，坤以簡能。易則易知，簡則易從。易知則有親，易從則有功。有親則可久，有功則可大。可久則賢人之德，可大則賢人之業。易簡而天下之理得矣，天下之理得，而成位乎其中矣。

【譯文】天是崇高的，地是卑下的，乾坤的地位由此確定下來。卑下的在下，崇高的在上，尊卑貴賤的位置由此確定下來。天在不停地運行，地則卑伏安靜，陽剛陰柔的性質也由此判別分明。在易道三進制數碼表上，縱向來看，自上而下，六個陽爻的數值分別為：3^0，3^1，3^2，3^3，3^4，3^5，六個陰爻的數值分別為：2×3^0，2×3^1，2×3^2，2×3^3，2×3^4，2×3^5。只包含陰陽爻的64卦（或八卦）聚

在一起，這就叫方以類聚。橫向來看，代表萬物的三進制數碼總是按照「0，—，--」模式一組一組聚在一起，這就叫「物以群分」。吉凶就從其中產生。太陽在天成象，陰影在地成形，變化也就清晰可見。因此，陰陽爻可以互相推進，互相轉化，八卦可以互相重疊，推演為64卦。對萬物起鼓動作用的雷霆可以分別用震卦和艮卦代表；對萬物起潤澤作用的風雨可以分別用巽卦和兌卦代表；日月運行，一寒一暑，可以分別用離卦和坎卦代表；男性和女性，可以分別用乾卦和坤卦代表。

乾卦象徵天，天知道偉大的創始從哪裏開始；坤卦象徵地，大地可以養育萬物。《乾坤》64卦既平易又簡單。既然平易，人們就容易理解；既然簡單，人們就容易遵從。既然容易理解，人們就會感到親切；既然容易遵從，就可能產生功效。人們既然感到親切，就會長久加以運用；既然可以產生功效，人們就會加以普及推廣。長久加以運用——這就是賢人的德性；加以普及推廣——這就是賢人的功業。64卦這樣平易簡單，說明我們找到了天下的道理。找到了天下的道理，人也就可以在天地之間找到自己的位置，參與天地的造化了。

第二章

【原文】聖人設卦觀象，繫辭焉，而明吉凶。剛柔相推而生變化。是故吉凶者，失得之象也。悔吝者，憂虞之象也。變化者，進退之象也。剛柔者，晝夜之象也。六爻之動，三極之道也。是故君子所居而安者，易之序也。所樂而玩者，爻之辭也。是故君子居則觀其象而玩其辭；動

則觀其變而玩其占。是以自天祐之，吉無不利。

【譯文】聖人設卦、觀象、繫辭，是為了說明吉凶。陰陽兩爻互相推動，就產生了變化。因此，吉凶乃是言行上的得失之象，也就是爻碼增減之象；悔吝乃是事態發展可慮之象，也就是爻碼吉凶碼欠佳之象；變化乃是人生事業進退之象，也就是爻碼進位退位之象；陰陽爻乃是天文上的晝夜之象。

六爻爻碼變動起來就是三進制之道。因此，君子平時細心觀察的是卦爻碼的變化順序，喜歡玩味的是卦爻辭。因此，君子在平居之時就觀察卦象爻象，對卦爻辭加以玩味；在有所行動之時就觀察卦爻碼的變化，對其吉凶占斷加以玩味。因此，靠了上天的保佑，吉祥而無不利。

第三章

【原文】彖者，言乎象者也；爻者，言乎變者也；吉凶者，言乎其得失也；悔吝者，言乎其小疵也；無咎者，善補過也。是故列貴賤者存乎位，齊大小者存乎卦，辨吉凶者存乎辭，憂悔吝者存乎介，震無咎者存乎悔。是故卦有大小，辭有險易。辭也者，各指其所之。

【譯文】卦辭講的是卦象；爻辭講的是變化；吉凶指的是人們言行上的得失；悔吝指的是言行上的小過失；無咎指的是善於補過。因此，決定貴賤尊卑的準繩在於位。區別大小卦的標準在於卦。辨明吉凶的依據在於辭。令人擔心的悔吝之區別在於一念之差。遭到當頭棒喝後求得平安無事的關鍵在於悔悟。

因此，卦在性質上有大小之分；卦爻辭的占斷有兇險

和平安之別，各卦爻辭都分別指出了吉凶禍福的變化趨向。

第四章

【原文】《易》與天地準，故能彌綸天地之道。仰以觀於天文，俯以察於地理，是故知幽明之故。原始反終，故知死生之說。精氣為物，遊魂為變，是故知鬼神之情狀。與天地相似，故不違。知周乎萬物而道濟天下，故不過。旁行而不流，樂天知命，故不憂。安土敦乎仁，故能愛。範圍天地之化而不過，曲成萬物而不遺，通乎晝夜之道而知，故神無方而易無體。

【譯文】易道三進制，以「0」（空檔），「—」和「--」三個符號類比天地，所以能包容天地萬物變化的規律；仰觀天文，俯察地理，所以知道幽明的道理；「0，—，--」反覆循環，可以追溯萬物的初始，推究萬物的終結，所以知道死生的根由「—」和「--」象徵萬物，「0」即（空檔）象徵遊魂，所以知道鬼神的情狀。

易道三進制與天地相似，故不得違反。它的智慧遍及萬物，它的法則通行於天下，而沒有偏差。它直道而行，而不偏頗。它主張樂天知命，所以沒有憂愁。它提倡安於自身處境，培養仁的德性，所以能博愛萬物。它包括了天地的變化而恰如其分。它周密地包容萬物而沒有遺漏，它透徹瞭解晝夜之道，而又能預知。

所以說，象徵神的「0」是沒有方的（0n 恒等於 0），代表變化的「0」是沒有形體的（在易道三進制中，「0」用空檔表示——譯者注）。

第五章

【原文】一陰一陽之謂道，繼之者善也，成之者性也。仁者見之謂之仁，知者見之謂之知，百姓日用而不知，故君子之道鮮矣。顯諸仁，藏諸用，鼓萬物而不與聖人同憂，盛德大業至矣哉。富有之謂大業，日新之謂盛德。生生之謂易，成象之謂乾，效法之謂坤，極數知來之謂占，通變之謂事，陰陽不測之謂神。

【譯文】一陰一陽，互為消長，互相轉化——這就叫做陰陽之道。從天道中推斷出來的是人道，也就是：要善待大自然，善待植物，善待社會，善待他人，善待自己；還要回歸人之為人應有的本性。

仁者看見道，稱之為仁；智者看見道，稱之為智。百姓們每天都在運用陰陽之道而不自知，所以，真正懂得君子之道的人很少。道顯現於仁愛，隱藏於日用中。它化育萬物，無思無為，同憂國憂民的聖人完全不同。它的崇高的品德和偉大的事業真是到了極點啊。

網羅萬有，叫做偉大的事業；每天都帶來新的變化，叫做崇高的品德。生生不已叫做易道。懸象在天，叫做乾；效法在地，叫做坤。窮盡卦爻碼的變化以預知未來，叫做占問。變通趨時，以利天下，叫做事業。陰陽變化中不可預測的東西，叫做神。

第六章

【原文】夫《易》，廣矣大矣！以言乎遠則不禦；以言乎邇則靜而正。以言乎天地之間則備矣。夫乾，其靜也

專，其動也直，是以大生焉。夫坤，其靜也翕，其動也辟，是以廣生焉。廣大配天地，變通配四時。陰陽之義配日月，易簡之善配至德。

【譯文】易道適用的範圍，很廣很大。從遠的說，它適用於沒有止境的天；從近的說，它適用於靜止方正的大地；從天地之間來說，它適用於林林總總的萬物。乾在靜止的時候自我專注，在運動的時候直道而行，因此，具有偉大的氣魄。

坤在靜止的時候閉合，在運動的時候開放，因此，具有了廣闊的特點。易道的廣大可以同天地相匹配，易道變而復通，通而復變，可以同四季相匹配。

易道的陰陽之義可以同日月相匹配，易道既平易又簡單的完善性可以同至德相匹配。

第七章

【原文】子曰：《易》，其至矣乎！夫《易》，聖人所以崇德而廣業也。知崇禮卑。崇效天，卑法地。天地設位，而《易》行乎其中矣。成性存存，道義之門。

【譯文】夫子說：「易道不是美好到極點了嗎？」易道是聖人用來提高德行和光大事業的工具。智慧以崇高為貴，禮儀以謙恭為貴。崇高效法上天，謙恭效法大地。天地定位以後，易道就運行在其中了。修身養性，涵養道德，存其可存，去其可去。這就是通向道與義的門戶。

第八章

【原文】聖人有以見天下之賾，而擬諸其形容，象其

物宜，是故謂之象。聖人有以見天下之動，而觀其會通，以行其典禮，繫辭焉，以斷其吉凶，是故謂之爻。言天下之至賾，而不可惡也，言天下之至動，而不可亂也。擬之而後言，議之而後動，擬議以成其變化。「鳴鶴在陰，其子和之。我有好爵，吾與爾靡之。」①子曰：「君子居其室，出其言，善則千里之外應之，況其邇者乎？居其室，出其言，不善則千里之外違之，況其邇者乎？言出乎身，加乎民；行發乎邇，見乎遠。言行，君子之樞機。樞機之發，榮辱之主也。言行，君子所以動天地也，可不慎乎？」「同人，先號咷而後笑。」②子曰：「君子之道，或出或處，或默或語。二人同心，其利斷金；同心之言，其臭如蘭。」「初六，藉用白茅，無咎。」③子曰：「苟錯諸地而可矣。藉之用茅，何咎之有？慎之至也。夫茅之為物薄，而用可重也。慎斯術也以往，其無所失矣。」「勞謙，君子有終，吉。」④子曰：「勞而不伐，有功而不德，厚之至也，語以其功下人者也。德言盛，禮言恭，謙也者，致恭以存其位者也。」「亢龍有悔。」⑤子曰：「貴而無位，高而無民，賢人在下位而無輔，是以動而有悔也。」「不出庭戶，無咎。⑥子曰：「亂之所生也，則言語以為階。君不密，則失臣；臣不密，則失身；幾事不密，則害成。是以君子慎密而不出也。」子曰：「作《易》者其知盜乎？《易》曰：『負且乘，致寇至。』⑦負也者，小人之事也；乘也者，君子之器也。小人而乘君子之器，盜思奪之矣。上慢下暴，盜思伐之矣。慢藏誨盜，冶容誨淫。《易》曰：『負且乘，致寇至。』盜之招也。」

【註釋】①中孚九二爻辭。②同人九六爻辭。③大過初六爻辭。④謙卦九三爻辭。⑤乾卦上九爻辭。⑥節卦初九爻辭。⑦解卦六三爻辭。

【譯文】聖人為了顯示天下萬物的奧秘，就用符號對其形象進行類比，以象徵其特性，因而稱之為象。聖人為了顯示天下萬物的變化規律，觀察其共同特點，推行其立身處世的法則，就附上卦爻辭，以判斷其吉凶，因而稱之為爻。表述天下最大的奧秘，不可信口開河；表述天下最基本的變化規律，不可胡言亂語。先比擬而後言說，先討論而後行動。透過比擬和討論，力求契合事物的實際變化。「老鶴在樹陰中鳴叫，小鶴應聲相和。我有美酒，願與你們共同享用。」

夫子說：「君子在自家居室發表言論，如果是好的言論，即便在千里之外也有人回應，何況近在身邊的人呢？君子在自家居室發表言論，如果是不好的言論，即便在千里之外也有人抵制，何況近在身邊的人呢？言論發於自身，卻散播在民眾之中；行為發生在身邊，影響所及卻到達遠方。對君子而言，言行猶如弩機，弩機的發射可以決定榮辱。言行是君子驚天動地的工具，怎麼能不謹慎呢？」「同心同德的將士們起先痛哭號咷，後來破涕為笑。」

夫子說：「君子之道，或者在朝為官，或者隱居在家，或者默默不語，或者仗義執言。只要兩人同心同德，就像有了一把利刀可以斬斷金屬。同心同德的言論，其氣味和蘭花一樣芬芳。」「初六：就像祭祀時用白茅鋪墊一樣，遇事恭敬戒慎，可保無災無難。」

夫子說：「只要有虔誠之心，即便把祭品放在地上，也沒有什麼不可以。用白茅鋪墊祭品，有什麼過錯呢？這是最大的慎重。白茅是很不值錢的東西，也可以派上大用場。只要按照慎重的原則行事，就不會有什麼過失。」

「勤勞而謙遜，君子終究會有好的結果，吉祥。」

夫子說：「勤勞而不誇耀，有功而不洋洋得意，確是厚道極了。這裏講的就是這種有功不自傲、自甘人下的人。從道德上講，他們是高尚的，從禮儀上講，他們是謙恭的。謙遜是以恭順態度保存自身地位的手段。…『龍飛到極高處，難免驕傲跋扈，故動而有悔，快要倒楣了。」

夫子說：「高貴而失位，高高在上而失去民眾，雖有賢人，但壓抑在下層，難以得到他們的輔佐，自然動而有悔。」「不出家門，平安無事。」

夫子說：「變亂的產生，總是以言語為契機。國君不保守機密，就會失掉大臣。大臣不保守機密，就會失掉性命。機密大事不保守機密，就會功敗垂成。所以，君子應慎重保密，辨戒洩密。」

夫子說：「《易經》的編纂者莫非瞭解盜賊的心理？《易經》中說：『背著包袱又坐上華貴的車輛，以致招來了強盜。』背負重物是小人幹的活，華貴的車輛是君子的交通工具。身為小人而坐上君子的車輛，盜賊就不免要考慮怎樣去搶奪。上級漫不經心，下級恣意強暴，敵人就不免要考慮怎樣來進犯。對財物不加妥善收藏，就等於引誘盜賊；打扮得花枝招展就等於引誘好色之徒。《易經》中說：『背著包袱又坐上華貴的車輛，以致招來了強盜。』這就叫做自己招惹盜賊。」

第九章

【原文】天一，地二，天三，地四，天五，地六，天七，地八，天九，地十。天數五，地數五，五位相得而各有合。天數二十有五，地數三十。凡天地之數五十有五。此所以成變化而行鬼神也。大衍之數五十，其用四十有九。分而為二以象兩，掛一以象三，揲之以四以象四時，歸奇於扐以象閏。五歲再閏，故再扐而後掛。乾之策二百一十有六，坤之策百四十有四，凡三百有六十，當期之日。二篇之策萬有一千五百二十，當萬物之數也。是故四營而成易，十有八變而成卦。八卦而小成。引而伸之，觸類而長之，天下之能事畢矣。顯道神德行，是故可與酬酢，可與祐神矣。子曰：「知變化之道也。其知神之所為乎！」

【譯文】天數表示奇數，一、三、五、七、九為天數；地數表示偶數，二、四、六、八、十為地數。天數五個，地數五個。天地數相加各有其和。天數之和是二十五，地數之和是三十。天地數的總和是五十五。這些都是可以形成變化、直通鬼神的數字。具體揲蓍程式如下：

（一）第一變

1.「大衍之數五十，其用四十有九」——50策虛1不用，揲蓍從49出發。

2.「分而為二，以象兩」——將49策隨機分為兩組。

3.「掛一以象三」——從兩組中各取出1策，掛於一旁。

4.「揲之以四，以象四時」——將兩組其他蓍策按四

根一揲數之；最後一揲，不管夠不夠4根，一律合併到「掛一」的蓍策中。所掛之策增加到5策或9策。

5.「歸奇於扐以象閏」——將所掛之策（5策或9策）的尾數「1策」合併到已經「合攏為一把」，準備進入下一變的其他蓍策中。

（二）第二變

將一變所餘之策重新「分二」，「掛一」，「揲四」和「歸奇」。《繫辭傳》中說：「五歲再閏，故再扐而後掛。」因此，在第二變中，「歸奇」步驟不可省去。

（三）第三變

將二變所餘之策重新「分二」，「掛一」和「揲四」，省去「歸奇」步驟，因為在一變和二變中已經經過兩閏，不需要再歸奇了。

三變之後，必得一爻，其法是用四來除三變後未撤去的蓍策根數。

36÷4＝9（9為老陽之數，用「一」表示，變爻）；

32÷4＝8（8為少陰之數，用「--」表示，不變之爻）；

28÷4＝7（7為少陽之數，用「一」表示，不變之爻）；

24÷4＝6（6為老陰之數，用「--」表示，變爻）

一卦六爻，經18變便得出六爻卦的一卦，外加（或不加）變卦（之卦）。乾卦六爻，每爻蓍策九揲，每揲四策，共計216策，坤卦六爻，每爻蓍策六揲，每揲四策，共計144策。乾策和坤策之和，共計360策，相當於一公度年的天數。《易經》上下篇共六十四卦，每卦六爻，共計384爻。384×30（24和36兩數的平均值）＝11520，總策數為11520策，象徵萬物之數。因此，我們說，經過四個

運算步驟，就確立了易道三進制，經過18變，就形成了八卦。

不過，八卦還只能算是小成。在這個基礎上，進一步演算下去，觸類旁通，就可以推出六爻卦，九爻卦以至十二爻卦，把天下的一切事物及其變化都涵蓋起來。易占顯示出道和神明的作用。因此，易占可以參與解答占問者的疑問，可以協助神明完成其使命。夫子說：「明白了變化之道，不是就明白了神明的作用嗎？」

第十章

【原文】《易》有聖人之道四焉：以言者尚其辭，以動者尚其變，以製器者尚其象，以卜筮者尚其占。是以君子將有為也，將有行也，問焉而以言。其受命也如響，無有遠近幽深，遂知來物。非天下之至精，其孰能與於此。參伍以變，錯綜其數，通其變，遂成天下之文；極其數，遂定天下之象。非天下之至變，其孰能與於此。《易》無思也，無為也，寂然不動，感而遂通天下之故。非天下之至神，其孰能與於此。夫《易》，聖人之所以極深而研幾也。唯深也，故能通天下之志。唯幾也，故能成天下之務。唯神也，故不疾而速，不行而至。子曰：「《易》有聖人之道四焉」者，此之謂也。

【譯文】《易經》具備聖人之道所看重的四個方面：用《易經》來發表議論的人看重卦爻辭的文采；用《易經》來指導行動的人看重卦爻碼的變化，用《易經》來製作器物的人看重在器物上描繪那些象徵易卦、曆法和族徽的紋飾符號；用《易經》來卜問吉凶的人看重易卦的占

斷。因此，君子在行將有所行動、行將外出旅行的時候，就布策占問並請求以卦爻辭給予回答。著策就會受命解答，如同幽谷產生迴響。不論多麼遙遠、多麼貼近、多麼隱秘、多麼深奧之事，都能知道未來的趨向。如果不是天下絕頂精密的機制，哪能達到這種地步！

三個符號一組不停地變化下去，可以形成錯綜複雜的數符網；往來無窮地變而復通，通而復變，可以形成天下萬物的符號代碼；窮盡卦爻碼的變化，可以形成天下萬物的卦象。如果不是天下絕頂奇妙的電腦器，哪能達到這種地步！

《易經》本身，沒有思想，沒有行為，靜止不動，一旦受到真誠的感應，就能通曉天下之事。如果不是天下絕頂神妙的器物，哪能達到這種地步！易道是聖人用來窮究事理之隱秘、探究事理之奧妙的工具。正因為窮究了事理之隱秘，所以能開啟天下人的心智。正因為探究了事物之奧妙，所以能處置天下之事務。正因為其中有神明，所以能不慌不忙而神速，不行而自至。夫子說：「《易經》有聖人之道看重的四個方面，就是這番意思。」

第十一章

【原文】子曰：「夫《易》何為者也？夫《易》開物成務，冒天下之道，如斯而已者也。」是故聖人以通天下之志，以定天下之業，以斷天下之疑。是故蓍之德圓而神，卦之德方以知，六爻之義易以貢。聖人以此洗心，退藏於密，吉凶與民同患，神以知來，知以藏往。其孰能與於此哉！古之聰明睿神武而不殺者夫！是以明於天之道。

而察於民之故，是興神物以前民用。聖人以此齋戒，以神明其德夫。是故闔戶謂之坤，闢戶謂之乾。一闔一闢謂之變。往來不窮謂之通。見乃謂之象。形乃謂之器。製而用之謂之法。利用出入，民咸用之謂之神。是故《易》有太極，是生兩儀，兩儀生四象，四象生八卦，八卦定吉凶，吉凶生大業。是故法象莫大乎天地，變通莫大乎四時，懸象著明莫大乎日月，崇高莫大乎富貴。備物致用，立成器，以為天下利，莫大乎聖人。探賾索隱，鈎深致遠，以定天下之吉凶，成天下之亹亹者，莫大乎蓍龜。是故天生神物，聖人則之。天地變化，聖人效之。天垂象，見吉凶，聖人象之。河出圖，洛出書，聖人則之。《易》有四象，所以示也，繫辭焉，所以告也，定之以吉凶，所以斷也。

【譯文】夫子說：「易道的功用何在？易道的功用在於揭示事物的真相，幫助確定行事的方法，包容天下之道，如此而已。」因此，聖人透過易道來開啟天下人的心智，透過易道來確立天下之事業，透過易道來解決天下人的疑難問題。因此，蓍草形制呈圓形，功用神奇，64卦按照「方以類聚」的原則組成，包藏著智慧。

六爻的意義由易道三進制爻碼提供。聖人以此保持自己的純潔心靈，並接著把內中機密密藏不宣，吉凶與民同患。靠著神奇可以預知未來，靠著智慧可以追溯過去。那麼，什麼人能做到這一步呢？只有古代聰明睿智神武而不殘暴的聖人才能做到這一步。因此，他通曉天道，洞察人民心理，發明蓍占這種神奇方法，預為人民指點迷津。

聖人在蓍占之前必先齋戒，以說明蓍占的功能應歸之

於神明。閉合叫做坤，開啓叫做乾。一閉一開叫做變化。往來不窮叫做通。天地形象呈現眼前叫做象，有形算策和定位器叫做器物。用算策在定位器中模擬天地之道叫做效法。易占可以指導人們的行動，人民都樂於使用，叫做神。因此，易道有太極，太極生兩儀，兩儀生四象，四象生八卦。

有了八卦，就可以占斷吉凶，有了吉凶，指導人們趨吉避凶就成了一樁偉大的事業。因此，可供效法的對象，再沒有比天和地更偉大的了。變而復通、通而復變的例證，再沒有比四時更偉大的了。高懸天空、光輝明亮的天體，再沒有比日月更偉大的了。地位崇高的人物，再沒有比帝王更偉大的了。備辦各種設備供人使用，發明器物以利於天下的人士，再沒有比聖人更偉大的了。探求奧妙、追索隱秘，判定天下的吉凶，催促人們奮勉前進的靈物，再沒有比蓍龜更偉大的了。

因此，天生神物，聖人加以模仿；天地變化，聖人加以效法；上天垂示天象、顯示吉凶，聖人加以類比。黃河獻出河圖，洛水獻出洛書，聖人加以模仿。易道有四象，是為了示人以天道。聖人繫辭，是為了告人以吉凶。判定吉凶，是為了裁決疑難問題。

第十二章

【原文】《易》曰：「自天祐之，吉無不利。」子曰：「祐者，助也。天之所助者，順也。人之所助者，信也。履信，思乎順，又以尚賢也。是以自天祐之，吉無不利也。」子曰：「書不盡言，言不盡意。」然則聖人之

意，其不可見乎？子曰：「聖人立象以盡意，設卦以盡情偽，繫辭焉以盡其言，變而通之以盡利，鼓之舞之以盡神。」《乾坤》，其《易》之縕邪？《乾坤》成列，而易立乎其中矣。《乾坤》毀，則無以見易。易不可見，則《乾坤》或幾乎息矣。是故形而上者謂之道。形而下者謂之器。化而裁之謂之變，推而行之謂之通，舉而錯之天下之民謂之事業。是故夫象，聖人有以見天下之賾，而擬諸其形容，象其物宜，是故謂之象。聖人有以見天下之動，而觀其會通，以行其典禮，繫辭焉，以斷其吉凶，是故謂之爻。極天下之賾者存乎卦，鼓天下之動者存乎辭，化而裁之存乎變，推而行之存乎通，神而明之存乎其人。默而成之，不言而信，存乎德行。

【註釋】①大有上九爻辭。

【譯文】《易經》中說：「靠了上天保祐，吉祥而無不利。」夫子說：「祐，是幫助的意思，天所幫助的，必然是順應天道的人；人所幫助的，必然是誠信之士。他們信守諾言，有意順應天道，再加上尊重賢人，因此，上天自然要保佑他們處處吉祥無不利。」夫子說：「文字表達不完自己要說的話，話也表達不盡自己心中的意思。」

難道聖人的意思就無從得知了嗎？夫子說：「聖人建立卦象是為了充分表達言語難以表達的意義；聖人設立64卦是為了窮盡陰陽的變化；聖人撰寫卦爻辭是為了儘量傾吐自己要說的話；聖人在吉凶占斷中，隨時有所變通是為了儘量引導事態向有利的方向發展；聖人給人以鼓勵，是為了充分體現神明的德行。」

《乾坤》64卦莫非是易道三進制的真正內涵嗎？《乾

坤》64卦排列整齊，易道也就存在於其中了。如果把《乾坤》64卦撤除，易道三進制也就不復存在了。如果易道三進制不復存在，《乾坤》64卦也就差不多沒有存身之處了。因此，形而上者叫做道，形而下者叫做器。把陰陽矛盾加以解決叫做變，把演算繼續推演下去叫做通，把易道推行於天下民眾之中，叫做事業。

聖人為了顯示天下萬物的奧妙，就用符號對天下萬物的形象進行類比，以象徵其特徵，因而稱之為象。聖人為了顯示天下萬物的變化規律，觀察其共同特點，推行其法則，就附上爻辭，以判斷其吉凶，因而稱之為爻。窮盡天下奧秘的是易卦，鼓勵天下人朝有利方向發展的是卦爻辭，使陰陽矛盾獲得徹底化解的是變化，使易道推行無阻的是變通，能洞察神明作用的是聖人，默默無言、遵守信義、使人們的言行得失獲得應有報應的是神明的德性。

《繫辭傳》下

第一章

【原文】八卦成列，象在其中矣。因而重之，爻在其中矣。剛柔相推，變在其中矣。繫辭焉而命之，動在其中矣。吉凶悔吝者，生乎動者也。剛柔者，立本者也。變通者，趣時者也。吉凶者，貞勝者也。天地之道，貞觀者也。日月之道，貞明者也。天下之動，貞夫一者也。夫乾，確然示人易矣，夫坤，隤然示人簡矣。爻也者，效此者也。象也者，像此者也。爻象動乎內，吉凶見乎外，功業見乎變。聖人之情見乎辭。天地之大德曰生，聖人之大寶曰位。何以守位曰仁，何以聚人曰財。理財正辭，禁民為非曰義。

【譯文】八卦排列成行，象就在其中了。八卦互相重疊起來，擴展為64卦，爻就在其中了。「剛」代表陽爻，「柔」代表陰爻，陰陽爻互相轉化，變化也就在其中了。附上卦爻辭並告人以吉凶，變化的規律就在其中了。吉凶悔吝是在運動中產生的。陰陽爻是建立易卦系統的基礎符號。變通就是因時制宜。吉凶的規律是，守正就能獲勝；天地之道是，守正就能受人觀瞻；日月之道是，守正就能大放光明；天下萬物的變化之道是，萬物都應該守正於統一的心度。

《乾坤》64卦確確實實平易而簡單。爻碼是模仿卦碼而來；爻像是模仿卦象而來。爻象變動於內，吉凶顯現於

外。功業的成敗見於爻象的變化之中；聖人的一片善意流露在卦爻辭之中。天地最大的德行是廣生萬物，聖人最珍貴的東西是位置。靠什麼來保持位置？那就是仁；靠什麼來團結大眾？那就是財。管理財務，制定法令，禁止人們為非作歹，那就是義。

第二章

【原文】古者包犧氏之王天下也，仰則觀象於天，俯則觀法於地，觀鳥獸之文與地之宜，近取諸身，遠取諸物，於是始作八卦，以通神明之德，以類萬物之情。作結繩而為罔罟，以佃以漁，蓋取諸《離》①。包犧氏沒，神農氏作。斲木為耜，揉木為耒，耒耨之利，以教天下，蓋取諸《益》②。日中為市，致天下之民，聚天下之貨，交易而退，各得其所，蓋取諸《噬嗑》③。神農氏沒，黃帝、堯、舜氏作，通其變，使民不倦；神而化之，使民宜之。《易》，窮則變，變則通，通則久。是以自天祐之，吉無不利。黃帝、堯、舜垂衣裳而天下治，蓋取諸《乾》、《坤》④。刳木為舟，剡木為舟，剡木為楫，舟楫之利，以濟不通，致遠，以利天下，蓋取諸《渙》⑤。

服牛乘馬，引重致遠，以利天下，蓋取諸《隨》⑥。重門擊柝，以待暴客，蓋取諸《豫》⑦。斷木為杵，掘地為臼，杵臼之利，萬民以濟，蓋取諸《小過》⑧。弦木為弧，剡木為矢，弧矢之利，以威天下，蓋取諸《睽》⑨。上古穴居而野處，後世聖人易之以宮室，上棟下宇，以待風雨，蓋取諸《大壯》⑩。古之葬者，厚衣之以薪，葬之中野，不封不樹，喪期無數。後世聖人易之以棺槨，蓋取

諸《大過》。上古結繩而治，後世聖人易之以書契，百官以治，萬民以察，蓋取諸《夬》。

【註釋】

①《繫辭傳·上》第十章中有「製器尚象」之說。什麼叫「製器尚象」？各家說法不一。我們認為，王先勝先生的見解最為正確。他認為，所謂「製器尚象」，是指我們的遠古先人在製作器物時，特別重視在器物上面描繪那些象徵易卦、曆法和族徽的紋飾符號。這些器物包括陶器和其他日用器物以及壁畫、雕塑、祭器、棺木、墓葬形制、水井形制、金字塔、巨石陣等等。王先勝先生還建議在考古學中建立器物紋飾學這樣一門新的學科分支。我們認為，這是一項天才見解。它的創立將為中外考古學和古史研究開闢一個新的時代，使許多過去難以解決的謎團得以解決。

②益卦巽上震下。巽為本，震為動。木鋤木耜在地上運動，有耕田之象。

③噬嗑卦離上震下。離為日，震為動。眾人在太陽下來來往往，有「日中為市」之象。

④《周易集解》引，《九家易》說：「衣（上衣）取象《乾》，居上覆物，裳（下裳）取象《坤》，在下含物也。」所以，乾坤兩卦有「垂衣裳」之象。為什麼「垂衣裳」就能達到天下大治呢？這涉及到遠古時代人群的心理狀態。在西方，有一位學者致力於研究猴群的社會生活。他本人有一頭捲曲的美髮。後來，他理髮時剪掉了這頭美髮。從此，猴王雖然還是服從他的命令，但對他就不再恭恭敬敬。他一時生氣，就剪掉了猴王全身的絨毛。出人意

料的是，從此，猴王威信頓失，群猴都不再服從它。由此可知，所謂「垂衣裳」應指制定等級服飾制度。這對於當時的部落聯盟制度，具有非同小可的意義。

⑤渙卦巽上坎下。《說卦傳》：「巽為木，坎為水。」木在水上，為舟楫之象。

⑥隨卦兌上震下。《國語・晉語》：「震，車也。」這是因為車子行走時震動不已。《說卦傳》：「兌為羊。」羊引申為牛馬。所以，隨卦有牛馬駕車之象。

⑦豫卦震上坤下。震為雷，坤為地。擊柝巡行，為聲振地上之象。

⑧小過卦震上艮下。震為動，艮為山。「山」字有「杵臼」之象。所以，小過卦有「搗米」之象。

⑨睽卦離上兌下。《說卦傳》：「離為戈兵。」在巫術操作中，可以用弓箭代表戈兵。兌為悅。所以，睽卦有「以弓箭舞慶祝勝利」之象。

⑩大壯卦震上乾下。震為雷雨，乾為天，天似穹廬，比譬房屋。所以，大壯卦象徵房屋可以避風雨。

大過卦兌上巽下。兌為澤，指坑；巽為木，指棺槨。大過卦有棺槨在墓中之象。

卦兌上乾下。兌為缺，指刻痕；乾為金，指刀。所以，夬卦有用刀在器物（如陶器、骨器）上契刻文字、符號之象。從夬字本義來說，也說得通。《說文》：「夬，分決也。」以手分物為「抉」。器有裂口為「缺」。

【譯文】往古之時，包犧氏在統治天下的時候，舉頭仰望天空，觀察天象，俯首眺望大地，觀察地上日影變化的規律，觀察鳥獸斑紋一樣的日月星辰和大地上太陽出入

的位置，近處觀察陽光下自身影子的變動，遠處觀察高大喬木陰影的變動，發明立杆測影之法，於是，開始創制八卦，以彰顯神明的德行，以模擬萬物的情狀。由結繩進而編製網罟，以便獵取鳥獸，捕捉魚類。這大概是取象於《離》卦吧。

包犧氏亡故，神農氏興起。砍削木頭，製作犁鏵，柔曲木頭，製作犁耙，把耕地鋤草的好處告訴人民。這大概是取象於《益》卦吧。

正午時分開市貿易，招來天下人民，聚集天下貨物，互相交易，然後散去，各自得到所需要的物品。這大概是取象於《噬嗑》卦吧。

神農氏亡故，黃帝、堯、舜相繼興起。改進生產工具和生活用具，減輕人們的勞動強度；改造風俗習慣，使人們感到舒適方便。易理的原則是，行不通時就變，變了就通，行不通時再變，如此可以長久循環不已。因此，靠了上天保佑，吉祥而無不利。黃帝、堯、舜制定等級服飾制度，達到天下大治。這大概是取象於乾坤兩卦吧。

挖空木椿，製成木舟，再劈削木料，製成船槳。有了舟楫，就便於渡過無法跋涉的河流而到達遠方，使天下人都得到好處。這大概是取象於《渙》卦吧。

馴化牛馬駕車，把貨物運到遠方，使天下人都從中受惠。這大概是取象於《隨》卦吧。

重重設門，敲梆巡更，以防盜賊。這大概是取象於《豫》卦吧。

斷木製杵，挖穴作臼，便於舂米，萬民獲益，這大概是取象於《小過》吧。

繃弦於彎木之上，製成強弓，削木為杆，製成利箭，弓箭的威力可以威鎮天下。這大概是取象於《睽》卦吧。

上古時代，人們寒冷時住在洞穴裏，暖和時露宿野外。後世聖人改建宮室，上有屋樑，下有四壁，以躲避風雨。這大概是取象於《大壯》吧。

古時葬人，用厚厚的柴草包裹，埋於荒野，不堆造墳頭，不種植樹木。喪期也沒有期限。後世聖人改用棺槨埋葬。這大概是取象於《大過》吧。

上古結繩記事，後世聖人改用文字。百官都用文字處理政務，百姓也通過文字來明察事理。這大概是取象於《夬》卦吧。

第三章

【原文】是故《易》者，象也。象也者，像也。彖者，材也。爻也者，效天下之動者也。是故吉凶生而悔吝著也。

【譯文】因此，易道的關鍵是象。象就是模擬、象徵。判辭是對爻象的裁斷。爻碼是對天下事物運動規律的模擬。吉凶就從這裏產生，悔吝就從這裏顯現出來。

第四章

【原文】陽卦多陰，陰卦多陽，其故何也？陽卦奇，陰卦偶。其德行何也？陽一君而二民，君子之道也。陰二君而一民，小人之道也。

【譯文】陽卦陰爻多（陽卦指震、坎、艮，都是兩陰爻，一陽爻）；陰卦陽爻多（陰卦指巽、離、兌，都是兩

陽爻，一陰爻）。這是什麼緣故？這是因為陽卦當中陽爻
數目都是奇數；陰卦當中陽爻數目都是偶數。陽卦陰卦的
功能又如何？陽卦一君而二民，這是君子之道；陰卦二君
而一民，這是小人之道。

第五章

【原文】《易》曰：「幢幢往來，朋從爾思。」①子
曰：「天下何思何慮？天下同歸而殊途，一致而百慮。天
下何思何慮？日往則月來，月往則日來，日月相推而明生
焉。寒往則暑來，暑往則寒來，寒暑相推而歲成焉。往者
屈也，來者信也，屈信相感而利生焉。尺蠖之屈，以求信
也。龍蛇之蟄，以存身也。精義入神，以致用也。利用安
身，以崇德也。過此以往，未之或知也，窮神知化，德之
盛也。」

《易》曰：「困於石，據於蒺藜，入於其宮，不見其
妻，凶。」②子曰：「非所困而困焉，名必辱。非所據而
據焉，身必危。既辱且危，死期將至，妻其可得見耶？」

《易》曰：「公用射隼於高墉之上，獲之，無不
利。」③子曰：「隼者，禽也。弓矢者，器也。射之者，
人也。君子藏器於身，待時而動，何不利之有？動而不
括，是以出而有獲，語成器而動者也。」

子曰：「小人不恥不仁。不畏不義，不見利不勸，不
威不懲。小懲而大誡，此小人之福也。《易》曰：『屨校
滅趾，無咎。』④此之謂也。」「善不積，不足以成名。
惡不積，不足以滅身。小人，以小善為無益而弗為也，以
小惡為無傷而弗去也，故惡積而不可掩，罪大而不可解。

《易》曰：『何校滅耳，凶。』⑤」

　　子曰：「危者，安其位者也。亡者，保其存者也。亂者，有其治者也。是故君子安而不忘危，存而不忘亡，治而不忘亂，是以身安而國家可保也。《易》日：『其亡，其亡，繫於苞桑。』⑥」

　　子曰：「德薄而位尊，知小而謀大，力少而任重，鮮不及矣。《易》曰：『鼎折足，覆公餗，其形渥，凶。』⑦言不勝其任也。」

　　子曰：「知幾；其神乎。君子上交不諂，下交不瀆，其知幾乎。幾者，動之微，吉凶之先見者也。君子見幾而作，不俟終日。《易》曰：『介於石，不終日，貞吉。』⑧介如石焉，寧用終日，斷可識矣。君子知微知彰，知柔知剛，萬夫之望。」

　　子曰：「顏氏之子，其殆庶幾乎。有不善未嘗不知，知之未嘗復行也。易曰：『不遠復，無祗悔，元吉。』⑨」

　　「天地絪縕。萬物化醇，男女構精，萬物化生，《易》曰：『三人行，則損一人；一人行，則得其友。』⑩言致一也。」

　　子曰：「君子安其身而後動，易其心而後語，定其交而後求。君子修此三者，故全也。危以動，則民不與也。懼以語，則民不應也。無交而求，則民不與也。莫之與，則傷之者至矣。《易》曰：『莫益之，或擊之，立心勿恒，凶。』」

【註釋】

①咸卦九四爻辭。

②困卦六三爻辭。

③解卦上六爻辭。

④噬嗑初九爻辭。

⑤噬嗑上九爻辭。

⑥否卦九五爻辭。

⑦鼎卦九四爻辭。

⑧豫卦六二爻辭。

⑨復卦初九爻辭。

⑩損卦六三爻辭。益卦上九爻辭。

【譯文】《易經》中說：「心思不定，想來想去，友伴終究順從了你的心願。

夫子說：「天下人有什麼可掛念憂慮的？天下人要想到達同一目的地，可以走不同的道路。天下人要達到同一真理，可以有多種多樣的思路。天下人有什麼可掛念憂慮的？太陽落下去，月亮就升上來，月亮落下去，太陽就升上來，日月交替，光明就產生了。寒冷消退下去，暑熱就降臨人間，暑熱消退下去，寒冷就降臨人間，寒暑交替，歲月就形成了。先是退縮，然後伸展，屈伸交替，有利向前發展。軟體動物的收縮是為了求得伸展，龍蛇的冬眠是為了保存自身。精研義理，達到入神地步，是為了應用；運用易經，專心致志，是為了提高品德。除此之外，或許我就一概不知了，窮究事物的神奇奧秘，認識事物的變化規律，就是崇高的德行。」

《易經》中說：「困在反省示眾的嘉石之上，關在四周蒺藜叢生的牢獄中，回到家中也沒有見到自己的妻子，兇險。」

夫子說：「困在不該受困的地方，必然蒙受羞辱，置

身於不該置身的地方，必然有危險，既蒙受羞辱，又有危險，死期就快要到了，還能見到妻子嗎？」

《易經》中說：「就像公侯在高高的城牆上射鷹一樣，百發百中無往而不利。」

夫子說：「老鷹是飛禽，弓箭是利器。射鷹的是人。君子身藏利器，等到時機來了，才採取行動，有什麼不吉利？利箭離弦，就無法阻止，因此，一旦箭出去，就必有所獲。這裏講的是，必須先有完備的工具，然後才能採取行動。」

夫子說：「小人不以不仁為可恥，不以不義為可畏，不見利益不去努力，不受懲罰不知收斂。對他們的小錯加以懲罰，能使他們對大錯有所警惕。這也是小人的福氣。《易經》中說：『拖著腳鐐，蓋住了腳趾。平安無事。』講的就是這番道理。」「善行不積得很多，不足以成名，罪惡不積得很多，不足以殺身。小人們認為行小善無益而不肯身體力行；小人們認為行小惡無害而不肯努力戒除。其結果，他們的罪惡就積累到無法掩蓋的地步，他們的罪責就達到無法解脫的地步。《易經》中說：『肩上帶著木枷，遮住了耳朵，兇險。』」

夫子說：「危險是由安全轉化而來的，滅亡是由存在轉化而來的，變亂是由安定轉化而來的。因此，君子在安全無虞時不忘危險，在安然存在時不忘滅亡，在安定時不忘變亂。這樣，身家性命才能安全，國家的安定局面才能保全。《易經》中說：『快要滅亡了！快要滅亡了！種族的存亡繫於桑林之會。』」

夫子說：「品德差而地位高，智謀寡而志向大，力量

不足而擔負重任，很少不遇到災難的。《易經》中說：『鼎腳折斷，把王公的美食傾倒在地，樣子十分醜陋。兇險。』這裏講的就是不能勝任。」

夫子說：「事先能看出事態的苗頭，豈不是很神奇嗎？君子對上不諂媚，對下不傲慢，莫不是能事先看出事態的苗頭嗎？苗頭就是事態發展的最初跡象，吉凶的先兆。君子看到苗頭就行動，不等到明天。《易經》中說：『耿介如石，不到一天就覺悟了。占問吉祥。』既然耿介如石，還需要一整天才覺悟嗎？馬上就可以明白了。君子既能看出事態發展的苗頭，也能瞭解明顯的趨勢，知道何時應該柔順，知道何時應該剛強。這才是萬民的希望。」

夫子說：「顏氏之子顏回，他大概差不多了吧。有過錯沒有不知道的，知道了從來都不再犯。《易經》中說：『迷途不遠就能回頭，沒有多大的晦氣，開頭吉祥。』」

「天地之間，陰陽二氣交融，萬物化育醇厚。雌雄構精，萬物化生。《易經》中說：『三人同行，必有一人走開；一人獨行，必然邀人做伴。』這裏講的是團結合作的道理。」

夫子說：「君子要先穩定自身的地位，然後才有所行動；君子要先鎮定自己的情緒，然後才發言講話；君子要先鞏固自己與別人的交情，然後才向人求助。君子注重這三方面修養，所以能萬無一失。在自身處於危境的情況下採取行動，民眾是不會參與的。自己懷著恐懼心理發表議論，民眾是不會回應的。沒有交情而求助於人，民眾是不會給予幫助的。沒有人幫助你，傷害你的人就來了。《易經》中說：『沒有人幫助你，可能還會有人攻擊你。如果

意志不堅定，則有兇險。』」

第六章

【原文】子曰：「《乾坤》，其《易》之門邪。乾，陽物也。坤，陰物也。陰陽合德，而剛柔有體。以體天地之撰，以通神明之德。其稱名也‧雜而不越，於稽其類，其衰世之意邪？夫《易》彰往而察來，而微顯闡幽。開而當名辨物，正言斷辭，則備矣。其稱名也小，其取類也大。其旨遠，其辭文，其言曲而中，其事肆而隱。因貳以濟民行，以明失得之報。」

【譯文】夫子說：「《乾坤》64卦莫非是易道的門戶？乾代表陽性事物，坤代表陰性事物。在《乾坤》64卦中，陰陽對立和諧，剛柔組合得體，足以體現其類別，莫非有衰世的意味？《易經》既闡明歷史經驗，又考察未來趨勢，既提示了微小徵兆，又闡釋了幽隱奧秘。推廣開來，《易經》還確定名目，分辨卦爻碼符號所象徵的事物，準確地加以陳述，並判斷吉凶，因而是十分完備的。它指稱的事情都是小事，但是，它所類比的事情卻是大事。其意旨深遠，其文辭高雅，闡述事理委婉而又中肯，論斷事實直率而又深刻。利用陰陽變化的原理可以指導世間人們的行動，闡明言行上的行失所應得的報應。」

432

第七章

【原文】《易》之興也，其於中古乎？作《易》者，其有憂患乎？是故《履》，德之基也。《謙》，德之柄也。《復》，德之本也。《恒》，德之固也。《損》德之

修也。《益》，德之裕也。《困》，德之辨也。《井》，德之地也。《巽》，德之制也。《履》，和而至。《謙》，尊而光。《復》，小而辨於物。《恒》，雜而不厭。《損》，先難而後易。《益》，長裕而不設。《困》，窮而通。《井》，居其所而遷。《巽》，稱而隱。《履》以和行。《謙》以制禮。《復》以自知。《恒》以一德。《損》以遠害。《益》以興利。《困》以寡怨。《井》以辨義。《巽》以行權。

【譯文】《易經》的產生，莫非就在中古時期嗎？《易經》的作者莫非有憂患嗎？因此，《履》卦講的是道德的基礎。《謙》卦講的是道德的樞紐。《復》卦講的是道德的根本。《恒》卦講的是道德的鞏固。《損》卦講的是道德的修養。《益》卦講的是道德的增進。《困》卦講的是道德的考驗。《井》卦講的是道德的實踐。《巽》卦講的是道德的規範。《履》卦說明，和而不爭才能達到目的。《謙》卦說明，自謙自貶更容易受到別人的尊敬。《復》卦教人及早注意細微徵兆，分清善惡，速返正道。《恒》卦教人在正邪勢不兩立之時，要堅守正道而不厭倦。《損》卦教人減少惡念與私慾，先難而後易。《益》卦說明，增進德行，可以長久寬裕而不困頓。《困》卦說明，在困境中堅守正道，終必亨通。《井》卦說明，身在其位可以施德於人。《巽》卦說明，說話要衡量輕重，不宜直言。《履》卦精神：循禮而行，以和為貴。《謙》卦精神：保持謙遜，依禮而行。《復》卦精神：察知不善，返歸善道。《恒》卦精神：始終如一，永恆其德。《損》卦精神：減少私慾，遠災避禍。《益》卦精神：利人利

己，兩全其美。《困》卦精神：困而自省，可以寡怨。
《井》卦精神：君子之義，在於濟人。《巽》卦精神：因
勢利導，便宜行事。

第八章

【原文】《易》之為書也不可遠，為道也屢遷。變動
不居，周流六虛，上下無常，剛柔相易，不可為典要，唯
變所適。其出入以度，外內，使知懼，又明於憂患與故。
無有師保，如臨父母。初率其辭而揆其方，既有典常。苟
非其人，道不虛行。

【譯文】不可認為《易經》一書距離我們的社會生活
很遙遠，它的法則就是不斷變化。爻碼中的易道三進制數
符始終變動不已，沒有固定位置，在六個爻位中流動不
已，數符上下的對應關係也不斷變化，陰陽爻不斷互相轉
換，不能固定不變，變到哪裏算哪裏。

各種運動和變化都用易道三進制統攝。使人知道在內
在外都應該有所恐懼，又使人對憂患及其原因有所認識，
猶如得到師長的訓導，又如得到父母的教誨。

你可以先根據爻辭來尋找爻碼，接著就可以掌握其規
律。如果遇不到智慧很高的聖人，易道三進制是不會輕易
在人們面前現身的。

第九章

【原文】《易》之為書也，原始要終，以為質也。六
爻相雜，唯其時物也。其初難知，其上易知，本末也。初
辭擬之，卒成之終。若夫雜物撰德，辨是與非，則非其中

爻不備。噫亦要存亡吉凶，則居可知矣。知者觀其彖辭，則思過半矣。二與四，同功而異位，其善不同，二多譽，四多懼，近也。柔之為道不利遠者，其要無咎，其用柔中也。三與五，同功而異位，三多凶，五多功，貴賤之等也。其柔危，其剛勝邪？

【譯文】《易經》一書的本質特徵是追溯本源，探求結局，研究週期性循環。一卦六爻排列起來，象徵事態發展的不同時間階段。初爻的意義難以理解，上爻的意義容易理解。這是因為有本有末的緣故。

初爻爻辭僅僅勾勒出事態的端倪，上爻爻辭則描繪出事態發展的結果。如果要說明爻碼怎樣體現出天下萬物的特點，又怎樣表現出神明的德行，並辨別是非，光有初爻和上爻還不夠，還要補足中爻，才算完備。這是因為中間四爻可以組成互體卦的緣故。至於要探求人事的吉凶禍福，那麼，坐在家裏推演卦爻碼就可以知道了。

聰明人只要看看每卦的卦辭，就對全卦的意義瞭解了一大半。本卦的第三爻在互體卦中變成第二爻和第四爻。因此，第二爻和第四爻，功能相同，但位置不同，其意義也就不同，第二爻多表示讚譽，第四爻多表示恐懼。這是因為靠近君位的緣故。

陰爻原則上不宜處於較遠的位置。其要義是無咎。其功能是柔和守中。本卦的第四爻在互體卦中變成第三爻和第五爻。因此，第三爻和第五爻，功能一樣，但位置不同。第三爻多表示兇險，第五爻多表示功績。這是因為有貴賤等級之別的緣故。就第三爻和第五爻而論，莫非陰爻象徵危險，陽爻象徵勝利嗎？

第十章

【原文】《易》之為書也，廣大悉備，有天道焉，有人道焉，有地道焉。兼三材而兩之，故六。六者非它也。三材之道也。道有變動，故曰爻。爻有等，故曰物。物相雜，故曰文。文不當，故吉凶生焉。

【譯文】《易經》一書，其道廣大，無所不包，有天道，有人道，有地道。兩個爻位組成一個層次，共有三個層次，代表天、地、人三才，所以一卦有六個爻。「六」這個數字沒有別的意義，是三才之道決定的。道講究變化運動，用來反映變化運動的基本單位叫爻。爻分六等。爻有爻碼，組成爻碼的符號叫數符。三種數符串聯在一起，就形成紋理。紋理不當，就產生吉凶。

第十一章

【原文】《易》之興也，其當殷之末世、周之盛德邪？當文王與紂之事邪？是故其辭危。危者使平，易者使傾。其道甚大，百物不廢。懼以終始，其要無咎。此之謂易之道也。

【譯文】《易經》的產生，大概在殷商末世、周朝初期吧？大概在文王和紂王的時代吧？所以它的文辭帶有警懼自危的色彩。只有憂患意識才能帶來平安，太平觀念只能帶來傾覆。易道廣大，一切事物都被包容在內。它自始至終帶有憂患意識，其目的在於求得平安無事。這就是《易經》的原則。

第十二章

【原文】夫乾，天下之至健也，德行恒易以知險。夫
坤，天下之至順也，德行恒簡以知阻。能說諸心，能研諸
（侯之）①慮，定天下之吉凶，成天下之亹亹者。是故變
化雲為，吉事有祥。象事知器，占事知來。天地設位，聖
人成能。人謀鬼謀，百姓與能。八卦以象告。爻象以情
言，剛柔雜居，而吉凶可見矣。變動以利言，吉凶以情
遷。是故，愛惡相攻而吉凶生。遠近相取而悔吝生。情偽
相感而利害生。凡《易》之情，近而不相得則凶，或害
之，悔且吝。將叛者，其辭慚。中心疑者，其辭枝。吉人
之辭寡。躁人之辭多。誣善之人，其辭游。失其守者，其
辭屈。

【註釋】①「侯之」二字衍文。

【譯文】乾是天下最剛健的東西，在性質上永遠是簡
易的，因而知道風險無處不在。坤是天下最柔順的東西，
在性質上永遠是簡單的，因而知險阻無處不有。能夠在內
心裏審閱這些道理，能夠在思想上研究這些考慮，就可以
確定天下人事的吉凶，促使天下人奮勉前進。

所以，天地間的運動變化，人世間的言語行動，凡屬
吉利之事必有吉祥之兆。

根據卦象所反映的事物的形象就可以知道製作器物的
方法，根據占筮所揭示的吉凶悔吝，就可以知道未來的結
局。透過《乾坤》64卦，聖人就能促成其事；透過與人商
量，與神鬼商量，老百姓也可以參與其事。

八卦以卦象來預示，爻象按情理來解說。陰陽爻錯綜

複雜組合在一起，吉凶就在其中顯現出來。變動按是否有利來解說，吉凶隨情理而變遷，所以，陰陽互相攻擊，吉凶就產生了。距離上有遠有近，悔吝就產生了。陰陽互相感應，利害就產生了。

　　總括易占的各種情況來說，互相接近又互不相容則凶，有時可能損害人家，這時，悔與吝就產生了。行將背叛的人，他們的言語閃爍其詞。內心有疑慮的人，他們的言語支離破碎。厚道的人，他們的言語少而精。浮躁的人，他們的言語多而雜。誣衊好人的人，他們的言語游移不定。失去操守的人，他們的言語唯唯諾諾。

438

附錄四 《說卦傳》今譯

【原文】昔者，聖人之作《易》也，幽贊於神明而生蓍，參三兩地而倚數，觀變於陰陽而立卦，發揮於剛柔而生爻，和順於道、德而理於義，窮理盡性以至於命。

【譯文】從前，聖人在創立易占的時候，冥冥中得到神明的贊助，選用天生神物蓍草作為卜筮工具，依靠「九」、「六」兩數確定易占策數，透過觀察陰陽變化來建立64卦卦碼系統，在卦碼的基礎上設置三進制爻碼系統，並順應天地之道和神明之德，創立趨吉避凶理論，窮究萬事萬物之至理與生命稟賦之天性，以至於個人、國家和人類命運的變化規律。

【原文】昔者，對人之作《易》也，將以順性命之理。是以立天之道曰陰與陽，立地之道曰柔與剛，立人之道曰仁與義。兼三材而兩之，故《易》六畫而成卦。分陰分陽，迭用柔剛，故《易》六位而成章。

【譯文】從前，聖人在創立易占的時候，原是要以易占來契合人的本性和天命的變化規律。因此，聖人建立了天之道，叫做陰與陽；建立了地之道，叫做柔與剛；建立了人之道，叫做仁與義。兩個爻位元組成一個層次，共計三個層次，代表三材，所以，《易經》中的卦象由六畫組成。分陰分陽，交替使用空檔符號和陰陽爻符號，所以，

439

易卦中的六爻爻碼形成美麗的圖案。

【原文】天地定位，山澤通氣，雷風相薄，水火不相射。八卦相錯。數往者順，知來者逆，是故《易》逆數也。

【譯文】《乾》為天，《坤》為地，天地上下定位；《艮》為山，《兌》為澤，山澤氣息相通；《震》為雷，《巽》為風，雷風互相搏擊；《坎》為水，《離》為火，水火互相克制。八卦兩兩相對，互相對應。追溯往事為順，預知未來為逆，因此，易占乃是逆向運算。

【原文】雷以動之，風以散之。雨以潤之，日以晅之。艮以止之。兌以悅之。乾以君之，坤以藏之。

【譯文】雷的功能是催促萬物萌生。風是功能是播散萬物的種子。雨的功能是滋潤萬物。太陽的功能是照曬萬物。《艮》卦象徵著萬物停止生長、發育成熟。《兌》卦象徵著萬物歡樂不已、欣欣向榮。《乾》卦象徵著上天君臨萬物。《坤》卦象徵著大地包藏萬物。

【說明】前人提到的各種八卦，一般需按照反身反對稱原則排列成標準形式，才便於比較。本段文字記載的八卦為歸藏八卦。「坤以藏之」一語就是明證。歸藏八卦的標準形式是：乾艮坎震，巽離兌坤。

【原文】帝出乎《震》，齊乎《巽》，相見乎《離》，致役乎《坤》，說言乎《兌》，戰乎《乾》，勞乎《坎》，成言乎《艮》。萬物出乎《震》，《震》東方

也。齊乎《巽》，《巽》，東南也。齊也者，言萬物之絜
齊也。《離》也者，明也。萬物皆相見。南方之卦也。聖
人南面而聽天下，向明而治，蓋取諸此也。《坤》也者，
地也，萬物皆致齊焉，故曰：致役乎《坤》。《兌》，正
秋也，萬物之所說也，故曰：說言乎《兌》。戰乎
《乾》。《乾》，西北之卦也，言陰陽相薄也，《坎》
者，水也。正北方之卦也，勞卦也，萬物之所歸也，故
曰：勞乎《坎》。《艮》，東北之卦也，萬物之所成終，
而所成始也。故曰：成言乎《艮》。

　　【譯文】天帝敕令：《震》卦當值，萬物生機萌動；
《巽》卦當值，萬物初露崢嶸；《離》卦當值，陽光普
照，萬物興旺；《坤》卦當值，大地滋養，萬物勁長；
《兌》卦當值，發育成熟，萬物歡慶；《乾》卦當值，陰
陽相戰，暑盡寒來；《坎》卦當值，萬物疲憊，歸藏休
息；《艮》卦當值，週而復始，回歸初態。《震》卦代表
東方方位，時屬正春，所以說：《震》卦當值，萬物生機
萌動。《巽》卦代表東南方位，時屬初夏，所以說：
《巽》卦當值，萬物初露崢嶸。《離》卦象徵太陽，代表
南方方位，所以說：《離》卦當值，陽光普照，萬物興
旺；帝王坐北朝南，聽取朝政，面向太陽，治理天下，大
概是取法於此。《坤》卦象徵大地，萬物賴以獲得滋養，
所以說：《坤》卦當值，大地滋養，萬物勁長。《兌》
卦，時屬正秋，萬物皆因成熟而喜悅，所以說：《兌》卦
當值，發育成熟，萬物歡慶。《乾》卦代表西北方位，時
屬秋冬之交，陰陽二氣互相搏鬥，所以說：《乾》卦當
值，陰陽相戰，暑盡寒來。《坎》卦象徵水，代表北方方

441

位，這是萬物疲憊之卦。所以說：《坎》卦當值，萬物疲憊，歸藏休息。《艮》卦代表東北方位，此時，舊的循環終了，新的循環開始，所以說：《艮》卦當值，週而復始，回歸初態。

【說明】這段文字所記載的是文王八卦及其方點陣圖。文王八卦中含有現實世界四象卦基本運作模式，其偉大歷史價值即在於此。

【原文】神也者，妙萬物而為言者也。動萬物者莫疾乎雷。橈萬物者莫疾乎風。燥萬物者莫熯乎火。說萬物者莫說乎澤。潤萬物者莫潤乎水。終萬物始萬物者莫盛乎《艮》。故水火相逮，雷風不相悖，山澤通氣，然後能變化既成萬物也。

【譯文】所謂神，也就是妙育萬物的造化者。催動萬物萌生沒有什麼比雷更迅猛的。吹拂萬物，沒有什麼比風更疾速的。乾燥萬物，沒有什麼比風更熾熱的。歡娛萬物，沒有什麼比大澤更和悅的。滋潤萬物，沒有什麼比水更濕潤的。使萬物生生不息終而復始，沒有什麼比艮更有力量的。因此，水火互相克制，風雷互不排斥，山澤氣蘊相通，然後才能產生變化，形成萬物。

【說明】本段文字記載的八卦方位符合文王八卦方點陣圖，但不精確。

【原文】《乾》，健也。《坤》，順也。《震》動也。《巽》入也。《坎》陷也。《離》麗也。《艮》，止也。《兌》，說也。

【譯文】《乾》卦，其性質為健。《坤》卦，其性質為順。《震》卦，其性質為動。《巽》卦，其性質為入。《坎》卦，其性質為陷。《離》卦，其性質為麗。《艮》卦，其性質為止。《兌》卦，其性質為悅。

【說明】本段文字記載的八卦為連山八卦，其標準形式為：乾震坎艮，兌離巽坤。

【原文】《乾》為馬，《坤》為牛，《震》為龍，《巽》為雞，《坎》為豕，《離》為雉，《艮》為狗，《兌》為羊。

【譯文】《乾》是馬，《坤》是牛，《震》是龍，《巽》是雞，《坎》是豬，《離》是雉，《艮》是狗，《兌》是羊。

【說明】本段文字記載的八卦也是連山八卦。

【原文】《乾》為首。《坤》為腹。《震》為足。《巽》為股。《坎》為耳。《離》為目。《艮》為手。《兌》為口。

【譯文】《乾》是頭部。《坤》是腹部。《震》是雙腳。《巽》是大腿。《坎》是耳朵。《離》是眼睛。《艮》是手。《兌》是嘴。

【說明】本段文字記載的也是連山八卦。

【原文】《乾》，天也，故稱乎父。《坤》，地也，故稱乎母。《震》，一索而得男，故謂之長男。《巽》一索而得女，故謂之長女。《坎》再索而得男，故謂之中

443

男。《離》再索而得女，故謂之中女。《艮》三索而得男，故謂之少男。《兌》三索而得女，故謂之少女。

【譯文】《乾》卦，象徵天，所以稱作父。《坤》象徵地，所以稱作母。《坤》卦在第一爻位上向《乾》卦索得一個陽爻，形成《震》卦，象徵男，所以叫做長男。《乾》卦在第一爻位上向《坤》卦索得一個陰爻，形成《巽》卦，象徵女，所以叫做長女。《坤》卦在第二爻位上向《乾》卦索得一個陽爻形成《坎》卦，象徵男，所以叫做中男。《乾》卦在第二爻位上向《坤》卦索得一個陰爻，形成《離》卦，象徵女，所以叫做中女。《坤》卦在第三爻位上向《乾》卦索得一個陽爻，形成《艮》卦，象徵男，所以叫做少男。《乾》卦在第三爻位上向《坤》卦索得一個陰爻，形成《兌》卦，象徵女，所以叫做少女。

【說明】這段文字說明了八個經卦在人倫領域的象徵意義，其中記載的八卦也是連山八卦。

【原文】《乾》為天，為圜，為君，為父，為玉，為金，為寒，為冰，為大赤，為良馬，為老馬，為瘠馬，為駁馬，為木果。

《坤》為地，為母，為布，辦釜，為吝嗇，為均，為子母牛，為大輿，為文，為眾，為柄。其於地也，為黑。

《震》為雷，為龍，為玄黃，為旉，為大塗，為長子，為決躁，為蒼莨竹，為萑葦，其於馬也；為善鳴，為馵足，為作足，為的顙。其於稼也，為反生。其究為健，為蕃鮮。

《巽》為木，為風，為長女，為繩直，為工，為白，

為長，為高，為進退。為不果，為臭，其於人也，為寡髮，為廣顙，為多白眼，為近利市三倍，其究為躁卦。

《坎》為水，為溝瀆，為隱伏，為矯輮，為弓輪。其於人也，為加憂，為心病，為耳痛，為血卦，為赤。其於馬也，為美脊，為亟心，為下首，為薄蹄，為曳。其於輿也，為多眚，為通，為月，為盜。其於木也，為堅多心。

《離》為火，為日，為電，為中女，為甲冑，為戈兵。其於人也，為大腹，為乾卦，為鱉，為蟹，為蠃，為蚌，為龜，其於木也，為科上槁。

《艮》為山，為徑路，為小石，為門闕，為果蓏，為閽寺，為指，為狗，為鼠，為黔喙之屬。其於木也，為堅多節。

《兌》為澤，為少女，為巫，為口舌，為毀折，為附決。其於地也，為剛鹵。為妾，為羊。

【譯文】（從略）。

【說明】這段文字主要說明了八個經卦的基本卦象：乾為天，坤為地，震為雷，巽為風，坎為水（或坎為月），離為火（或離為日），艮為山，兌為澤。文內所記載的八卦也是連山八卦。

太極武術教學光碟

太極功夫扇
五十二式太極扇
演示：李德印 等
(2VCD)中國

夕陽美太極功夫扇
五十六式太極扇
演示：李德印 等
(2VCD)中國

陳氏太極拳及其技擊法
演示：馬虹(10VCD)中國
陳氏太極拳勁道釋秘
拆拳講勁
演示：馬虹(8DVD)中國
推手技巧及功力訓練
演示：馬虹(4VCD)中國

陳氏太極拳新架一路
演示：陳正雷(1DVD)中國
陳氏太極拳新架二路
演示：陳正雷(1DVD)中國
陳氏太極拳老架一路
演示：陳正雷(1DVD)中國
陳氏太極拳老架二路
演示：陳正雷(1DVD)中國
陳氏太極推手
演示：陳正雷(1DVD)中國
陳氏太極單刀‧雙刀
演示：陳正雷(1DVD)中國

郭林新氣功
(8DVD)中國

本公司還有其他武術光碟
歡迎來電詢問或至網站查詢
電話：02-28236031
網址：www.dah-jaan.com.tw

原版教學光碟

歡迎至本公司購買書籍

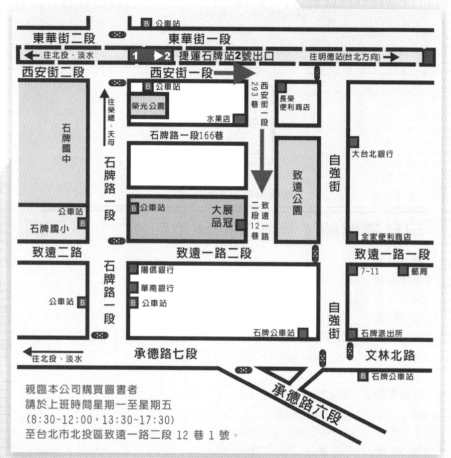

親臨本公司購買圖書者
請於上班時間星期一至星期五
(8：30~12：00，13：30~17：30)
至台北市北投區致遠一路二段 12 巷 1 號。

建議路線

1.搭乘捷運・公車

　　淡水線石牌站下車，由石牌捷運站2號出口出站(出站後靠右邊)，沿著捷運高架往台北方向走(往明德站方向)，其街名為西安街，約走100公尺(勿超過紅綠燈)，由西安街一段293巷進來(巷口有一公車站牌，站名為自強街口)，本公司位於致遠公園對面。搭公車者請於石牌站(石牌派出所)下車，走進自強街，遇致遠路口左轉，右手邊第一條巷子即為本社位置。

2.自行開車或騎車

　　由承德路接石牌路，看到陽信銀行右轉，此條即為致遠一路二段，在遇到自強街(紅綠燈)前的巷子(致遠公園)左轉，即可看到本公司招牌。

國家圖書館出版品預行編目資料

用科學揭開《易經》的神秘面紗／張　今　著
　　——初版，——臺北市，大展，2013〔民102.11〕
　　面；21公分 ——（易學智慧；22）
　　ISBN　978－957－468－984－2（平裝）

1.易經　2.研究考訂
121.17　　　　　　　　　　　　　　102018357

用科學揭開《易經》的神秘面紗

著　　者／張　　今

責任編輯／趙志春

發 行 人／蔡森明

出 版 者／大展出版社有限公司

社　　址／台北市北投區（石牌）致遠一路2段12巷1號

電　　話／（02）28236031・28236033・28233123

傳　　眞／（02）28272069

郵政劃撥／01669551

網　　址／www.dah-jaan.com.tw

E - mail／service@dah-jaan.com.tw

登 記 證／局版臺業字第2171號

承 印 者／傳興印刷有限公司

裝　　訂／承安裝訂有限公司

排 版 者／弘益電腦排版有限公司

授 權 者／山西科學技術出版社

初版1刷／2013年（民102年）11月

定　價／350元